1인 기업가를 만드는
성공 법칙

1인 기업가를 만드는 성공 법칙

창업가를 연결하는 사람들 에이그라운드

초 판 1쇄 2024년 10월 24일
초 판 3쇄 2025년 02월 03일

지은이 김서한
펴낸이 류종렬

펴낸곳 미다스북스
본부장 임종익
편집장 이다경, 김가영
디자인 임인영, 윤가희
책임진행 이예나, 김요섭, 안채원, 김은진, 장민주

등록 2001년 3월 21일 제2001-000040호
주소 서울시 마포구 양화로 133 서교타워 711호
전화 02) 322-7802~3
팩스 02) 6007-1845
블로그 http://blog.naver.com/midasbooks
전자주소 midasbooks@hanmail.net
페이스북 https://www.facebook.com/midasbooks425
인스타그램 https://www.instagram.com/midasbooks

ISBN 979-11-6910-869-0 03190

값 19,500원

미다스북스는 다음세대에게 필요한 지혜와 교양을 생각합니다.

창업가를 연결하는 사람들 에이그라운드

1인 기업가를 만드는
성공 법칙

김서한 지음

1인 기업가 생존 전략의 법칙을 모두 담았다!

1인 기업가, 이렇게만 하면 생존한다!

미다스북스

성공을 위한 마인드셋

3부

지속 가능한 비즈니스 성공 법칙

4부

미래를 대비한 전략

5부

김서한 대표님은 제가 만난 분 중에 몇 안 되는 순수한 사람입니다. 겸손한 자세로 끊임없이 공부하고, 배운 것을 사람들과 나누는 순수하고 멋진 코치입니다. 그를 통해 변화한 많은 사람들을 보았습니다. 앞으로도 선한 영향력 많이 펼치길 응원합니다.

_박진영(라이프밸런스코치, 『CEO를 위한 마케팅 사고법』 저자)

과거 문익점은 우리나라에 목화씨를 들여와서 크게 이바지했습니다. 저는 서한 대표님을 볼 때면 현대판 문익점이라는 생각이 듭니다. 우리나라는 트렌드나 흐름이 다른 나라보다 10년 정도 늦는다고 하죠. 서한 대표님은 그런 외국의 트렌드나 흐름을 미리 읽으시는 혜안을 가지신 분입니다. 대다수의 사람은 아직 잘 모르겠지만 7년간 컨설팅을 해오신 것, 서한 대표님께 컨설팅을 받아서 큰 성과를 낸 다른 대표님들이 이를 증명합니다. 책을 통해 '진짜'를 만나보시죠.

_박선오(억제력 연구소 연애코치)

김서한 대표님을 만난 후, 제 커리어와 삶은 한층 더 안정적이고 업그레이드되었습니다. 그의 깊이 있는 마케팅 지식과 세미나 경험은 저에게 큰 영감을 주었고, 커리어 성장에도 크게 기여를 했습니다. 이 책은 김서한 대표님이 쌓아온 지혜와 통찰력을 집대성한 결과물로, 저와 같은 많은 이들에게 큰 도움이 될 것입니다. 모든 독자가 이 책을 통해 커리어와 삶의 새로운 도약을 경험하기를 바랍니다.

_Sam Yun(쌤영어연구소 대표)

내 인생은 김서한 대표님을 만나기 전과 후로 나뉜다고 해도 과언이 아니다. 벼랑 끝에 서 있던 그날, 아무 이유 없이 나를 믿어주던 분. 수년의 시간 동안 한결같이 코칭받는 사업가들이 진심으로 잘되기를 바라는 마음을 더 많은 이들이 느끼기를 바란다.

_이수정(라이프앤 대표)

사업적으로 고민이 많던 시기에 이 책의 내용을 토대로 코칭을 받았다는 점에서 나는 정말 운이 좋았다. 사업을 시작하는 사람, 사업을 하던 중 위기를 맞은 사람, 사업을 잘 운영하고 있는 사람 모두에게 이 책을 강력 추천한다.

_이경현(릴스해커)

사업을 하다 보면 우여곡절이 많습니다. 그 과정에서 무너지는 사람들을 많이 보았습니다. 김서한 대표님을 안 지 12년이 넘었고, 그동안 많은 어려움을 겪는 모습을 보았지만, 항상 긍정적인 마인드로 이를 극복하는 모습을 보여주셨습니다. 이러한 수많은 우여곡절이 있었기에 지금의 김서한 대표님이 계셨다고 생각합니다. 이번 책을 통해 독자분들께서도 '진정한 사업가의 길'을 걸어가시기를 강력히 추천해 드립니다.

_이승민(1인 수출·수입 아카데미 대표)

김서한 대표님과의 만남은 제 인생의 전환점이었습니다. 오프라인의 한계에 부딪혀 방황하던 저에게 온라인 비즈니스의 가능성을 열어주었고, 무의식의 힘을 깨닫게 해주셨습니다. 덕분에 '생기부 컨설팅'과 '신탁공매 컨설팅'을 통해 놀라운 성과를 이루었고, 오카방 비즈니스를 통해 신탁공매 8주 낙찰반 1기에서 5,500만 원의 매출을 달성했습니다. 대표님은 단순히 사업 스승을 넘어, 저를 믿어주고 지속적으로 지원해주시는 멘토이십니다. 이 책을 통해 많은 분들이 저와 같은 귀중한 배움을 얻길 바랍니다.

_오슬기(생기부컨설팅·신탁공매 컨설팅)

가장 살기 좋은 시대에 가장 불행하게 살고 있는 2030들에게, 그리고 누구보다 주체적으로 열심히 해서 돈도 있지만 외롭고 공허한 모든 대표에게 너무나 편하게, 그리고 쉽게 돈의 속박과 고통, 내면의 무기력, 불안까지 완벽에 가깝게 해결해 주는 책입니다. 서한 대표님이 수년간 사업을 하며 얻은 통찰, 수천권의 책과 강의로부터 얻은 지식, 3,000명을 컨설팅하며 성장시켜 낸 노하우가 응집되어 있습니다. 제가 그랬던 것처럼, 이 책을 통해 여러분들도 진심으로 경제적, 정신적으로 풍요롭고 행복했으면 좋겠습니다.

_이수인(부동산 분양·마케팅세일즈 컨설팅)

사업이 가장 힘들 때 찾아갔었고, 지금도 사업이 막힐 때마다 찾아뵙는, 김서한 멘토님의 코칭을 통해 OBL팀의 사업 궤적은 완전히 달라졌고, 수십 배의 성과를 만들어낼 수 있었습니다. 만약 '이 책을 조금 더 일찍 만났더라면 훨씬 더 빠른 성장을 이룰 수 있었을 텐데.'라는 생각이 듭니다. 수백 명의 성공 사례와 멘토님의 통찰을 이 책을 통해 얻어가시길 바랍니다.

_김장현(부산비즈니스 커뮤니티 OBL)

부모님만큼 그 이상 자신을 믿어주는 코치 보신 적 있으십니까? 김서한 대표님이 그런 분입니다. 깊이 있는 마케팅 지식과 통찰력은 수많은 이들에게 큰 영감을 주었으며, 컨설팅을 통해 셀 수 없이 많은 성과를 이끌어냈습니다. 자신의 신념을 굳게 지키며, 항상 긍정적인 마인드로 어려움을 극복해 왔습니다. 이번 책은 그의 오랜 경험과 통찰을 집대성한 작품으로, 독자들에게 큰 도움이 될 것입니다. 김서한 대표님의 선한 영향력이 더 널리 퍼지길 기대합니다.

_태차장(이매진댓, 세계 회계 4대 법인 재직)

김서한 대표님은 언제 어디서나 사람을 살리는 분입니다. 수많은 경험, 책속에서 나온 지식과 나누기 어려운 주변의 성공 케이스를 아낌없이 나눠주십니다. 대표님의 사람을 대하는 진심 어린 마음과 타인 성공에 대한 열망은 저에게 큰 귀감이 되었습니다. 함께 하는 시간에서 삶을 대하는 태도를 배울 수 있었던 것은 제 인생에서 매우 소중한 추억이자 큰 감사로 기억될 것입니다. 가장 힘들 때 저를 일으켜 세워 주신 그분을 잊을 수 없듯이, 김서한 대표님은 제 평생의 귀인입니다. 이 책은 대표님의 지혜와 경험을 통해 많은 이들에게도 같은 힘과 영감을 전해 줄 것입니다.

_황나겸(러브미겸)

작은 키에 볼품없는 외모, 지저분한 피부와 어눌한 말투.

주변 사람들은 나를 '사회 부적응자'라고 단정했습니다. "고구마 같은 놈."이라며 답답해하는 그들의 시선 속에서, 나는 언제나 외로운 아웃사이더였습니다. 학창 시절, 학교폭력에 시달렸고, 대학 시절에도 초대받은 술자리는 한 번도 없었습니다. 해병대 장교로 군에 입대했을 때조차, 선배와 후배 모두에게 왕따를 당했습니다. 믿기 힘든 사실이지만, 후배 장교에게 폭언과 구타를 당하기도 했습니다.

하지만 이런 과거를 딛고, 현재는 회사를 운영하며 많은 직원과 수강생들을 이끄는 멘토로 성장했습니다. 몇 년 전, 공들인 유통 사업이 성공하면서 F&B 분야에서 장관상도 받았고, 지금은 안정적인 사업체를 운영하고 있습니다. 매일 꿈꿔왔던 현실에 한 걸음씩 다가가고 있습니다.

저를 괴롭혔던 고통은 사회의 따가운 시선만이 아니었습니다. 어릴 적부터 부모님이 원하시는 삶을 강요받으며 성장했고, 중학생 시절 성적이 떨어지기 시작하자 부모님의 질타는 더욱 거세졌습니다. 가족의 기대에 부응하기 위해 노력했지만, 결국 그 기대에 부응하지 못했습니다. 대학생 시절, 마음에 들지 않는 학교에 편입학을 위해 시간을 허비했고, 군 복무 후에도 아버지의 뜻을 따랐습니다.

대기업에 입사했지만, 그곳에서도 고통받았습니다. 3년 차 회식 후, 술에 취한 선배에게 무차별적으로 폭행당한 순간, 정신이 번쩍 들었습니다. 그때, 더 이상 서커스단의 밧줄에 묶인 코끼리처럼 살고 싶지 않다는 결심을 하게 되었습니다.

사업의 세계는 처음에는 혼란스러웠습니다. 정보는 넘치는데, 사업을 성장시키기 위한 구체적인 방법은 찾기 어렵더군요. 힘겹게 시작한 사업을 진행하던 중 사기를 당해 5,000만 원을 잃었습니다. 거액의 빚을 지자 가족마저 나를 외면했습니다. 절망 속에서 해결책을 찾기 위해 수백만 원을 투자해 강의를 듣기 시작했습니다. 투자한 돈의 몇십 배, 몇백 배로 다시 벌어들이겠다는 다짐을 했습니다. 그 과정에서 점차 사업의 세계가 보이기 시작했고, 두려움은 사라졌습니다.

2017년 3월, 첫 사업을 시작한 이후 다양한 사업을 시도하며 지금까지 성장해왔습니다. 수많은 강사와 컨설턴트가 있지만, 그들 속에서 살아남았습니다. 시장에서 지속해서 성공할 수 있었던 것은, 함께한 수강생들의 성과 덕분입니다. 그들의 성공 사례는 제가 전하는 메시지가 올바르다는 것을 증명해 주고 있습니다.

  .

  이제는 평생직장이라는 개념이 사라지고 있습니다. MZ세대는 월급만으로는 꿈을 이루기 어렵습니다. 이 책을 통해, 나와 같은 평범한 사람이 어떻게 사고방식과 과정을 통해 성장했는지를 공유하고자 합니다. 부정적인 에너지가 아닌 긍정적인 마음가짐으로 함께 성장해야만 진정한 성공을 이룰 수 있습니다.

  어떠한 상황에서도 "탈출구는 반드시 존재한다."라는 믿음을 잊지 마세요. 중요한 건 본질을 잊지 않는 신념과 마음가짐입니다. 잠재력을 발견하고 작은 성공을 이루는 기쁨을 느껴보길 바랍니다. 목차를 보고 필요한 부분만 발췌해 읽어도 좋습니다. 이 과정은 평범한 사람들을 1인 기업가로 성공하고, 훈련하기 위한 소중한 지침이 될 것입니다.

1인 기업가
프로세스 프레임

1 》

가장 근본적인 도구

여러분이 가지고 있는 모든 개인 문제, 사업 문제, 심지어 연애결혼 문제까지도 전부 해결될 것이라고 확신합니다. 여러분이 사업가이든 직장인이든 대학생이든 전문직이든 사업에 관심이 있든 사업에 관심이 없든 상관이 없습니다. 당장 여러분이 관계를 맺거나 사업할 때 자유자재로 타인과 사업이 쉽게 돌아가게 만들어 드리겠습니다.

지금부터 이 개념만 익혀도 어디 가서 사업할 때 2배 이상 행복하게 사업을 하게 됩니다. 어차피 아래 내용은 똑똑한 분들도 어려우므로 최소 3번 이상은 봐야 이해가 될 겁니다. 각오가 되지 않으신 분들은 절대 글을 읽지 마시기 바랍니다. 시간 낭비가 될 수 있습니다.

사업을 잘하고 싶은데 무슨 문제인지, 잘할 방법을 모르겠는 여러분 반갑습니다.

이 글은 사업으로 100억을 벌고자 하는 글이 아닙니다. 멋있는 CEO가 되고자 보는 글도 아닙니다. 사업을 어떻게 시행착오를 줄이며 낙오하지 않고 버티며 행복하게 지속할 수 있게 돈을 벌고자 하는 사람에게 맞는 글입니다.

'같이 사업하고 싶은 사람'

'돈보다 이 사람과 있음 행복하게 사업할 거 같은 사람'

'내면이 단단하고 흔들리지 않고 나의 신념과 사명대로 사업하는 사람'

이런 사업을 하고 싶은 분들에게 적합한 글입니다.

100억 보다 '자기인식' '신념'과 '사명' 이 중요한 이유

100억보다 '나에 관한 탐구', '신념'과 '사명'이 중요한 이유

저는 강남구 대치동에서 학창시절을 보냈고 주변 친구들은 대부분 공부를 잘하고 좋은 대학에 갔습니다. 저만 빼고요, 학벌에 콤플렉스가 있었던 저는 편입을 하고 또 편입을 준비하는 이상한 행동으로 20대를 보냈고 해병대 장교를 가서 관심 소대장이라고 왕따 소대장을 했습니다. 2~3살 어린 장교들에게 계속 따돌림을 당하고 심지어 병사들에게까지 당했죠.

그렇게 전역을 하고 CJ제일제당에 장교공채로 취업했으나 거기서도 구타를 당하며 대리 진급을 2년을 늦게 했습니다. 그렇게 부적응자였던 저는 항상 몸은 여기 있는데, 마음은 다른 곳을 바라보았죠. 정말 불행했습니다. '그렇게 행복하려면 어떻게 하지?'라는 물음을 계속 던지던 중에 우연히 어머니 누룽지 사업을 도와주려다가 투잡의 길을 가게 되었죠.

저는 7년여간 사업을 하면서 정말 돈이 많은 사람, 천재같이 사업을 벌이는 사람, 400억을 벌고 다 날린 사람, 40억을 벌고 다 날린 사람, 건물주 등등 정말 많은 사업가를 만나왔습니다. 그들 중에는 정말 행복해 보이고 돈도 많은 사람도 많지만 이렇게 돈 벌 바에 이렇게는 살기 싫다는 마음이 드는 사람도 있었고, 정말 부러운 상태인데 한순간에 망가지는 사람들도 많이 봐왔습니다. 그리고 빠르게 비즈니스컨설팅 커리큘럼을 밟았던 저는 3,000여 명을 단발성으로 코칭하고 5~6년간 코칭을 지속해서 하는 사람들이 600여 명이 되면서 깨달은 사실이 몇 가지 있습니다.

바로 그것은 지속할 수 있고 행복하게 사업을 하기 위해서는 7단계를 거쳐야 한다는 것입니다. 다양한 스펙트럼의 사업가를 만나면서 지속할 수 있고 행복하게 돈을 버는 사람들의 7단계 프로세스 중 가장 중요한 3가지에 대해서 말씀드리려고 합니다.

1부에서는 부하율과 잠재의식, 돈, 무의식을 통해 비즈니스와 상관없어 보이는 이 이상한 이론들이 왜 비즈니스에 가장 중요한지에 대해서 알아보려고 하고 2부에서는 현존하는 사장 강력한 경영의 3가지 도구인 신념, 사명, 비즈니스 원칙을 통해 흔들리지 않는 비즈니스 기둥을 세우는 방법을 알아볼 것입니다. 3부에서는 모든 비즈니스에서 적용 가능한 낚싯대 이론에 대해서 말씀드리겠습니다.

이 3가지만 알아도 사업을 시작하려고 하신다면 아니면 하는 도중이라도 평생 계속 써먹으실 수 있습니다.

잠재의식이란 ?
보이지 않아서 아무도 관심이 없지만 가장 근본적인 도구

1부 : 부하율 + 잠재의식

잠재의식이란 무엇인가?
1부

보이지 않아서 아무도 관심이 없지만 가장 근본적인 도구(부하율+ 잠재의식)

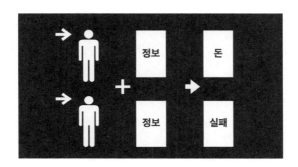

우선 2명의 사람의 예를 들어보겠습니다. 같은 정보를 2명의 사람에게 각각 이식했을 때 한 명은 돈을 지속해서 벌고 한 명은 돈을 벌지 못합니다. 저는 3,000여 명을 7년간 가르치고 왜 사람들은 같은 정보를 주면 다르게 반응하는지만 연구해 왔습니다. 그 비밀을 알아내는데 7년이라는 시간을 보냈습니다.

그 차이는 우연히 일어난 것이 아니라 특정 생각과 행동을 취함으로써 일어난다는 것을 발견했어요. 사업뿐만이 아니라 음악가, 테니스선수, 직장인, 군대에서도 적용 가능합니다. 7년 동안 연구하다 보니 왜 그들이 보통 사람들보다 명확하게 보고 더 나은 결정, 더 나은 행동을 하는지 알게 됐습니다.

왜 두 사람이 같은 정보를 접하고 누구는 돈을 벌고 누구는 돈을 벌지 못할까요? 대부분 사람은 사업을 배울 때 스마트 스토어 하는 법, 유통하는 법, 페이스북 광고를 하는 법, 유튜브를 하는 법을 배우려고 합니다. 그러나 실제는 맨 위에 벽돌 하나 쌓는 것이며, 위에 벽돌을 쌓아 봤자 아래 벽돌이 없으므로 당연히 무너지게 되는 겁니다. 이것은 결국 '마음의 차이'였습니다. 그리고 그 마음은 무엇일까요? 마음에는 크게 두 가지 종류가 있습니다.

'부하율'과 '잠재의식'

부하율이란 무엇일까요? 부하율을 쉽게 설명하자면 원치 않는 인간관계, 쓸데없는 카톡, 이메일, 가족사, 개인사 등등 우리가 마음에 집중하지 못하게 하는 여러 가지 형태의 방해전파를 의미합니다.

'열역학 제1법칙 : 에너지 보존의 법칙' 에너지는 희소한 자원이므로 쓸데없는 곳에 에너지를 쓰면 안 된다는 것이 사업의 전제조건입니다. 부하율이 높은 상태에서는 너무 많은 결정을 내려야 하므로 오류가 발생할 수밖에 없습니다. 결정 피로가 높아지면 부산물이 당신의 일에 주의를 돌리게해서는 안 됩니다. 예를 들면 '가족이 나를 힘들게 해.', '빚이 너무 많아.', '여자 친구랑 맨날 싸워.', '남편이랑 맨날 싸워.', '아이들 때문에 신경을 너무 쓰고 있어.'가 있습니다. 결국, 주의가 산만해지면 에너지를 뺏어갑니다. 이것은 질병과도 같습니다.

부하율을 줄이는 핵심은 표면적을 제한하는 겁니다. 위에 그림은 부하가 높은 상태이고 아래쪽 그림은 부하가 줄어든 그림입니다. 결국, 이 그림을 보면 부하가 줄어든 것이 목표를 이루는 데 유리하다는 것을 볼 수 있습니다.

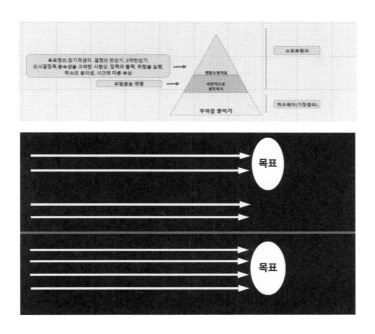

부하율을 줄이는 방법은 이메일, 카톡, 전화통화, 연락, 미팅 등을 제한하는 것입니다. 전화기 비행기 상태, 카톡 금지, 슬랙만 사용 등등 소셜네트워크 모임, 사업가 네트워킹 모임 제한합니다. '오늘 카톡은 5~6시에 몰아서 하겠습니다.', '오늘 커피를 마시지 않습니다.', '오늘 있는 미팅을 취소하겠습니다.' 부하율이 줄어들어야만 에너지가 올바르게 흐르고 제대로 된 결정을 내릴 수 있습니다. 단순한 생활이 전제조건입니다. 부하가 줄어들면 생활이 단순해지고 결정을 내리기 쉬워지며 목표를 계속 이루는 데 유리합니다. 한 번의 결정이 엄청난 배당금을 가져다주기도 하고 엄청난 손실을 가져다주기 때문입니다.

배당금은 복리로 이자가 붙는 것과 같습니다. 좋은 책과 새로운 것을 시도하는 것, 좋은 음식을 먹는 것, 운동을 지속하는 것, 좋은 사람을 채용하는 것은 엄청난 배당금을 지급합니다. 저축도 마찬가지입니다. 부하율이 줄어든 상태에서만 무의식을 할 수 있는데요.

그러면 잠재의식이란 무엇일까요? 쉽게 설명하면 자기인식입니다.

자기인식이란 내 생각, 행동, 습관, 경향, 패턴, 삶입니다. 결국, 나의 자아 이미지를 어떻게 생각하는지입니다. 내가 누구라고 생각하는지, 나를 나는 어떻게 보는지 이런 겁니다. 돈은 생존의 수단이야, 나는 수학을 못해, 나는 내향적이야 등등입니다. 이런 이미지는 사실이 아니라 내가 그렇게 창조한 그것이라는 것을 깨닫는 겁니다.

예를 들어 여러분이 어릴 때 부모님이 돈 때문에 힘들어서 자주 싸우는 모습을 봤을 때 어린아이가 '돈은 두려운 것이고 싸움이야.' 하는 것을 인식하고 강화했다면 여러분에게 돈은 두려움과 싸움의 모습으로 나타날 것이고 여러분이 돈을 많이 벌면 그게 튀어나와 돈을 없애는 행동을 반복하게 됩니다.

잠재의식 = 자기인식

예를 들면 중학교 때 성적이 떨어졌을 때 아버지가 '너한테 기대를 안 한다.' 이런 말을 했습니다. 나를 무시하는 것이라고 왜곡했고 아버지가 무슨 말을 할 때마다 이 사람은 나를 무시하는 사람이라는 인식이 강화되어 아버지가 하라는 것은 절대 안 하는 왜곡된 무의식을 형성했습니다. 왜곡된 무의식은 사회에서 아버지같이 나를 무시하는 사람들에게 투사되어 그 사람들이 주는 기회를 하나도 얻지 못했죠.

8년 전쯤 이것을 깨닫고 펑펑 울며 아버지에게 전화를 걸어 "아버지를 무시하고 살아서 죄송합니다. 저를 사랑해주시고 존재하게 해주셔서 감사합니다."라고 하며 무의식을 풀었습니다. 이런 사례는 〈오두막〉이라는 영화에서 정확하게 나옵니다. 여기에서 나오는 맥은 어린 시절 아버지의 폭력에 결국 아버지를 죽이는 선택을 하고 성인이 됩니다. 죽은 아버지를 성인이 돼서야 하늘나라에서 만나죠. 그리고 화해합니다.

여기서 포인트는 처음 오두막에 도착했을 때 하나님이라는 존재는 흑인 여자입니다. 왜냐하면 아직 아버지라는 존재와 화해를 안 한 맥은 성인 남자가 나타나면 투사를 일으키기 때문에 흑인 여자로 모습이 나타난 겁니다. 그래서 핵심이 무엇이냐면 왜곡된 과거의 자신의 이미지를 바로 잡는 과정을 해야 올바른 자기인식이 가능해지고 삶의 목적이 세팅될 수 있는 상태가 됩니다.

[1부 정리]

같은 정보를 다른 사람에게 이식하면 다른 결과가 나오는 이유

마음의 차이 = 부하율 + 잠재의식 차이

[부하율]

열역학 제1법칙 : 에너지 보존의 법칙

에너지는 유한하므로 에너지를 최대한 목표를 이루는 데만 쓰는 사람이 여러 가지 부하가 많은 사람보다 유리하다.

[잠재의식]

잠재의식 = 자기인식

자기인식을 잘하기 위해서는 과거의 왜곡된 인식을 찾아내어 올바르게 대치시켜야 한다.

이 두 가지를 선행하기 전에는 삶의 목적, 즉 신념과 사명을 찾을 수가 없다.

2 》

현존하는 가장 강력한 경영의 3가지 도구

1. 신념

사업에 관심이 있으시다면 브랜딩을 하라는 말을 많이 들어보셨을 겁니다. 브랜딩이란 무엇일까요? 전문가들의 여러 가지 정의를 한번 나열해 보겠습니다. 여기서 키워드 하나만 뽑아보자면 '일관성'입니다. 브랜딩은 일관성이며, 브랜딩은 사람에게서 나오고, 사람이 일관성을 가지려면 삶의 목적이 흔들리지 않고 일관되게 유지되어야 합니다.

신념이라는 것은 삶의 목적이기도 하고 어떤 사람들과 함께하고 싶은가?이기도 하며, 삶에 흔들리지 않는 내가 지키고 싶은 가치를 일관성 있게 말하고 행동하는 것이기도 합니다. 스티브 잡스의 예를 한번 들어보겠습니다. 스티브 잡스는 애플의 영적 정체성에 관해서 이야기합니다. 고객은 알기 원합니다. 애플은 누구인가? 그리고 우리가 상징하는 것은 무엇인가? 우리는 세상에 어디에 속해 있는가?

애플의 존재 본질은 사람들의 업무 수행을 돕는 컴퓨터를 만들기 위해서 아닙니다. 애플의 코어 가치를 알아보겠습니다. '열정을 가진 사람들이 세상을 더 나은 곳으로 변화시킨다고 믿습니다. 그것이 우리의 신념입니다. 그 신념에 동의하는 협력자, 직원, 고객들과 함께하는 영광을 누렸습니다. 세상을 바꿀 수 있다고 믿는 미친 자들이 실제로 세상을 바꾸는 사람들입니다.' 이런 애플의 코어 가치를 광고 전략에 넣어 광고를 만들어 버리죠.

남들과 다르게 생각하여 이 세상을 진보시킨 사람들에게 경의를 표하는 것이 애플의 본질이고 신념입니다. 이것을 영상으로 표현한 것이 광고이며, 현재 스티브 잡스가 죽었음에도 이 정신은 일관되게 유지되고 있습니다. 열정이 있고 남들과 다르게 보이기 위해 애플의 제품을 전 세계 사람들이 사기 때문입니다.

예를 들어보면 사명이 있고 베풀고 감사함을 아는 사람들과 함께할 때 가장 몰입의 정도가 높고 행복했습니다. 그리고 비즈니스도 잘됐죠. 신념과 사명이 없는 사람들과의 협업에서는 사기를 당하기도 하고 정말 불행했어요. 그래서 저의 신념은 사명이 있고 베풀고 감사함을 아는 사람들이 세상을 이롭게 변화시킨다고 믿는 것이었고, 이것은 2019년부터 에이그라운드가 생길 때부터 일관되게 유지됐습니다. 600여 명의 그 신념에 동의하는 사람들이 모였죠.

신념의 에너지는 1명일 때는 너무 취약합니다. 하지만 5명, 10명, 100명, 1,000명으로 늘어갈수록 소세계를 형성하여 핵이 강해지고 인력이 생깁니다. 애플은 그 에너지가 전 세계까지 간 것뿐입니다.

2. 사명

사명은 무엇일까요? 사명이라는 위에 신념을 이루기 위한 나의 존재 방식입니다. 저는 사명이 있는 사람을 찾기가 어려웠습니다. 제가 신념이 무엇이냐, 사명이 무엇이냐고 물어보는 것 자체가 비즈니스에서는 어색했습니다. 그래서 아예 내가 사명을 찾아주고 유지해주고 발전시켜 줘야겠다고 결심하고 사명을 이렇게 정했습니다.

'나는 비즈니스 창조를 통해 사명을 찾아주고 유지해주고 발전시키는 존재다.' 그런데 사명을 정했는데, 이 말뿐인 문장 1개 가지고 무엇을 할 수 있을까요? 맞습니다. 아무것도 할 수 없었어요. 그래서 발견한 것이 사명을 전략화하는 것입니다. 구글의 예를 한번 들어보면 구글의 사명선언문은 세계의 모든 정보를 정리하고 보편적으로 접근할 수 있게 하며 유용하게 만드는 것입니다.

이것이 왜 중요할까요? 이것은 회사에서 여러분이 실제로 하는 행동, 전략에 엄청난 무기가 됩니다. 사명은 현존하는 경영의 도구 중 가장 강력한 도구입니다. 여러분이 생각하는 블로그 상위 노출, 쇼핑 상위 노출이 도구가 아닙니다. 모르는 사람들은 이것이 단순 단어의 묶음으로밖에 안 보일 겁니다. 우리는 이 사명을 달성하기 위해 이 목표를 달성하기 위해 집중하고 개선해야 합니다.

사업 초창기에 이런 사명선언문이 존재하는지도 몰랐고 아무리 돈을 긁어도 그 강사들은 가르쳐 주지 않았습니다. 수천 권의 책을 읽고 수억의 강의를 듣고 실전 사업을 하면서 하나하나 조립하다가 발견한 것입니다. 심지어는 우리나라에서는 이것을 종합적으로 알려주는 곳이 별로 없고 있어도 강의에서 끝나기 때문에 지속해서 습관화해야 하는데 방법이 없습니다.

그래서 에이그라운드의 사명은 비즈니스 창조를 통해 사명을 찾고 유지하고 발전시켜주는 존재로 정했습니다. 그러면 사명을 전략화해야겠죠.

(1) 어떻게 비즈니스를 창조할 것인가?

1인 기업 간의 사명 에너지를 공명시켜서 서로의 이익구조를 얽히고설키게 만들어서 가장 위험이 적은 사업공동체 시스템을 창조한다. 트리플 시스템을 통해서 사업군 간의 합종연횡으로 비즈니스를 융합한다. 1인 기업가들이 서로 연합하여 AI를 통해 직원 없이도 각각의 연합을 통해서 곱하기 적인 가치와 신용 결과론적으로 돈을 산출하는 비즈니스를 창조한다.

(2) 어떻게 사명을 찾아줄 것인가?

무의식 → 의식화 과정을 통해 나 자신의 자기인식을 강화한다. 자신이 모르는 것조차 모르는 사실을 깨닫게 하고 진짜 나를 만나게 한다.

이키카이, 4mat, 잠재의식 등등 여러 가지 도구와 방법을 통해 자기인식을 향상하고 내면의 나조차도 모르는 신념을 찾고 신념을 사명화시킨다.

(3) 어떻게 유지해줄 것인가?

지속적 코칭을 통해 사명의 8가지 함정(두려움, 비난, 조롱, 자신감 없음 등등)을 방어하기

몰입 오프라인 커뮤니티, 몰입 온라인 커뮤니티를 통해 매일 돈의 무의식, 신념, 사명을 말하게 하고 그것의 단서가 조금이라도 발견되면 지속적인 코칭을 통해 사명을 유지하지 못하는 8가지 함정을 피해가게 만든다.

(4) 어떻게 발전시킬 것인가?

작은 성공 경험을 수단과 방법을 가리지 않고 계속 발견하게 코칭하고 그것을 사명과 연관지어 계속 발전시킨다.

한번의 비즈니스 창조의 각 개인 간의 융합을 통해 사명이 시냅스 신경 세포처럼 핵의 중심을 지킨 상태에서 네트워킹화시키고 사명과 사명을 네트워킹화시켜서 지속해서 발전되게 세팅한다.

자, 이것까지 했는데도 무언가 부족했어요, 무언가 명확한 한 줄은 있는데 세부적인 것에서 계속 사명이 흔들리더라고요.

3. 원칙

그런데 너무나도 행운처럼 한 개의 책이 저의 손에 왔습니다. 바로 레이 달리오의 『원칙』입니다. 제가 인생에서 가장 중요하게 생각하는 원칙 이론입니다. 저는 이 원칙을 적용하면서 인생의 모든 걱정, 고민, 문제가 해결됐고 이 원칙에 따라서 모든 일을 바라보니까 그냥 무엇을 해도 순탄하게

잘 풀렸습니다. 이 원칙이론에도 속에는 3가지 원칙이 있습니다.

(1) 먼저 기준 즉 원칙을 설정하는 것은 '나'여야 합니다

내가 먼저 기준을 설정하고 상대가 고르게 해야 합니다. 이것은 프레임 싸움입니다. 예를 들면 제가 최근 마케팅대행사 미팅을 했습니다. 그런데 마케팅대행사에서 한 곳은 선입금을 500만 원을 요구했습니다. 그래서 여러 사람을 만나면서 우선 그쪽에서 하는 제안을 다 들어봤습니다. 거기서 가장 괜찮은 3곳을 추려서 추가 미팅을 했습니다.

거기에 저의 원칙인 '솔직하게 소통한다.'를 들이댔습니다. 솔직하지 않은 대행사를 거르기 위함이었죠. 그랬더니 1곳은 영업 비밀이라 알려줄 수 없다고 해서 거르고 2곳이 남았습니다. 그리고 두 번째 원칙을 또 들이댔습니다. '장기적으로 생각한다'는 원칙입니다.

그래서 저는 선입금을 거절하고 수익 분배 10%를 제안했습니다. 1곳은 거절하고 1곳은 수락했습니다. 결국, 장기적으로 볼 때 이 대행사가 실력이 있으면, 서로 이득이고 실력이 없으면 그 대행사만 피해를 보는 것이죠. 이런 식으로 타협하지 않고 원칙을 들이대는 게 중요합니다. 1곳의 대행사와 일을 시작했고 좋은 성과를 얻어 저도 이득이고 대행사도 이득인 윈윈관계를 구축했죠.

(2) 주제를 파악하라

저는 컨설팅을 하므로 많은 제안을 받습니다. 제가 제안도 적극적으로 하라고 권장하죠. 그런데 신기한 일을 많이 보는데, 제가 코칭의 목적으로 레퍼런스를 쌓게 하려고 싸게 견적을 부르거나 무료로 도와달라고 원칙을 들이밀면 가끔 주제를 파악하지 못한 분이 당황하는 사례를 많이 봅니다.

레퍼런스도 없는 사람이 고가의 상품을 팔려고 하는 이상한 광경이죠. 서로 윈윈하기 위해서는 아직 수준이 안 된 상태에서는 무료나 저가로 도와줘야 합니다. 호구가 아니고서는 절대 그 제안은 받아들여질 수가 없습니다.

(3) 1번 원칙을 제시할 때 상대도 이해가 되게 제안을 해야 합니다

어처구니가 없는 제시를 하고 합리적이지 않게 제안을 하는 겁니다. 예를 들면 연애를 할 때 "너는 나를 만날 거면 한 달에 1번만 만나고 여자들이랑 연락도 하지 마." 이런 어처구니가 없는 제안 같은 겁니다. 비즈니스를 예를 들면 "너는 레퍼런스가 없으니까 평생 나한테는 무료로 도와줘." 이런 말도 안 되는 제안입니다.

원칙이 없었을 때 레이 달리오는 아버지에게 돈을 빌릴 정도로 사업이 망했고 원칙을 세팅한 후에 레이 달리오는 세계적 기업가가 됐다는 것에 주목하시고 보시면 됩니다. 레이 달리오가 위기에 처했을 때 작은 회사일 때 파산수준으로 갔고, 아버지에게 4,000 달러를 빌려야 했다는 겁니다.

가장 고통스러운 경험인 동시에 결과적으로 최고의 경험 중 하나가 되어 버렸다고 합니다. 왜냐하면, 그게 레이 달리오의 의사결정 방식을 통째로 바꿔 버렸다고 합니다. 나의 대담함을 조절해 줄 겸손이라는 것을 얻었으며, 그것의 비밀은 나의 의견에 반대할 가장 똑똑한 사람들을 찾으려는 노력으로 귀결됐으며, 자신이 옳을 확률을 높이기 위한 오만 것을 다하다가 찾아낸 비밀이 바로 원칙이었습니다.

저는 이것을 읽고 바로 에이그라운드의 원칙을 만들고 사내 기업가들과 함께 주 1회 이 원칙을 지키고 있는지 명문화해서 지속해서 점검하고 있습니다. 부하율과 무의식을 마스터했다면 다음 단계인 신념과 사명 원칙을 세워야 한다.

신념 : '어떤 사람과 함께할 때 지속할 수 있고 행복한가?'에 대한 답
사명 : '이 신념을 이루기 위해 어떤 존재 방식을 취할 것인가?'에 대한 답
원칙 : 이 신념과 사명을 지키기 위한 구체적인 행동 방식에 대한 기준(절대 타협하지 말 것)

여기까지 왔다면 비즈니스를 끝내고 시작하는 것과 다르지 않습니다. 95%의 사람은 3부부터 비즈니스를 시작할 것이고 여러분은 1, 2단계를 끝내고 3단계를 갈 것이기 때문에 상위 5% 안에 들어오신 겁니다. 3단계만 한 사람들이 돈을 번다고 부러워하실 필요가 없습니다. 결국, 모래성은 무너지기 때문입니다.

지금까지 부하율, 잠재의식, 신념, 사명, 원칙이라는 것을 보실 수 있습니다. 소프트웨어는 마케팅 도구기술, 사업기획, 네트워킹 등등입니다. 95%의 사람은 어리석게도 하드웨어 없이 사업 소프트웨어만 계속해서 주입하고 있습니다.

잠재의식과 신념, 사명, 원칙 없이 비즈니스를 기획하고 마케팅을 배우고 네트워킹 모임에 나간다고 생각해보세요. 마케팅을 잘할수록 네트워킹이 커질수록 어떻게 될까요? 아래가 없으니 심하게 곤두박질칠 겁니다. 소프트웨어는 마케팅 도구, 기술, 사업 기획, 네트워킹 등등입니다. 컴퓨터를 예를 들어봅시다. 286 컴퓨터에다가 AI 소프트웨어를 설치하면 설치가 됩니까? 절대 되지 않습니다. 과부하 걸려서 혼자 겉돌다가 망가지겠죠.

3 》

낚싯대 이론

호텔업이 어떤 구조로 돈을 버는지 아시나요? 라스베이거스 호텔을 가보시면 정말 10만 원짜리 객실부터 1,000만 원 객실까지 다양합니다. 같은 부대시설을 이용하고 정말 다 즐길 수 있는데 객실 차이가 너무 격차가 심하죠. 저렴한 객실을 설정해서 트래픽을 끌어모으고 그 많은 사람 중에 희소성의 가치를 사는 상위 1% 사람들에게서 돈을 버는 겁니다.

더 본질로 들어가면 그 트래픽을 계속 흐르게 하고 증가시키면 부동산의 가치가 올라가서 부동산의 가치로 호텔이 돈을 벌기도 하죠. 이렇게 업의 본질을 파악하고 비즈니스를 시작하는 것과 그냥 돈이 된다니까 비즈니스를 시작하는 것은 하늘과 땅 차이입니다.

부하율 → 잠재의식 → 신념 → 사명 → 사명의 전략화 → 업의 본질까지 세팅되면 항해를 할 때 배의 방향키가 완벽히 세팅된 것이나 다름이 없습니다. 이제 본격적으로 사업을 할 수 있는 상태가 되신 겁니다. 축하드립니다. 하지만 업의 본질까지 세팅되었다고 나라는 사람에게 정말 맞는 일인지는 생각만으로는 불가능합니다.

예를 들면 유통을 하면 돈을 번다고 해서 유통을 하겠다고 마음을 먹었는데, 유통이라는 분야 자체가 선천적으로 나라는 사람에게 맞지 않을 수도 있습니다. 그렇게 1~3년을 한 우물만 파다가 시간을 보내는 경우를 정말 많이 보았습니다.

쉬운 예로 우리가 바다에 낚시한다고 쳐봅시다. 왼쪽의 여자는 낚싯대가 1개이고 오른쪽 아저씨는 낚싯대가 4개입니다. 누가 고기를 잘 낚을 수 있을까요? 당연히 오른쪽 아저씨가 물고기를 많이 잡을 겁니다. 이런 당연한 사실조차도 비즈니스에서는 한 우물을 파라, 원씽을 하라는 것으로 오해하고는 합니다. 심지어 『원씽』의 저자조차도 원씽이 코칭입니다. 12개의 사업체를 운영하고 있습니다. 원씽하라는 것은 자신만의 진짜 사명을 찾아서 사명에 원씽하라는 것이지 한 가지 직업만 하라는 게 아닙니다.

이게 바로 낚싯대 이론입니다. 이 낚싯대를 사명과 일치하는 3~4가지 분야에 던지고 물고기가 올라오는 것에 원씽 집중하는 것이 맞습니다. 예를 들면 '유통 + 마케팅 대행 + 유튜브' 이런 식으로 낚싯대를 던져 놓으면 그 중 가장 원씽할 만한 분야를 도출하기가 쉽습니다. 분명 3가지 중 1가지 정도에서 특출한 재능을 발견할 수 있기 때문입니다.

또한, 3가지 중 1가지인 유튜브에 집중한다고 했을 때 유튜브를 하면서 유튜브 쇼핑으로 유통으로 연결할 수도 있으며 재고가 없어서 자금이 모자랄 때 마케팅 대행이나 강의로 자금을 조달할 수도 있게 되겠죠. '유통 +

유튜브 + 대행 + 강의'의 융합을 만든 사람은 한가지인 유통만 한 사람보다 높은 융합과 통합성으로 절대 경쟁자가 카피할 수 없는 형태를 띠게 되어 대체 불가능한 형태의 사업을 할 수 있게 됩니다.

마지막으로 이렇게 통합 융합이 된 상태의 사업기획 후에 여러분이 가장 알고 싶은 돈 버는 방법, 기술, 도구가 이식되면 천하무적이 됩니다.

[업의 본질]
진짜 본질에서 돈을 버는 메커니즘을 통찰력으로 알아내는 것
ex) 호텔업 : 희소성+부동산업

[낚싯대 이론(트리플 시스템)]
1개의 낚싯대를 놓은 사람보다 3~4개의 낚싯대를 놓은 사람이 돈을 벌 때 유리하다.
원씽이란 한 가지 직업을 한 우물을 파는 것이 아니라, 한 가지 우물을 팔 것을 여러 가지 시도를 통해서 발견하는 것이다. 그리고 그 한 가지 원씽은 여러 가지 업과 직업을 통합한다.

4 》

무의식에서 의식으로

『삶으로 다시 떠오르기』는 21세기의 영적 교사로 알려진 에크하르트 톨레의 저서입니다. 이 책에서는 고통과 불행의 원인이 '자기 자신'에 있다고 말하며, '나는 누구인지'를 깨닫고 진정한 삶으로 다시 떠오르기를 권장합니다. 톨레는 생각과 감정을 자신으로 여기는 인간의 근본적인 착각을 지적하고, 이러한 오류를 인식하도록 도와줍니다.

"나는 생각한다. 그러므로 존재한다."라는 데카르트의 유명한 말은 존재의 의미와 변화를 나타냅니다. 데카르트는 마음이 물질과 다르다고 보았으며, 관찰자와 관찰 대상이 다르다고 여겼습니다. 그러나 현대사회에서는 이 개념이 변주되고 있습니다.

"나는 소유한다, 그러므로 나는 존재한다."라는 사고방식이 생겨났습니다. 우리는 더 많이 소유할수록 더 많이 존재한다고 믿게 됩니다. 이 원론적인 사고는 인간을 일깨웠던 깨달음이 소유라는 개념으로 변해버린 것입니다. 이러한 사고를 '에고(EGO)'로 설명할 수 있습니다.

더 많이 가져야 더 많이 존재할 수 있다는 믿음은 비교를 통해 형성됩니다. 에고는 비교를 통해 존재감을 느끼며, 다른 사람과 자신을 비교함으로써 자존감을 평가합니다. "저 사람은 정말 대단해!"라고 생각할 때, 에고는 나를 질책하며 방어하게 만듭니다. 우리는 외부 대상을 기준으로 자신을 찾으려 하지만, 이는 우리를 더욱 힘들게 합니다.

저는 소유함으로써 존재를 인정하는 사람들을 싫어했습니다. 그래서 '무소유'를 주장하며 살았던 적이 있습니다. 하루 14시간씩 컨설팅만 하면서 살았던 것이 불과 1년 전의 일입니다. 그 당시, 저는 정말로 '무소유'에 가까워지고 있었습니다. 하지만 모든 것을 잃고 건강도 잃어가고 있음을 깨닫게 되었습니다.

몸이 약해지면서 마음도 약해졌던 경험을 통해, 작은 자극에도 크게 반응하게 되었습니다. 외부 활동 중 한 분이 저에 대한 불만을 이야기하는 것을 우연히 듣게 되었고, 그 순간 격렬한 감정을 마주해야 했습니다. 무시당한다는 자격지심과 열등감이 일어났습니다.

"어? 뒤에서 왜 저런 말을 하지? 나한테? 왜? 당신이 뭔데?" 심적 동요가 심해졌습니다. 화도 나고 분하고 짜증도 나고 억울하기도 했습니다. 그러나 감정의 폭풍을 차분히 가라앉히고 그 태풍의 눈을 들여다볼 용기가 생겼습니다. 직면하니 깨달았습니다. "아, 부러웠구나." 그분이 저를 뒷담화한 것은, 그분이 인정받고 있다는 사실에서 비롯된 것이었습니다. 결국,

그분의 감정도 이해하게 되었고, 뒷담화가 그분의 열등감과 부정적인 감정의 표현임을 알게 되었습니다.

우리가 옳다고 주장할 때, 자연스럽게 다른 대상과 비교하게 됩니다. 이때 감정의 프레임에 갇혀 지혜를 잃기 쉽습니다. 이러한 비교를 부추기는 것이 바로 '에고(EGO)'입니다. 에고는 끊임없이 남과 나를 비교하게 만들고, 더 많은 것을 가지려 하게 하며, 충동적으로 행동하게 만듭니다. 그래서 우리는 과거의 아픈 기억이나 미래의 불안함 속에서 삶의 의미를 찾으려 하며, 현재를 놓치게 됩니다.

에크하르트 톨레의 『지금 이 순간을 살아라』에는 "이 현재의 순간을 미래로부터 끌어오고 과거로부터 끌어오는 것이 아니라, 그냥 이 순간을 느낄 수 있는가?"라는 말이 있습니다. 이는 '에고'를 소멸시키는 마법의 주문과도 같습니다. 그러나 많은 사람은 현재를 잊고 살아갑니다. 자신의 감정 상태조차 모른 채 살아가는 것은 삶에 대한 직무유기와 같습니다. 현재를 모르고 어떻게 살아간다고 말할 수 있을까요?

일상에서 삶의 책임을 지지 않는 것은 결국 삶의 책임을 지지 않는 것입니다. 삶의 책임을 지지 않는 사람은 사업을 할 자격이 없습니다. 사막 한가운데에서 가야 할 곳만 생각하며 불평하는 리더를 따를 사람은 없습니다. 무작정 뛰어들어 공동체를 사막에 내던지고 방임하고 있다면, 진지하게 반성해야 합니다. 자신의 삶을 책임지지 못하면서 타인의 생계를 어떻게 책임질 수 있겠습니까? 하지만 자신의 삶에 책임을 지지 않는 사람들은 타인과 비교하며 불만을 느끼고 탄식합니다. 직원의 잘못을 탓하며 핑계를 대기 마련입니다.

우리가 사막에서 헤매고 있는 것은 직원의 탓이 아니라, 자신의 행복과 평화를 스스로 책임져야 한다는 점을 잊어서는 안 됩니다. 현재에 대한 책임이 필요합니다. 어떻게 하면 현재를 바라보고 살 수 있을까요? 혼란스러운 감정에서 벗어나기 위해서는 고요한 상태에 머무르는 것이 중요합니다. 고요한 상태란 평화로운 때, 소음도 없고 문제도 없는 상태입니다.

에크하르트 톨레는 고요한 상태에 있을 때 나를 혼란스럽게 하는 에고를 관찰자 입장으로 볼 수 있게 된다고 합니다. 평온한 상태여야 에고의 감정을 알아챌 수 있고 불안한 감정을 소멸시킬 수도 있습니다. 지금까지 삶을 지도해 온 것은 추측으로 갖고 있던 자신의 자의식, 에고, 그리고 에고가 만들어낸 부정적 생각들입니다. 평온함에 이르지 않는 한 우리는 매 순간 그것을 창조하며 자신을 고문하는 겁니다.

우리는 변화해야만 합니다. 매 순간 변해야 합니다. 내 인생은 뻔하고 아무리 노력해도 결과는 변하지 않는다! 그러한 에고(EGO)적 가치관을 바꿔야 합니다. 과거가 이랬기에 미래도 마찬가지도 불안하다는 상념에 빠져 있게 만들어 현재를 제대로 살지 못하게 만드는 것에서 벗어나기 위해서 우리는 양자역학적 관점으로 삶을 봐야 합니다.

많은 사람이 『시크릿』이라는 책을 잘 알고 있습니다. 이 책에서는 '끌어당김의 법칙'을 강조하며, RV=D와 같은 개념을 통해 꿈꾸는 대로 살게 될 것이라는 메시지를 전달합니다. 이는 결국 우리가 과거에 매몰되고 불안한 미래를 걱정하는 대신, 현재의 나를 만들어내는 일을 멈춰야 한다는 주제를 내포하고 있습니다.

양자역학적 관점에서 보면, 모든 창조물과 생명체 안에는 신성한 생명의 본질이 존재합니다. 모든 것이 연결되어 있다는 관점으로 세상을 바라보면, 현재의 감각을 온전히 느끼고, 만물 속에 있는 순수한 의식과 영혼을 인지하게 됩니다. 이때, 우리는 타인과 내가 같다는 사실을 깨닫게 되고, 진정으로 자신을 사랑할 수 있는 길이 열립니다.

내가 느낀 열등감, 자격지심, 부러움 등의 감정을 수긍했을 때, 우리는 곁에 있는 타인 역시 나와 같은 존재임을 이해하게 됩니다. 타인을 이해하고 사랑하게 되면, 이는 결국 나 자신을 사랑하는 일이 됩니다.

자기계발을 할 때 흔히 겪는 오류는 목표 설정 과정에서 세속적 가치 기준이나 타인의 가치관에 영향을 받는 것입니다. 우리는 무의식적으로 다른 사람의 시선을 의식하며 계획을 세우고, 성공의 기준을 타인과 비교하게 됩니다. 이 과정에서 공동의 적을 설정하는 때도 생기는데, 사실 이 적은 자기 무의식의 투사일 뿐입니다. 우리가 일상생활에서 제어하고 있는 감정이 통제가 풀리는 순간, 우리는 폭력적인 존재가 될 수 있습니다. 이러한 심리적 동기는 전쟁과 종교적 갈등, 개인 간의 갈등을 유발하는 원인이 됩니다.

그렇다면 옳고 그름이란 무엇일까요? 옳고 그름이라는 가치는 서구의 자아의식을 강화하는 신념체계입니다. 사람은 자기중심적인 관점에서 옳고 그름을 판단하며, 이를 통해 자신의 정체성을 확립합니다. 타인을 다르게 여기는 순간, 우리는 그들을 배신자, 적, 그릇된 사상을 가진 자로 간주하게 됩니다.

이러한 신념이 단단해지면, 나와 다른 타자를 죽이는 일이 정당화되기도 합니다. 자신만의 진리를 주장하며, 그 생각과 자신을 동일시하게 되면, 타인을 향한 폭력적인 행동이 정당화될 수 있습니다. 이러한 과정에서 우리는 서로를 이해하고 사랑하기보다는 갈등과 대립을 심화하게 됩니다.

사실 이것은 무의식이 나만의 정체성을 보호하려고 시도하는 것에 불과할 수 있습니다. 내가 옳다고 정당성을 부여하는 행위는 자아를 방어하기 위한 무의미한 의미부여일 가능성이 큽니다. 그래서 우리는 옳고 그름을 가늠하는 생각의 한계를 자주 깨지 못하며, 다양성을 흡수하지 못하고 부정만 반복합니다. 강의를 듣는 동안에도 기존의 프레임에 갇혀 좋은 말을 받아들이지 못하고 헛돈을 썼다는 느낌에 빠지곤 합니다.

자신의 행동과 신념에 동의하지 않는 사람을 다르다고 단정 짓고 배척하는 과정에서 기회를 잃게 됩니다. 이러한 사상에 갇히면 인생의 많은 기회를 놓치게 됩니다. 극단적인 예로, 에고는 소멸해야 할 운명이지만, 공산주의와 같은 경직된 사상이 그 예가 될 수 있습니다. 소비에트 연방의 붕괴는 경직화된 체계가 극대화되었기 때문이며, 내부로부터의 붕괴는 막을 수 없었습니다.

매 순간 옳고 그름을 내려놓으려는 노력이 필요합니다. 이를 내려놓지 않으면 나도 경직화되어 무너질 수 있기 때문입니다. 이는 기본적인 자연법칙입니다. 가장 견고하고 영원불멸할 것 같은 구조가 가장 빨리 붕괴할 수 있다는 점을 인지해야 합니다. 몰락은 예측할 수 없는 시점에 다가오겠지만, 반드시 예정되어 있습니다.

우월감은 이러한 견고한 에고를 쌓는 원인입니다. 내가 타자보다 낫다는 생각이 에고를 더욱 강화합니다. 이는 탐욕스러운 고위층, 게으른 실직자, 직장 동료, 또는 헤어진 배우자에 대한 불만으로 이어질 수 있습니다. 에고가 우월감을 느끼게 되는 순간에 빠져들면, 잘못된 선택을 조정하기 어려워집니다.

양자역학적 관점에서 아인슈타인은 의식을 시각적 환상으로 정의했습니다. 우리는 환상을 통해 모든 것을 창조하고 있으며, 그 환상이 실체에 대한 오해의 토대가 됩니다. 우리는 그러한 환상을 진실로 믿고 살게 되며, 우리의 현실을 맹목적으로 수용하게 됩니다. 그러나 이 환상은 신경 화학적인 호르몬 반응에 불과합니다.

해결책은 환상을 환상으로 인지하는 것입니다. 환상이 소멸할 때 안식을 찾을 수 있습니다. 우리가 가장 많은 환상을 가지고 있는 것은 물질에 대한 동일시입니다. 사람이나 물질을 내 것으로 생각하는 것은 나와 외부 세계를 동일화하는 행위입니다. 어린아이가 장난감이 부서지면 강렬한 고통을 느끼는 이유는 그 장난감에 자아를 부여했기 때문입니다.

각각의 사물은 일시적 형상에 불과하며, 하나의 의식의 원천에서 나왔다고 생각할 수 있습니다. 그렇다면 소유에 집착할 필요도 없고, 소유해도 아무 느낌이 없게 됩니다. 에고는 나쁜 것만은 아닙니다. 진화론적으로 우리는 에고로부터 성장해 왔습니다. 에고는 자기를 증식시키는 것이 목표이지만, 그 과정에서 자신이 속한 전체 조직체를 파괴할 수 있습니다. 이는 결국 자신도 파괴되는 결과를 가져옵니다.

자신의 감정에 민감해지고 솔직해지는 것은 정말 중요합니다. 나를 중요하게 만들어주는 물건이 있는지, 그런 물건이 없을 때 다른 사람에게 열등감을 느끼는지 되짚어보는 것이 필요합니다. 저도 그런 경험이 있었습니다. 무소유를 주장하는 사람 중에는 억만장자보다 더 큰 에고를 가진 이들이 많습니다. 결국, 소유와 무소유의 개념은 서로 다르지 않으며, 둘 다 에고가 작동하는 방식입니다.

소유와 무소유를 모두 벗어던지면 에고는 또 다른 형태로 정교화되고 고도화됩니다. 에고는 자신의 존재를 입증해 줄 무언가를 찾고, 그것과 동일시하려 합니다. 깨달음을 얻으면 얻을수록 에고는 더욱 정교해지며, 끊임없이 진화합니다. 우리는 일상생활에서 의식을 뚫어가는 과정을 지속해야 합니다. 이를 놓치면 다시 우월감에 빠지고, 내가 옳다는 생각이 다시 올라올 것입니다.

우리 존재의 궁극적인 진리는 무엇일까요? "나는 시그니엘에 사는 사람이다." 또는 "벤틀리를 타는 사람이다." 같은 외적인 정체성이 아닙니다. 진정한 정체성은 "나는 스스로 존재한다."라는 사실입니다. 이는 나중에 모세의 코드에서도 다뤄질 내용과 일맥상통합니다.

'피해자 코스프레'라는 개념을 들어본 적이 있나요? 어떤 사람들은 타인의 불공평한 운명이나 상황을 자신의 정체성으로 삼고, 죽을 때까지 그 생각에 매달리곤 합니다. 혹시 내가 그런 상태에 있지는 않은지 살펴보시길 권합니다. 많은 사람이 약간씩은 이런 방식으로 살아가고 있습니다. 분노, 원한, 자기 연민의 감정에 강하게 동일시하며 살아가고, 이런 감정이 사라지면 상실감을 느끼게 됩니다. 하지만 실제로는 아무것도 사라지지 않았습니다.

에고를 극복하기 위해서는 항복의 개념을 받아들여야 합니다. 항복한다는 것은 있는 그대로의 삶을 내적으로 받아들이는 것입니다. 저항할수록 내면은 움츠러들고 에고는 더욱 단단해지며 스스로 다치게 됩니다. 그러나 항복할 수 있다면 우리의 행동은 전체 우주와 조화를 이루게 되고, 모든 것을 흡수할 수 있습니다. 저는 여러분이 이러한 상태를 경험할 수 있도록 이 강의를 진행하고 있습니다. 내적으로 열린 상태가 되기를 바랍니다.

내적으로 열린 상태일 때, 우리는 나와 지식이 하나가 되는 감각을 느낄 수 있습니다. 창조적 지성과 조건, 지어지지 않은 의식으로부터 지원을 받으며 기적 같은 일이 일어나는 원리를 경험하게 됩니다.

에고는 불만과 함께 따라오는 감정입니다. 사람들은 마음속의 분류 체계에 따라 타인을 판단하고, 그 판단을 통해 에고에 에너지를 더합니다. 억울함을 느끼고 스스로가 부당하게 상처받았다고 생각할 때, 에고는 타인의 무의식을 눈감아주지 않고 그것을 자신의 정체성으로 삼아 단단히 굳어집니다. 부정적인 감정과 피해자 코스프레 같은 상태에 머물게 되면, 새로운 지식을 받아들이기 어려워집니다. 에고가 너무 단단해지면, 책이나 강의를 통해서도 스스로가 창조한 프레임 안에서 나오지 못하게 됩니다.

에고가 불만과 함께 따라온다는 것은, 결국 우리가 반응하는 타자에게 있는 어떤 것이 우리 안에도 존재한다는 것을 의미합니다. 타인의 에고가 부정적으로 흘러들어와 감정이 올라올 때 반응하게 된다면, 우리는 에고에 지게 됩니다. 그러나 이를 인정하고 받아들인다면, 나의 에고를 뛰어넘을 수 있을 뿐만 아니라 집단적 에고까지도 소멸시킬 수 있습니다.

대부분 사람은 강한 모습, 올바른 모습, 빈틈없는 모습을 보여야 한다는 에고에 둘러싸여 살아갑니다. 하지만 자신의 치부를 직시하고 인정하게 되면, 그 순간 엄청난 힘을 발휘할 수 있습니다. 에고에 대응하지 않음으로써 자신의 온전한 정신을 드러내는 경우가 많습니다. 온전한 정신이란 고정화된 의식에 사로잡히지 않은 초월적 의식을 의미합니다. 에고에 항복함으로써 대응하지 않는 것은 결코 허약함이 아니라 강한 것입니다. 이는 용서와 수용으로 이어지며, 더 나아가 사랑으로 변할 수 있습니다. 사랑은 인간 존재의 본질을 꿰뚫어 보게 하고, 온전한 정신을 드러낼 수 있게 합니다.

"원수를 사랑하라."라는 말은 실천하기 어려운 말이지만, 사업을 할 때 가장 먼저 섬겨야 할 말입니다. 사업을 하려면, 인간의 마음속 에고를 해체해야 기적을 일으키고 창조를 이룰 수 있기 때문입니다.

우리는 과거의 완결에 대해 다양하게 다룰 것입니다. 여기서 부모님이라는 존재가 크게 작용합니다. 부모님에게 인정받고 이해받고 싶다는 마음이 있지만, 그에 대한 불만과 분노가 있진 않은가요? 저는 그런 감정을 많이 가지고 있었습니다. 하지만 부모가 왜 나를 인정해줘야 할까요? 그 인정이 나에 대한 어떤 차이를 가져다줄까요?

진정한 자신은 나 스스로 정하는 것입니다. 부정적으로 생각하는 일 중에는 진실이 아닌 경우가 많습니다. 우리는 믿음으로서 부정적인 감정과 오해를 쌓으며 살아가게 됩니다. 이 책을 읽으면서 그 부담감과 분노를 조금씩 벗어버리기를 바랍니다.

5 》

인간의 본성

저는 함께하는 사람들을 중시합니다. 자신의 고민이나 아픈 경험을 극복한 사람들을 주변에 두는 것이 중요하다고 생각합니다. 즉, 의식이 높은 수준에 오른 사람들과 함께하는 것을 권장합니다. 이미 성공한 사람들과 시간을 보내며 그들의 생각과 내 생각을 일치시킬 때, 비슷한 형태의 성공을 이룰 수 있습니다. 성공한 사람과 함께하는 일은 인생에서 큰 행운입니다. 긴밀한 관계를 맺고 밤새도록 이야기를 나누며 인사이트를 얻는 것이 중요합니다. 어떤 환경에 놓여 있는지가 정말 중요합니다.

의식이 높은 수준의 사람과 함께하기

의식이 높은 사람들과 함께하는 것은 매우 중요합니다. 그들은 자신의 고민과 아픈 경험을 극복한 사람들로, 그들과의 교류를 통해 많은 것을 배울 수 있습니다. 성공한 사람과의 교류는 당신의 사고방식과 목표를 변화시킬 수 있는 기회를 제공합니다.

유머의 중요성

유머는 인간적인 면모를 드러내고 연민을 얻는 방법입니다. 청중과 하나가 되면 그들은 응원하고 격려해줍니다. 저는 제 약점에 대해 솔직하게 이야기하는 편입니다. 그러면 사람들도 저에게 따뜻한 격려를 보내줍니다. 약점은 나쁜 것이 아니며, 오히려 진정성 있는 모습을 보여줄 수 있는 기회입니다. 저는 제 약점을 받아들였기 때문에 그것이 제 삶에 큰 문제가 되지 않습니다.

사람들은 종종 약점을 드러내는 것에 대해 걱정합니다. "말 조심해라.", "어디 가선 그 말 하지 마." 같은 반응이 있을 수 있지만, 저는 괜찮습니다. 약점을 인정하고 살아가고 있기 때문입니다. 오히려 솔직하게 약점을 드러내면 더 유리해집니다. 약점에 대한 강박관념과 두려움을 놓아버리면 자유로워집니다. 솔직한 모습에 모두가 응원해 줄 것입니다.

저는 발음이 좋지 않고 가끔 말도 더듬곤 하지만, 그런 약점을 솔직히 드러냅니다. 그러면 오히려 비웃거나 얕잡아보지 않고 응원해줍니다. 여러분도 당당히 자신의 약점을 이야기해 보시길 권합니다. 다만, 약점과 자존감이 낮은 것은 구분해야 합니다. 약점을 인정하는 것은 자신을 낮추는 것이 아니라, 오히려 강한 모습을 보여주는 것입니다.

긍정적인 사람이 되어라
의식 수준이 높은 사람은 부정성을 없애고 긍정적인 에너지를 내뿜는 사람입니다. 그런 사람에게 자연스럽게 끌리게 됩니다. 작년까지 저는 부정적인 사람이었고, 함께 밥을 먹으려는 사람조차 없었던 시절이 있었습니다. 하지만 지금은 다릅니다! 저는 이제 자유롭게 사람들 사이를 날아다니며, 부정적인 에너지와 분노를 모두 놓아버렸습니다. 의식 수준을 향상시키기 위해서는 놓아버림이 필요합니다. 그중 하나가 바로 '죄책감'입니다.

죄책감은 잘못에 대한 두려움으로, 누군가 나를 나쁘게 생각할까 두려워하게 됩니다. 이는 일상적인 죄책감으로, 약속시간에 늦거나 상대에게 사과할 일을 만들면서 생깁니다. 그러나 사실 죄책감은 우리 삶을 망치지 않습니다. 현실과 아무 상관이 없으며, 죄책감이 생기면 바로 놓아버리면 됩니다. 만약 죄책감의 대상이 있다면 사과를 하고, 다음부터는 미안할 행동을 하지 않으면 됩니다.

그럼에도 불구하고 사람들은 죄책감을 받아들이지 못하고 억제하거나 남에게 투사합니다. 이렇게 되면 문제는 절대로 끝나지 않습니다. 죄책감이 계속 마음에 남아 있으면 어떤 일이든 어렵고, 실패 확률이 높아집니다. 자유롭게 행복하게 돈이 들어와야 하는데, 죄책감을 지니고 있다면 그 돈의 무게에 억눌릴 것입니다. 죄책감을 인정하고 받아들이는 것은 어렵지 않습니다. 제가 해냈다면 여러분도 해낼 수 있습니다.

욕망의 놓아버림과 천명

욕망도 놓아버림이 필요합니다. 욕망은 삶에 추진력을 주지만, 동시에 결핍의 감정에서 비롯됩니다. 욕망을 놓아버릴 때 기적이 일어납니다. 사람들은 왜 욕망을 가지게 될까요? 그것은 타인과 비교하기 때문입니다. 자신의 단점을 끊임없이 찾아내며 스스로를 부정하려고 합니다.

이유는 '천명'과 '신념'의 부재입니다. 이 두 가지가 삶에 뿌리내리지 않으면 약한 바람에도 흔들리게 됩니다. 그래서 사회의 보편적인 가치를 추구하게 되고, 욕망과 현실의 괴리가 커지게 됩니다. "나는 뭐 하나 제대로 할 줄 아는 게 없어!"라며 자신을 부정하게 됩니다. 이렇게 되면 남을 부러워하고 시기하게 됩니다.

욕망에 사로잡힌 사람은 행복을 얻지 못합니다. 저도 한때 '무소유'를 강하게 주장했지만, 사실 소유와 무소유 모두 의미가 없음을 깨달았습니다. 저는 허세와 보여지는 것을 초월하려 했고, 일부러 더 소유하지 않았습니다. 그 과정에서 우월감을 느끼기도 했습니다. 그러나 사람들은 타인에 대해 그렇게 관심이 없습니다. 새 차를 사서 자부심을 느껴도 누군가 알아주지 않습니다. 이렇게 되면 주변 사람들은 부담스러워하고 멀어지게 됩니다.

하지만 내가 세운 천명에 따라 자부심을 느끼면, 주변에 사람들이 자연스럽게 모입니다. 모든 사람은 위대하며 마법사입니다. 자신의 왜소함을 포기하고 인정하면 마음이 열립니다. 저항을 놓아버릴 때 자연스럽게 풍요가 찾아오고, 기적이 일어나는 상태가 됩니다.

약점을 인정하고, 죄책감을 내려놓고, 욕망에서 자유로워진 사람은 자신의 욕구가 우주에 의해 자연스럽게 충족된다는 확신을 가지게 됩니다. 이렇게 되면 모든 것을 사랑하게 되고, 옳고 그른 개념이 사라집니다. 나 스스로 존재한다는 것이 바로 이러한 의미입니다.

떠남에 대한 놓아버림

앞선 장에서 설명한 '놓아버림'은 사람에게도 적용됩니다. 누군가가 내 곁을 떠나는 것을 받아들이는 것이 중요합니다. 우리는 대개 관계의 문제를 타인에게서 찾고, 그들이 떠나는 이유를 정당화하기 위해 타인을 부정하며 나를 긍정하는 무의식이 작용합니다.

제가 경험한 일 중 하나는 직원이 저에게 "당신은 항상 '1년 안에 제 수입을 추월해 주세요'라고 말한다."는 것이었습니다. 이는 제가 사람들을 밀어내고 있다는 것을 깨닫게 해주었습니다. 왜 나는 자꾸 남을 밀어내는지 탐구해보니, 어린 시절 부모님과의 관계가 떠올랐습니다. 부모님과의 사이가 좋지 않았고, 그 관계를 개선하려고 노력했지만, 상황은 나아지지 않았습니다. 그로 인해 저는 가정의 불화를 제 탓으로 생각하며 자라게 되었습니다.

그 과정에서 상처받은 어린 자신을 발견했습니다. 어른이 된 지금, 그 아이에게 위로와 격려를 건네며, "너는 충분히 노력했어. 그건 엄마, 아빠의 문제이지 네가 원인이 아니야."라고 깨달았습니다. 두 사람의 관계는 나와 무관하다는 것을 이해하게 되었습니다. 불행의 원인을 나에게 투사할 필요가 없다는 것을 깨달은 것이죠. 여러분도 소중한 사람들과의 관계를 미리 단정 짓고 밀어내고 있지는 않은지 돌아보시길 권합니다.

자부심의 중요성

우리는 종종 '답을 안다'는 자부심 때문에 성장하지 못합니다. 제가 1:1 컨설팅을 할 때도, 이 자부심을 깨기 위해 "당신이 뭘 아냐."라고 심하게 질문합니다. 자부심에서 빠져나오는 것은 어렵기 때문입니다. 자부심이 강한 사람들은 잘못을 인정하기보다는 모든 것을 에고의 제단에 바치려 할 정도입니다.

사람들은 이 자부심을 감추기 위해 겸손한 척하곤 하지만, 가짜 겸손은 쉽게 드러납니다. 진짜 겸손은 자부심을 내려놓은 사람에게서 나옵니다. 자부심을 내려놓으면 상처받을 이유가 없고, 대신 안도감과 자존감을 느낍니다. 자부심을 내려놓는 방법은 작은 것에도 감사하는 마음을 가지는 것입니다. 자부심을 놓으면 겸손과 감사가 들어오고, 행복한 상태를 유지하면서 기적이 일어납니다.

그렇다면 진짜 겸손이란 무엇일까요? 진정으로 겸허한 사람은 굴욕을 느끼지 않으며 방어할 것이 없습니다. 상처받지 않기 때문에 타인의 비판적인 공격에도 영향을 받지 않습니다. 누군가 "너는 잘났다고 생각하지?"라고 질문할 때, 보통 사람은 자존심이 상하고 굴욕감을 느낍니다. 그러나 진짜 겸손을 지닌 사람은 질문이 현실적 근거가 없음을 알고 기분 상할 필요가 없습니다. 오히려 그런 말을 하는 상대방을 사랑으로 어루만져줄 수 있습니다. "너의 마음이 아프구나."라고 생각할 수 있는 상태에서는 관계 개선이 훨씬 쉬워집니다.

나의 적

우리는 종종 적을 만들어 놓고 내가 옳다는 것을 주장하는 경향이 있습니다. 이런 부정적인 생각으로 나 자신을 에워쌀 필요는 없습니다. 마케팅 관점에서 공공의 적이 필요할 때도 있지만, 인생의 마지막 장에서 누가 친구가 될지 알 수 없습니다. 따라서 판단하거나 적을 설정할 필요는 없습니다. 다양한 존재를 인정하는 것이 중요합니다.

용기

용기는 내면의 변화를 이끌어냅니다. 제가 죄책감을 느낀 상대에게 전화를 걸어 사과한 것은 용기 덕분이었습니다. 용기가 없는 상태에서는 죄책감에 빠져 전화조차 못 하는 경우가 많습니다. 안전을 의지하던 대상을 놓아버리면, 위험을 감수하는 자발성이 나타나고, 이는 용기와 연결됩니다. 자발성은 실수를 인정하고 개선해야 할 부분을 마주할 수 있는 여유를 제공합니다.

받아들임은 아무것도 바뀔 필요가 없음을 아는 상태입니다. 다른 사람들과 모든 생명체에 연민을 느끼며, 대가를 바라지 않고 자연스럽게 도와줍니다. 타인을 심판하면 나도 심판받게 됩니다. 다른 사람의 신념이 나와 다르더라도 그들의 견해가 타당하다는 것을 인정해야 합니다. 사소한 결정은 더 이상 심각하게 받아들이지 않게 됩니다.

문제가 발생했을 때 해결책을 찾으려 하지 말고, 문제의 감정을 놓아버리면 해결됩니다. 어떤 감정이 문제를 일으켰는지 찾아보세요. 감정을 놓는 방법은 쉽고 단순합니다. 잘못을 저질렀을 때 오해를 풀려 애쓰지 말고, 느낀 감정과 상대방의 감정을 이해하는 것이 핵심입니다. 본질적인 문제는 감정에 있기 때문입니다. 수치심, 자격지심, 자부심, 거짓 겸손, 분노를 놓아버리세요.

항복

항복은 있는 그대로를 내적으로 받아들이는 것입니다. 항복한다는 것은 격한 감정이 없음을 의미합니다. 그런 일이 생겨도 괜찮고, 생기지 않아도 괜찮은 상태입니다. 항복을 통해 놓아버림을 계속해야 하며, 그러면 받아들임과 용기를 경험하게 됩니다.

항복을 하면 모든 일이 잘 풀립니다. 내적으로 열린 상태에서는 우리의 행동이 우주와 조화를 이룰 수 있습니다. 그런데 일이 잘 풀리기 시작할 때 놓아버림을 그만두는 경우가 많습니다. 이는 큰 실수입니다. 놓아버림은 일상생활에서 계속해야 합니다.

부정적 에너지가 담긴 분노

마지막으로, 분노의 밑에 숨겨진 감정들을 살펴봐야 합니다. 분노 밑에는 공포, 질투, 경쟁심, 수치심, 자격지심 등이 있습니다. 이러한 감정 복합체를 놓아버리면 희열과 자유가 찾아옵니다. 분노가 올라왔을 때 그 뿌리를 파악하면 용기를 내고 자부심을 내려놓을 수 있습니다. 분노의 대상인 타인이나 부모님을 받아들이고, 그들이 바뀔 필요가 없다는 것을 인정하면 내면의 에너지가 달라지고 자존감도 변화합니다.

용기를 내어 분노의 대상과 대화를 나누면, 상대방을 받아들이고 항복하는 상태가 됩니다. 항복하면 진 것 같지만, 사실은 이긴 것입니다. 과거를 완결할 때는 나에게 책임을 100% 가져오고 상대방의 책임은 0으로 두면 됩니다. 그리고 놓아버리세요.

분노와 놓아버림의 완결
한 분이 아버지와의 통화를 마친 후 계속 눈물이 나서 저에게 전화해 주셨던 경험이 있었습니다. 그분에게 축하를 전하며 인생이 바뀌었다고 말씀 드렸습니다. 남의 일이지만 그 진심이 저에게 깊게 전해졌고, 분노를 내려 놓은 상태에서 이루어진 일이었습니다. 이것이 바로 과거의 완결과 놓아버림입니다.

모든 사람은 수백 개의 완결할 무의식을 가지고 있습니다. 저도 8년 전부터 시작했지만, 여전히 매주 무의식을 뚫고 있습니다. 이렇게 매주 쌓아가면 50개, 100개씩 쌓여 불가능한 것이 없는 상태에 이를 수 있습니다.

놓아버림의 의미
이제 제가 말씀드린 놓아버림이 무엇인지 깨달으셨나요? 어렵지 않습니다. 우리는 초연한 상태가 되어야 합니다. 자부심을 내려놓고 용기를 내어 받아들이며, 모든 것에 행복한 상태가 되도록 해야 합니다. 모든 부정적인 감정은 분노에서 비롯됩니다. 자신의 분노가 어디에서 왔는지를 깊이 탐구해보시길 권합니다. 이를 지속적으로 해나간다면 행복이 공기처럼 자연스럽게 찾아올 것입니다.

포기의 유혹

제가 말씀드린 모든 일이 쉽지 않을 것입니다. 하지만 포기하시면 안 됩니다. 한 번 시도한다고 해서 단번에 이루어지는 일은 아닙니다. 하지만 한 번이라도 경험해보는 것은 자전거를 타는 것과 같습니다. 몇 번 반복하다 보면 자연스럽게 생활의 일부가 될 것입니다. 그러면 자유가 찾아오고 모든 것이 가능한 마법사가 될 수 있습니다.

의식 수준과 성공

우리의 의식 수준은 성공과 깊은 관계가 있습니다. 의식 수준이 낮을 땐 성공이 불가능합니다. 따라서 우리는 의식 수준을 높이기 위해 노력해야 합니다. 이제부터 의식 수준의 구체적인 단계와 높이는 방법에 대해 설명 드리겠습니다.

에고의 이해

'에고'란 무엇인가요? '자아'를 뜻하며, 가장 낮은 단계의 의식 수준입니다. 에고는 인간의 생존을 위해 작동하는 본성이자 시대에 따라 물려받은 생물학적 유산입니다. 우리는 늘 이 에고와 함께 살아가며, 이는 생존에 이로운 면도 있지만 잘 활용하기 어려운 부분입니다.

에고는 다양한 단계가 있습니다. 이 설명을 들으시면서 에고를 놓아버리는 연습을 해보시길 바랍니다. 에고를 놓아버리지 못하면 절대로 성공할수 없습니다. 진정으로 에고에서 탈피했을 때 성공과 기적을 만날 수 있습니다. 그러나 이는 쉽지 않습니다. 자아를 버리라는 말이기도 하니까요. 사람들은 살아온 인생과 습성을 바꾸기가 어렵습니다. 삶에는 관성이 있어이전의 습성으로 돌아가려는 경향이 강합니다.

사람들은 끊임없이 합리화와 정당성을 부여하며 에고를 놓지 못합니다. 에고가 강한 사람은 자아가 강하다는 뜻이기도 합니다. 그래서 그들은 에고를 놓아버리는 것이 불가능하게 느껴집니다. 나라는 존재가 사라지고 희미해질 것 같은 불안감과 두려움에 시달리기 때문입니다. 그러나 저는 과감히 말씀드립니다. 내려놓으세요. 에고는 당신이 아닙니다. 그저 두려움의 촉발제일 뿐입니다.

이제 에고의 단계를 설명드리겠습니다.

첫 번째 에고: 수치심

수치심은 에고의 첫 번째 단계로, 극단적인 예로 강서구 PC방 살인사건이 있습니다. 이 사건에서 가해자는 작은 발단으로 수치심을 느끼고, 결국살인에 이르게 되었습니다. 피해자가 "우리 아빠가 경찰인데 네가 나를 죽이지 않는 이상 너는 아무것도 아니다."라는 말을 했을 때, 가해자는 억울함과 두려움이 사라지고 자신도 죽어야겠다는 극단적인 생각에 이르게 되었습니다. 이는 수치심이 얼마나 위험한지를 보여줍니다.

수치심이 높아지면 '상대방은 나쁜 사람이니까 응징해도 된다.'는 정당화를 일으키고, 이는 성격 전반에 부정적인 영향을 미칩니다. 이로 인해 다른 부정적 감정에 취약해지고, 그릇된 자부심과 분노가 생기게 됩니다. 수치심에 취약한 사람들은 종종 학창 시절의 경험에서 비롯된 경우가 많습니다. 이럴 경우 과거의 기억을 이해하고 풀어내는 과정이 필요합니다. 수치심은 유전적 특성일 뿐, 내 자신이 아니므로 이를 내려놓는 것이 중요합니다.

두 번째 에고: 죄책감과 보복적 증오
두 번째 단계는 죄책감과 보복적 증오입니다. 이는 죄에 사로잡혀 용서하지 못하는 감정적 태도를 의미합니다. 선동가들이 강압과 통제로 죄책감을 유발하기도 하며, 죄책감에 빠져 있는 것은 에고를 더욱 부풀리게 만듭니다. 예를 들어, 돌아가신 어머니에게 더 잘해드리지 못한 죄책감에 빠진 사람은 이를 빨리 벗어나야 합니다. 과도한 죄책감과 후회는 위장된 자만심으로 이어지며, 이런 자만심은 비극적 주인공의 역할을 자처하게 만듭니다.

에고는 이러한 감정에서 대가를 받으며 살을 찌웁니다. 동정이나 자기 연민에 빠져 비극적인 드라마의 중심에 서고자 하는 경향이 있습니다. 이는 기만적이며, 진짜 나 자신이 아닌 에고의 모습입니다. 죄책감과 증오는 사실상 에고 자체이므로, 진짜 나는 이러한 감정에 영향을 받지 않는다는 것을 기억해야 합니다.

또한, 에고는 자신이 이해하지 못하는 것을 쉽게 증오하고 비난합니다. 이해할 수 없는 것을 틀리다고 단정 짓거나 헐뜯는 경향이 있기 때문에, 이러한 에고를 경계할 필요가 있습니다.

에고의 첫 번째 단계인 수치심과 두 번째 단계인 죄책감은 모두 우리의 내면에서 중요한 역할을 하며, 이를 이해하고 내려놓는 것이 필요합니다. 이러한 감정들이 우리의 삶에 미치는 영향을 인식하고, 이를 극복하기 위한 노력이 필요합니다.

세 번째 에고: 무감정
무감정은 마음속의 원한, 사회에 대한 왜곡된 해석, 불의에 대한 불만 등을 수집하면서 형성됩니다. 이런 왜곡된 해석으로 인해 타인을 비난하고, 결국은 무감정 에고가 충족됩니다. 이러한 심리 기제는 카리스마적 지도자에게 작용할 때 수천, 수백만 명의 사망을 초래할 수 있습니다. 히틀러가 대표적인 예입니다.

네 번째 에고: 슬픔
슬픔은 집착의 상태로, 연인이나 가족에 대한 강한 집착으로 나타납니다. 이런 집착이 고착화되면, 소통이 불가능한 상태에 이르게 됩니다. 에고는 가치 신념체계의 정교한 네트워크로 스스로를 지속시키며, 슬픔의 원인은 소유의 환상에서 비롯되기도 합니다. 많은 사람들이 성공을 원하며 돈, 좋은 차, 좋은 집을 소유하고자 하는 환상을 가지고 있습니다. 하지만 이러한 소유는 일시적이며, 사실상 나의 것이 아닙니다. 소유에 대한 집착이 있는지 돌아보며 경계를 해야 합니다.

다섯 번째 에고: 두려움

두려움은 대표적으로 돈을 잃는 것에 대한 두려움으로 나타납니다. 두려움을 극복하기 위해서는 다음에 어떤 일이 일어날지를 계속 물어보는 것이 중요합니다. 예를 들어, 현재 가진 돈이 1,000만 원이라면, 그 돈을 잃으면 어떤 일이 생길지, 그 다음에는 어떻게 될지를 스스로에게 질문해보는 것입니다. 이런 과정을 통해 깨닫게 되는 것은, 두려움이 느껴지는 것만큼 실제로 큰 문제가 발생하지 않는다는 것입니다.

어릴 적 경험에서 유래된 두려움을 극복하기 위해서는 과거의 기억을 재조정하는 과정이 필요합니다. 저의 경우, 어렸을 때 어머니의 돈을 지갑에서 빼다가 아버지에게 크게 혼난 경험이 있었습니다. 이 기억이 무의식에 남아 '나는 돈을 가지면 안 된다.'는 신념을 만들었습니다. 이후 이 기억을 재구성하여 '아버지는 남의 돈에 손을 대지 않는 것을 가르친 것이지, 내가 돈을 가지면 안 된다고 가르친 것이 아니다.'라고 정리했습니다. 이렇게 신념을 바로잡은 후에는 돈이 더 잘 들어오는 경험을 하게 되었습니다.

여섯 번째 에고: 욕망

욕망은 목표 달성과 보상을 위해 큰 노력을 쏟게 만드는 강한 동기입니다. 저도 두려움과 욕망으로 인해 자신을 돌보지 않고 일에만 몰두했던 시절이 있었습니다. 많은 사람들의 돈과 힘을 얻고자 하는 욕망은 삶의 큰 원동력이 되며, 성적 인정 욕구 등으로 인해 화장품 산업과 패션 산업이 발전하게 됩니다. 그러나 이러한 욕망의 희생자들은 자신이 왜 그렇게 열심히 일하고 고가의 옷을 사는지 모르는 경우가 많습니다.

이 욕망은 또 다른 욕망으로 대체되며, 인정을 받고자 하는 욕망도 있습니다. 부모에게서 오는 경우가 많습니다. 예를 들어, "아버지에게 처음으로 인정받아서 기뻐요."라는 말은 그 사람의 인정 욕구를 드러냅니다. 하지만 우리는 왜 인정을 받아야 하는가에 대해 돌아봐야 합니다. 인정을 받지 않으면 불행해지는 것인가요?

인정받고자 하는 욕망은 복종이나 아첨을 유발하며, 이는 본인에게 스트레스를 줍니다. 인정을 받는 것에 기뻐하기보다는 인정 욕구를 내려놓는 것이 중요합니다. 욕망에 중독된 에고는 성공, 좋은 차와 좋은 집에 자부심을 느끼게 만듭니다. 이는 곧 욕심과 오만함으로 이어지며, 이런 에고를 내려놓지 못하면 성공 후에도 다시 실패를 겪는 경우가 많습니다. 성공할수록 주변에 자부심을 건드리는 사람들이 줄어들므로, 에고는 점점 정교해집니다.

욕망의 에고는 필사적으로 원하는 것을 얻기 위해 어떤 희생도 감수할 준비가 되어 있습니다. 때로는 수백만 명의 생명까지 희생할 수 있다고 생각합니다. 그래서 욕망에 중독되지 않기 위해, 저는 여전히 다른 사람의 강의를 듣고 컨설팅을 받습니다. 우리는 욕망에 중독되는 것이 아니라, 욕망을 초월해야 합니다. 욕망을 초월하는 방법은 나보다 더 큰 힘에 나를 내맡기는 것입니다. 이 힘에는 겸손함, 내적 정직성, 책임 등이 포함됩니다. 욕망을 초월하면 일이 잘 풀리는 경험을 하게 됩니다.

저는 실제로 월 2억을 벌겠다는 목표를 세운 뒤, 과거의 감정들을 제거하는 작업을 해왔습니다. 에고들을 인지하고 내려놓다 보니 진정한 행복과 성공을 느끼게 되었습니다. 그렇게 목표인 월 2억이 생생하게 느껴지며, 온갖 아이디어가 떠오르기 시작했습니다. 욕망을 초월하면 목표에 대한 확신이 생기고, 자연스럽게 아이디어와 방법이 떠오릅니다.

그러나 욕망을 초월하는 것이 정말 가능할까요? 데이비드 호킨스 박사는 "나보다 더 큰 힘에 나를 내맡기는 것은 가능하다."라고 말합니다. 의식 수준이 진화하면 필요와 원함의 생각이 줄어듭니다. 외제차나 명품의 만족감은 일시적입니다. 저도 차를 사자마자 그 만족감이 하루 만에 사라졌습니다. 진정한 만족은 자기 존재의 근원에 대한 각성에서 비롯됩니다.

일곱 번째 에고: 분노
분노는 좌절감이 욕망의 중요성을 과장한 결과로 나타납니다. 예를 들어, 10억을 벌고자 하는 사람이 현실에서 빈털터리라면, 목표와 현실의 괴리감 때문에 좌절감을 느끼게 됩니다. 이로 인해 다른 사람에 대한 시기와 질투가 생기고, 결국 분노는 증오로 이어질 수 있습니다. 분노는 한 사람의 삶의 모든 분야에 파괴적인 영향을 미치며, 실수를 인정하는 것을 두려워하게 만듭니다.

저도 사람인지라 실수를 할 때가 있습니다. 그러면 분노의 에고가 드러나며 언성이 높아지고, 자신이 우월하다는 착각에 빠지기도 합니다. 분노한 상태에서는 책임을 회피하고 진실을 보지 않으려 합니다. 이 상태는 주관적인 감정일 뿐, 실제로는 아무것도 성취하지 못하는 상태입니다. 사소한 일로 화가 치밀어 오르기도 하고, 행동에 대한 책임을 지지 못하는 무능력함을 드러내게 됩니다.

분노를 초월하는 방법

분노를 초월하고 내려놓기 위해서는 연민, 수용, 사랑, 그리고 기꺼이 용서하려는 자발성이 필요합니다. 또한, 세상이 아닌 자기 자신의 변화에 초점을 맞춰야 합니다. 세상이나 남을 탓하지 않고, 책임을 받아들여야 합니다. 나도 틀릴 수 있는 사람이라는 것을 인정하는 것이 중요합니다.

성공한 사람을 질투하고 사회악으로 여기며 분노를 느끼면 성공할 수 없습니다. 분노가 있는 사람은 자신의 교육과 발달에서 부족한 부분을 보완해야 합니다.

여덟 번째 에고: 자부심

자부심은 초월하기 가장 어려운 부분입니다. 자부심이 설정된 사람들은 쉽게 벗어나기 힘듭니다. 30대에 돈을 벌었다가 다시 내려가는 경우가 많은데, 이는 자부심을 내려놓지 않기 때문입니다. 자부심은 성취에 대한 자기보상적인 반응으로, 유용한 면도 존재하지만 지나치면 성장과 발전을 저해할 수 있습니다.

자부심은 훌륭한 부모님에게 인정을 받으며 학습되는 정상적인 반응입니다. 많은 사람들이 자부심의 증표로 좋은 차, 큰 집, 강남 거주, 명품 옷, 인맥을 추구합니다. 그러나 이러한 자부심이 지나치면 진정한 성공을 가로막을 수 있습니다. 자부심의 이면에는 자기예찬이 숨겨져 있으며, 이는 남들이 자신보다 열등하다고 생각하게 만듭니다.

진정한 성공에는 우월성의 분위기 대신 겸손함과 감사가 동반되어야 합니다. 겸손함과 감사는 억지로 꾸며낼 수 없습니다. 우월하다는 생각을 숨기려는 겸손한 척은 결국 가짜로 드러납니다. 자부심을 내려놓지 않으면 겸손과 감사가 나에게 들어오지 않습니다.

자부심을 내려놓는 방법

자부심을 내려놓기 위해서는 "나는 중요한 사람이야, 내 행동은 정당해."라는 생각을 버려야 합니다. 내가 우월하다는 생각에서 나오는 타인을 비난하고 싶은 마음도 내려놓아야 합니다. 대신, 겸손함과 온전성을 갖추는 것이 필요합니다.

이제까지 수치심, 죄책감과 보복적 증오, 무감정, 슬픔, 두려움, 욕망, 분노, 자부심 등 에고의 특성에 대해 설명했습니다. 각 감정을 정확히 이해한다면 에고를 찾아내고 무의식을 건드려 초월할 수 있습니다. 나 자신에 대해 다 알고 있다고 생각하지만, 실제로는 많은 사람들이 자신의 에고조차 깨닫지 못합니다. 나에 대해 아무것도 모른다는 것을 인정하고, 깨달음을 얻는 과정을 지속해야 합니다.

선형적 마음의 네 가지 요소
선형적 마음은 용기, 중립, 자발성, 수용의 네 가지 요소로 구성되어 있습니다. 이 네 가지는 우리가 삶에서 추구해야 할 올바른 가치입니다.

(1) 용기
용기는 삶을 도전적이고 흥미롭게 바라보게 합니다. 용기를 가진 사람은 책임을 받아들이고, 자신의 결정과 행동에 대한 책임을 집니다. 분노는 책임을 회피하는 반면, 용기는 책임을 지는 상태입니다. 최근에 제가 실수한 일을 인정하고 즉시 사과한 경험은 용기의 상태를 잘 보여줍니다. 용기를 가지려면 개인적 책임을 수용해야 하며, 감정적인 반응보다 성찰을 중요시하게 됩니다. 용기는 두려움을 극복하려는 자발성을 포함하고 있으며, 실패에도 불구하고 성공할 수 있는 가능성을 제공합니다.

(2) 중립

중립은 자부심의 에고에서 벗어나 진정한 힘을 느낄 때 나타납니다. 과거에 사기를 당했을 때, 분노와 증명하려는 충동이 저를 지배했습니다. 이때 저는 남을 경멸하며 자신의 과시를 못하니까 질투를 느꼈고, 결국 스스로의 분노와 수치심에 빠지게 되었습니다. 하지만 중립의 상태에서는 갈등, 경쟁, 죄책감에 관심이 없고, 감정이 차분해지며 타인의 행동을 통제하려 하지 않습니다. 중립을 갖춘 사람은 느긋하고 유쾌한 태도를 유지하며, 자기 자신을 증명하려는 시도에서 자유로워집니다.

(3) 자발성

자발성은 내적 저항을 극복하고 삶에 참여하는 몰두를 의미합니다. 자발성을 갖춰야만 돈을 벌 수 있습니다. 자발성이 있으면 내면의 문제를 직시하고, 학습 장애가 없어지며, 경험에서 배우고 스스로를 교정할 수 있는 능력이 생깁니다. 자발성을 갖춘 사람은 우호적이며, 풍족함을 끌어당기고 목표를 내면화하여 성공적인 내적 성장을 이루게 됩니다. 제가 에고와 무의식에 대한 강의를 계속하는 이유도 저항을 없애기 위함입니다. 자발성을 통해 "난 못 해."라는 신념을 넘어서 "난 할 수 있다." 하는 긍정적인 태도로 나아갈 수 있습니다.

(4) 수용

수용은 자기 자신이 자신의 삶의 경험의 근원이자 창조주라는 이해를 바탕으로 큰 변형이 일어나는 상태입니다. 수용의 상태에서는 남 탓을 하지 않고, 자신의 책임으로 받아들이게 됩니다. 의식 수준이 낮은 사람은 경쟁적이고 이기적이며, 남을 잠재적인 적으로 보게 됩니다. 반면, 수용 수준에 있는 사람은 시비에 관심이 덜하고 문제 해결 방법을 찾는 데 전념합니다. 이로 인해 삶의 경험을 긍정적으로 받아들이고, 성장할 수 있는 기회를 얻게 됩니다.

이 네 가지 요소를 통해 우리는 에고를 초월하고, 진정한 행복과 성공을 찾을 수 있습니다. 각 요소를 잘 이해하고 적용하는 것이 중요합니다. 힘든 일이 생길 때 불쾌해하거나 낙담하지 않고, 단기적 목표보다 장기적 목표를 우선시하는 태도를 갖는 것이 필요합니다. 고집과 완고함을 버리고, 사회적 다원성을 인정하는 것이 중요합니다. 즉, 다양한 관점을 수용할 줄 아는 능력이 극단적 차별이나 불관용에서 자유로워지게 합니다.

예를 들어, 초콜릿맛 아이스크림과 바닐라맛 아이스크림의 선택지가 있다고 가정해봅시다. 바닐라를 선택하는 것은 초콜릿을 경쟁자나 적으로 바라보는 태도를 의미할 수 있습니다. 그러나 수용의 상태에서는 초콜릿맛이 대안적인 선택지일 뿐이라고 생각합니다. 다른 맛을 악마화하지 않고, 하나의 맛을 선택하는 자유를 가질 수 있습니다.

이제까지 선형적 마음의 네 가지 요소인 용기, 중립, 자발성, 수용에 대해 알아보았습니다. 수용보다 더 높은 단계도 존재하지만, 수용 상태에 도달하기만 해도 충분한 성공을 이룰 수 있습니다. 성공을 거두고 높이 올라갈수록 자신을 정당화할 구실을 찾게 되어, 다른 사람의 의견을 무시하는 상태가 되기 쉽습니다. 이런 경우 성공 후에도 다시 바닥에 떨어질 위험이 있습니다. 이를 방지하기 위해서는 선형적 마음에 도달하는 것을 목표로 삼고, 에고를 내려놓는 연습을 시작해야 합니다.

에고를 내려놓는 방법 두 가지

(1) 과거의 기억을 통해 현재를 찾아나가기

과거에 있었던 사건을 되짚어보며, 그 사건이 현재의 생각이나 감정에 어떤 영향을 미쳤는지를 이해합니다. 이를 통해 자신을 더욱 깊이 이해하고, 에고의 뿌리를 찾아낼 수 있습니다.

(2) 현재의 제약을 과거를 통해 찾아나가기

현재 자신에게 제약이 있다고 느끼는 것들을 과거의 경험과 연결 지어 살펴보며, 왜 그런 제약이 생겼는지를 탐구합니다. 이를 통해 스스로의 신념 체계를 재구성할 수 있습니다.

이 두 가지 방법을 병행하면서 분노, 수치심, 슬픔 같은 감정들이 어디서 왔는지를 이해하고, 자신의 의식 수준을 계속해서 올려보시길 바랍니다. 이러한 과정이 결국에는 더 높은 의식 수준으로 나아가는 길이 될 것입니다.

6 》

천명과 신념 설정

드디어 신념과 천명에 대해 설명하겠습니다. 저는 컨설팅업을 하면서 많은 분을 만났고, 많은 사람이 일의 시작을 앞두고 실패에 대한 걱정으로 불안해합니다. 이러한 불안은 현재를 살지 않기 때문일 수도 있지만, 신념이 부족해서 생기는 경우도 많습니다. 신념이 확고한 사람은 부정적인 상황에서도 흔들리지 않습니다. 이를 스티브 잡스의 연설과 인터뷰를 통해 설명하고자 합니다.

스티브 잡스를 처음 접했을 때, 저는 그의 열정이 허망한 꿈을 자극한다고 생각했습니다. 하지만 시간이 지나면서 그의 말이 하나하나 꽂히기 시작했고, 강력한 신념이 있다는 것을 깨달았습니다. 그는 "애플의 핵심 가치는 믿는 것"이라고 말하며, 열정을 가진 사람들이 세상을 변화시킬 수 있다고 강조했습니다. 이러한 신념이 애플을 만든 원동력이 되었다고 생각합니다.

제 신념은 '사명과 신념이 있고 베푸는 사람들이 성공하는 세상을 만든다.'입니다. 이 신념을 2~3년 전부터 강의와 컨설팅에서 계속 이야기해 왔습니다. 신념을 지키는 사람만이 사업에서 성공할 수 있다고 믿습니다. 하지만 많은 사람은 신념과 천명을 찾지 않고 남들이 하는 길을 쉽게 가려고 합니다. 성공한 사업가들의 강의를 보고 쉽게 돈을 벌 수 있을 거로 생각하지만, 신념을 먼저 설정하고 이를 지키는 사람만이 진정한 성공을 거둘 수 있습니다.

신념을 지키는 것은 매우 힘든 일입니다. 저도 때때로 제 신념에 의심이 들고, 주변에서 제 방향성을 비판받기도 했습니다. 그러나 제가 3년간 매일 컨설팅을 하며 알게 된 것은, 처음부터 신념을 확고히 하고 시작하면, 느린 것처럼 보여도 성장이 훨씬 빨라지고 짧은 시간 내에 돈을 벌 수 있다는 것입니다.

여기 몇 가지 신념 설정 사례를 소개하겠습니다. 한 분은 고졸 학력으로 사회적으로 불리한 상황에서 성공하고 싶어 했습니다. 그는 고아원을 차리고 싶다고 말했지만, 저는 "돈을 벌면 뭘 해야지."라는 말을 싫어했습니다. 그 결과, 그는 고아원의 아이들이 느끼는 외로움을 이해하게 되었고, '외로운 사람을 외롭게 해주지 않는다'는 신념을 설정했습니다.

또 다른 분은 결핍이 많고 공황장애가 있던 분으로, 그의 신념은 '결핍 있는 사람이 성공하는 사회'였습니다. 또 한 분은 사기꾼 기질이 있었지만, 사기꾼들이 힘을 못 쓰게 만드는 것을 신념으로 삼았습니다. 이처럼 강력한 신념을 설정한다면 애플과 같은 기업이 될 수 있습니다. 그러나 이러한 신념을 제대로 이해하고 실행하는 사람은 소수에 불과합니다.

스티브 잡스는 "애플이 누구인지, 왜 애플이 이 세상에 존재해야 하는지를 알려야 한다."라고 말했습니다. 이는 내가 살고 싶은 세상을 만들어 보겠다는 신념이 있어야 사업을 할 수 있다는 것을 의미합니다. 단순히 '돈을 벌면 뭘 하겠다.'라는 생각이 아니라, 내 신념에 맞는 세계를 만들어가는 것이 중요합니다.

신념을 지키기 어려워서 많은 사람이 포기하게 됩니다. 그 결과 성공이 만만해지는 경우가 많습니다. 이제 직원 관리에 관해 이야기해 보겠습니다. 사업을 하다 보면 직원 관리는 피할 수 없는 부분이며, 신념이 있다면 직원 관리가 훨씬 간단해집니다.

애플의 스티브 잡스는 인터뷰에서 IBM을 언급하며 그들의 규모와 영향력에 경의를 표했습니다. 그는 IBM이 애플의 발전에 큰 영향을 미쳤다고 말하며, 경쟁을 통해 발전할 수 있었다고 강조했습니다. 이는 마케팅 이론에서도 공통의 적을 설정하라는 원칙과 연결됩니다. 저도 '지식을 단순 방출하는 불특정 다수'를 적으로 설정했습니다. 지식을 단순히 배우는 것만으로는 사람을 변화시킬 수 없다는 것을 깨달았습니다. 그래서 제 강의에서는 피드백, 코칭, 스터디 같은 시스템을 만들어왔습니다.

정보와 지식을 얻기 위해 노력하지만, 결국 중요한 것은 그 정보를 나만의 시스템으로 재조합할 수 있는가입니다. 정보를 단순히 소비하는 것만으로는 사업이 바뀌지 않습니다. 대표님이 강의를 듣고도 변화가 없다면, 그

건 정보 제공자의 잘못이 아니라, 그 정보를 제대로 활용하지 못하는 본인에게 문제가 있습니다.

잡스는 애플의 직원 면접 과정에서 "이거 괜찮은 컴퓨터네요." 정도의 반응을 보이는 후보자는 탈락시켰습니다. 직원이 진심으로 열광하는 모습을 보일 때만 그들을 팀의 일원으로 받아들였습니다. 이처럼 직원 채용 시, 나의 신념에 공감하는 사람을 들이는 것이 중요합니다. 직원이 내 신념과 비전에 공감하지 않는다면, 그들을 채용하지 않는 것이 좋습니다.

하지만 신념이 일치하는 직원을 만나도 대표의 행동이 신념과 일치하지 않으면 문제가 발생합니다. 따라서 자신의 말과 행동이 일치하는지를 돌아보는 것이 필요합니다. 저는 언행일치를 매우 중요하게 여기며, 신념을 지키기 위해 노력해왔습니다.

회사의 신념과 대표님의 행동이 일치한다면, 직원과 파트너들은 대표님을 도와주려고 자연스럽게 움직입니다. 인사 문제로 고민하는 사람들은 본질적으로 자기 신념과 행동의 일치가 되지 않아 발생하는 문제입니다. 이는 결국 오너의 책임이기도 합니다.

잡스는 "우리가 하는 일에 대한 확신이 있었기 때문"이라고 말하며, 모든 직원이 같은 신념을 가지고 일하는 것이 중요하다고 강조했습니다. 신념이 같으면 논쟁의 여지가 없고, 일하는 데 있어서 자연스러운 동기부여가 이루어집니다.

훌륭한 인재들은 스스로 관리합니다. 이들은 남의 관리가 필요 없으며, 신념이 있는 사람들은 저를 뛰어넘는 성과를 내곤 합니다. 반면, 신념이 없는 사람들은 질문을 많이 하지만 결과를 가져오지 못하고, 행동도 하지 않습니다. 이런 상태는 결국 신념의 부재에서 비롯됩니다.

결론적으로, 강력한 신념을 가지고 이를 직원 관리에 적용한다면, 조직의 성과가 향상되고, 직원들이 자발적으로 자신의 역할을 다하게 됩니다. 신념이 뚜렷한 조직에서 일하는 것은 모든 구성원이 같은 목표를 향해 나아갈 수 있는 기반이 됩니다.

"무엇을 해야 하는지 아는 순간, 그들은 그것을 어떻게 할지 스스로 알아냅니다."
"관리할 필요가 전혀 없는 거죠."

신념이 가슴에 박히는 순간, 우리는 무엇을 해야 하는지 자연스럽게 깨닫게 됩니다. 이때 스스로 알아내기 때문에 컨설팅의 필요성이 줄어들고, 저는 파트너로서 옆에 존재하는 역할을 하게 됩니다.

한 분은 10억 원의 빚을 지고 저를 찾아오셨습니다. 컨설팅 후 신념을 찾으신 그는 대형 유튜브 채널에서 연락을 받고 현재는 마케팅 강의를 하고 계십니다. 그의 강의에서는 이제 빚을 진 사람의 아우라가 아닌, 강력한 신념을 가진 강사의 모습이 드러납니다. 이런 신념을 가진 사람은 저를 뛰어넘어 오히려 제가 배울 수 있는 존재가 됩니다.

스티브 잡스는 리더십을 다음과 같이 정의했습니다.

"리더십이란 비전을 갖고, 그것을 알아듣기 쉬운 말로 주위 사람들에게 설명하여 그 비전에 대한 신념의 일치를 이끌어내는 능력입니다."

비전은 신념과 직결되며, 이 신념의 일치를 이끌어내는 능력이 있어야 창업을 하고 돈을 벌 자격이 있다고 할 수 있습니다. 신념을 잊지 않기 위해 저는 제 신념을 계속 이야기하며, 이를 통해 신념의 일치를 이끌어내려고 합니다.

피터 틸은 페이팔의 창립자로, 그의 연설에서 다음과 같은 통찰을 주었습니다.

"야후에서는 아직 출시되지 않은 제품 중 어느 하나에도 가치를 인지하지 못했습니다. 미래에 대한 명확한 비전이 없었던 것입니다."

야후는 페이스북 인수를 시도했지만, 페이스북의 가치를 알아보지 못했습니다. 이는 명확한 비전이 없었던 결과입니다.

저에게 컨설팅을 받으러 오는 분들은 다양한 연령대와 상황의 사람들입니다. 그들 중 일부는 겉으로 보기에는 성공했지만, 언제 무너질지 모르는 상태입니다. 저는 이들을 통해 실패하지 않기 위해 가장 중요한 것이 철학과 비전이라는 것을 배웠습니다.

기업에 투자하거나 멘토를 정할 때, 오너의 말의 힘을 봐야 합니다. '왜 사세요? 왜 사업하세요?'라는 질문에 망설인다면, 결국 실패할 가능성이 큽니다. 잡스는 '미래를 만들어가는 명확한 비전'이 중요하다고 강조했습니다. 비전을 가지고 이를 알기 쉽게 설명하면, 여러 사람이 동기가 부여되고 조화롭게 영감을 받을 수 있습니다.

사업의 매력은 내가 원하는 비전을 설정하여 내가 원하는 세계를 만들 수 있다는 점입니다. 이는 마치 RPG 게임과 같습니다.

"성공한 기업가와 그렇지 않은 기업가를 가르는 절반 정도는 인내력이다." 잡스는 인내력의 중요성을 강조하며, 사업에서 성공하기 위해서는 하루 18시간, 주 7일 일할 수 있는 열정이 필요하다고 말합니다. 걱정만 하는 것이 아니라, 신념과 명확한 이유가 없다면 살아남기 어렵습니다.

신념은 종종 분노에서 비롯됩니다. 내가 어떤 불의를 바로잡고 싶은지를 생각해보세요. 이것이 신념이며, 신념이 브랜드가 됩니다. 따라서 브랜드 강의를 아무리 들어도 신념이 없다면 성공할 수 없는 이유입니다. 강력한 신념을 가지고 이를 실천에 옮기는 것이 성공의 열쇠입니다. 신념이 있는 사람은 스스로 관리하고, 주변 사람들과 조화를 이루며 목표를 향해 나아갈 수 있습니다.

다음은 스티브 잡스가 스탠포드에서 한 연설입니다.

"그때 저는 세리프와 산세리프체를, 다른 글씨의 조합 간의 그 여백의 다양함을 활자 레이아웃을 훌륭하게 만드는 것에 대해서 배웠습니다."

스티브 잡스가 대학을 중퇴하고 들은 서체 수업을 이용해 PC에 뛰어난 서체를 넣게 되었다는 것은 유명한 일화입니다. 인생은 다 연결되어 있습니다. 이것이 스티브 잡스가 말하는 커넥팅 더 닷입니다.

이걸 책을 보시는 여러분에게 와닿게 하기 위해서 제 경험으로 사례를 들어 보겠습니다. 저는 초등학생 때는 파블로를 보고 곤충학자가 되고 싶었고, 대학교에서는 생명 공학을 전공했습니다. 다른 과목은 다 성적이 C, D였는데 생물학만 잘했습니다. 그리고 식품 회사에 들어가서 일을 했었고 퇴사를 하고 나서는 식품 사업을 했습니다.

제 과거에서 무언가 계속 연결되어 있는 것이 보이시나요?

컨설팅을 하다 보면 많은 분들이 과거의 나를 지우고 새로운 일을 하고 싶어 합니다. 그런데 아예 모르는 분야에서 초등학생 수준으로 시작하는 것보다, 이전 직업이나 경험과 연관이 있는 일을 하면 성공할 확률이 높아집니다. 각자의 과거 경험에 보물 같은 것이 있고, 이걸 뽑아낸 분들은 3~4개월 안에 월 1~2천씩 벌기도 합니다. 그런데 이걸 안 하면 돈 버는 데 1년이 걸립니다. 분명히 경험 안에 무언가 있고, 이걸 끄집어낼 수 있도록 해야 합니다.

스티브 잡스의 인터뷰 내용 역시 인용하면서 설명하면 다음과 같습니다.

진행자 : "만약에 사람들이 아이패드는 문제 있다는 식으로 나오면 어떡하실 건가요?"

스티브 잡스 : "두 가지 말씀드릴게요. 첫 번째로 제품은 일종의 통합된 상태예요. 핵심으로부터 말이죠. 어떤 기능은 매우 강조되어 있고, 어떤 기능은 작동하지 않고, 어떤 기능은 전부 다 작동하지 않도록 만들어지고… 서로 다른 사람들이 서로 다른 선택을 하는 거예요. 그리고 만약에 시장에서 우리가 잘못된 선택을 했다고 말한다면… 우리는 시장의 반응을 받아들여야죠. 우리는 그냥 이 회사를 운영하는 사람일 뿐이라고요. 우리는 사람들을 위한 훌륭한 제품을 만들려고 해요. 최소한 우리의 신념에 대해서 용기를 갖고 말하는 거예요."

"이 부분은 훌륭한 제품을 만들기 위해 필요없을 것 같으니 일단 제쳐두겠다는 거죠. 몇몇 사람들은 싫어하겠죠. 우리의 이름을 들먹일 거예요. 우리의 결정이 특정 회사의 취향이 아닐 수도 있고요. 그래도 우리는 감수하겠다는 말입니다. 소비자를 위한 세계 최고의 제품을 만들고 싶으니까요."

스티브 잡스는 내 신념을 위해 감수하겠다고 했습니다. 이렇게 제품에도 신념이 들어갈 수 있습니다.

"다른 기술 말고 우위에 있는 기술에 집중하자는 말이에요. 우리의 판단 상에서 소비자를 위한 올바른 기술들로요. 그거 아세요? 그런 선택을 하라고 우리에게 돈을 지불하고 있어요. 많은 소비자들이 우리에게 돈을 지불하는 이유라는 거죠. 가능한 최고의 제품을 만들어달라는 거요. 만약에 우리가 성공한다면 그분들이 사줄 거예요. 만약 실패한다면 안 사주겠죠. 이런 식으로 돌아갈 뿐이에요."

살 거면 사고, 싫으면 사지 말라고 합니다. 스티브 잡스의 강한 신념이 드러나는 부분입니다. 한 대표님한테 이런 질문을 받은 적이 있습니다. '브랜드를 만들 건데, 다양한 제품을 취급하는 것이 좋을까요, 한 가지 제품만 취급하는 것이 좋을까요?'

그래서 저는 "신념이 뭐예요?"라고 물어봤습니다. 제품을 다양하게 해서 성공한 사례도 있고, 한 가지만 해서 성공한 사례도 있습니다. 각각의 성공한 방식은 다 다르고 정답은 없습니다. 다만 방향성과 신념이 더 중요한 것입니다.

제가 컨설팅을 할 때, '이렇게 하면 돈 벌어요. 이렇게 하세요.'라는 식으로 했다면 이상한 사람들이 많이 찾아왔을 것입니다. 그러나 저는 신념을 항상 강조했고 이걸 알아보는 사람들만 오기 때문에 정말 제대로 된 마인드를 갖춘 분들이 많이 찾아옵니다.

"저는 이 업계에서 15년을 일했고 그 과정에서 많은 사람들이 성공하는 것과 많은 사람들이 실패하는 것을 지켜봤습니다. 이 부분에 대한 제 시각, 혹은 제 관측은 '실행하는 자들이 가장 많은 생각을 많이 하는 자들이다'입니다."

'실행하는 자들이 가장 많은 생각을 많이 하는 자들이다.'를 제가 그동안 쌓은 경험을 적용해서 얘기해보겠습니다. 단기간에 큰돈을 버는 사람들은 저를 믿고 실행을 합니다.

반대로 자기 주관이 강하거나 이미 성공을 해본 40~50대의 경우, 새로운 세계가 들어왔을 때 받아들이지 못합니다. 그래서 컨설팅 비용을 낭비합니다. 제가 제시한 것을 계속 검증하려고 합니다. 돈을 주고 와서는 제 말을 믿지 않고, 믿는 척만 하고 실행 없이 생각만 합니다. 실행을 해도 삽질을 하고 옆에 있는 저를 믿지 않습니다.

또 사업을 계속 바꿔가면서 저한테 가져오고, 저한테 일을 해달라고 하는 경우도 있었습니다. 그래놓고 일이 잘 안 풀리면 남 탓을 합니다. (어디서 많이 본 것 같지 않으십니까? 위의 놓아버림 챕터와 유사하지 않으신가요?)

"이 업계를 변화시킨 무언가를 만든 사람들은 그 무언가를 생각한 사람들인 동시에 그것들을 실현시킨 사람들이에요."

생각만 해서는 안 되고, 정보가 들어오면 바로 행동으로 옮겨야 합니다. 정보를 혼자서 검증하고 판단할 필요가 없습니다. 제가 수많은 컨설팅을 해온 결과, 제가 알려드리는 것을 받아들이고 행동한 사람들이 이겼습니다.

여기까지 스티브 잡스를 통해 신념에 대해 알아보았습니다. 매출이 몇백 억이 되어야 신념이 생기고, 애플이 되는 것이 아닙니다. 사업을 본격적으로 시작하기 전에, 먼저 나의 신념이 무엇인지 찾아내는 것부터 해야 합니다. 그리고 어렵더라도 그 신념을 계속 지켜나가면 됩니다. 그래야 더 빠르게 성장할 수 있고, 중간에 실패하지 않을 수 있습니다.

천명

신념에 대해서 이해가 되셨나요? 그렇다면 앞서 신념과 함께 설명해왔던 천명에 대해서 설명하겠습니다. 저는 천명을 신념보다 더 높은 단계의 신념으로 생각합니다. 우선 '천명'의 사전적 정의에 대해서 살펴보도록 하겠습니다. 천명(天命)은 타고난 수명, 운명, 하늘의 명령이라고 합니다.

영어로는 'providence, God or fate thought of as the guide and protector of all human beings'라고 합니다. 신이 인간에게 내려준 섭리라고 보는 편이 옳겠습니다. 내면 깊숙한 곳에 있는 흔들림 없는 강인한 정신

력이기도 합니다. 천명은 인생의 지침이나 나침반을 가리킵니다.

그러나 천명이 늘 내 맘과 같진 않습니다. 정해진 숙명에 따를 수 없는 분들도 많으실 겁니다. 많은 분들이 지금 내가 하고 있는 일이 지긋지긋해서 벗어나고 싶으실 겁니다. 하지만 새로운 일을 무작정 시작할 순 없는 노릇입니다. 성공한다는 100% 보장도 없으니까요. 저는 그래서 일을 찾기 전에 '천명'을 찾기를 권합니다. 천명을 찾으면 평생 지속 가능한 사업으로 행복하게 살 수 있게 되니 말입니다.

누구나 천명을 빨리 찾아 행복하게 살면 좋을 텐데 대부분은 그렇지 못합니다. 20대에 찾는 사람도 있고 50대에서야 찾아내는 분도 계시죠. 대부분은 찾지도 못합니다. 이걸 발견하는 게 쉽지는 않겠죠.

우리는 왜 일평생 나 자신과 살아가는데 천명을 모를까요? 그 이유는 마음이 복잡해서입니다. 마음에 감정이 가득 차 있으니 밑바닥이 보이지 않기 마련입니다. 그래서 저는 앞선 장부터 놓아버림을 강조했습니다. 마음을 청소해야 밑이 보이니까요. 거리낌, 두려움, 망설임, 동요가 사라지게 해야 비로소 천명을 볼 수 있습니다.

마음을 청소하는 방법은 마음에 동요가 생길 때 마음을 관찰하면서 부정하지 말고 마음의 어느한 상태로 받아들이는 것입니다. 그러면 어지러운 마음이 곧 진정되고 평온해지는데 이걸 의식적으로 훈련하면 점차 익숙해집니다. 어떤 때에 내 마음이 가장 흔들리는 지 그 상태를 관찰하고, 마음의 청소를 여러 차례 반복하다 보면 나의 내면에 숨어 있는 천명을 마주할 수 있게 됩니다. 또한 천명을 찾으려면 탄식에 집중해야 합니다. 지긋지긋하다고 탄식하면서 계속해온 일입니다.

제가 읽은 『천명』이란 책에서 세무사의 예시가 나옵니다. 15년간 지긋지긋하다고 하면서 계속 일을 해온 세무사가 있습니다. 불평을 자세히 들어보면 "경영자 개인의 탈세를 위한 협력을 하지 않으니 미움을 받을 수밖에, 세무사란 직업을 선택하지 않았으면 좋았을 텐데."라는 내용의 불평을 합니다.

이 세무사의 본심은 '성공을 위해서, 비록 미움을 받게 되겠지만 입바른 말을 하겠다.'입니다. 천명은 높은 장애물입니다. 이 장애물이 두려워서 탄식이 나오는 것입니다. 한 대표님은 회계사를 너무 싫어한 나머지 5년 동안 여러 가지 자영업, 부업, 투잡 등을 하시다가 저에게 와서 폐쇄몰 지식창업을 하며 물건을 팔려고 했습니다. 하지만 천명을 찾고 세무코치라는 퍼스널 브랜딩으로 방향을 다시 잡았습니다.

여러분도 싫다고 하면서 계속 같은 일을 하고 있는 일과 내 탄식 속에 어떤 본심이 있는지에 집중해보시길 바랍니다. 왜 탄식을 하는지에 집중하면 내가 원하는 것을 알아낼 수 있습니다. 천명을 찾는 다른 방법은 과거의 인생 중에 일관된 것이 무엇인지 찾는 것입니다.

먼저 과거를 긍정하는 단계부터 시작합니다. 과거의 경험 가운데 스스로 부정하고 있는 일이 인생의 활력이나 독자성 혹은 인간관계를 빼앗고 있다면 어떨까요? 과거의 일을 부정하지 않고, 돌이켜 보면서 일관적인 것을 발견하면 나의 개성과 능력이 드러나면서 천명을 찾을 수 있습니다.

저의 과거 경험을 얘기해 보겠습니다. 저의 일관된 점은 불합리함을 참지 못하고 다른 사람이 짜놓은 시스템에 들어가기를 싫어한다는 것이었습니다. 군대에서는 불합리한 걸 참지 못하고 계속 반박하니 당연히 윗사람들이 저를 싫어했습니다. 불의를 참지 못하니 회사원이었을 때도 적응을 잘하지 못했고, 불의를 참지 못했습니다. 그러나 신입이던 저는 능력이 없었습니다.

그런데 꼬박꼬박 대드니까 회사에서의 대인관계는 좋지 못했습니다. 저는 조직에 맞지 않는 사람이었습니다. 누군가의 지시를 참지 못했습니다. 조직에서의 소속감도 맞지 않았습니다. 여기에서 저는 저의 '오너' 성향을 발견했다고 할 수 있습니다. 이렇듯 저의 과거를 보며 내가 왜 화를 내고 문제를 일으켰는지에 탐구했더니 일관된 이유가 나오게 되었고 현재의 제가 존재할 수 있게 되었습니다.

과거에 일어난 일들이 있었기 때문에 지금의 자신이 있다는 통찰을 하는 것이 천명을 알아내는 첫 단계입니다. 자신의 인생 가운데 하나의 기둥을 찾고, 그것이 굵은 기둥이 되면 큰 에너지원이 되며 이 기둥 연장선상에 미래가 있습니다. 과거에 바탕을 두지 않고 미래만 생각하고 행동하면 어떻게 될까요?

월 1,000만 원, 한강뷰 아파트, 포르쉐, 허울적인 가치들에 매몰이 됩니다. 하지만 이런 상태에서 나오는 에너지는 정말 약합니다. 오히려 천명으로 인한 긍정적 에너지가 나오면 성공으로 가기가 더 쉬워집니다. 자신이 가장 많은 시간과 정열을 쏟아온 일이나 사업을 바탕으로, 미래를 생각하고 행동을 취해야 합니다. 그런데 사업을 시작하는 사람들은 직장이 지겨워서 이전 일은 거들떠보기도 싫고 새로운 일을 찾고 싶다고 합니다. 시간과 정열을 쏟아놓고 처음부터 다시 시작하려고 하고 과거의 일관된 선을 부정하면 돈을 벌기 어렵습니다.

그래서 앞에서 말씀드린 회계사처럼 저에게 스마트 스토어를 배우려고 온 분들 중에 천명을 찾고 나서 진로를 트는 분이 많습니다. 인사 관리에 재능이 있다는 것을 발견하고 커머스 대행사를 하며 인사직무의 특기를 최대한 활용하는 분도 있습니다. 돈을 번다고 해도 천명에 기반이 안 되어 있으면 실패할 수밖에 없습니다. 천명을 부정하면 지속가능성이 없어집니다. 과거를 통찰하여 알아낸 흔들림 없는 천명을 계승함으로써 진짜 에너지를 얻을 수 있습니다.

다음은 '미래를 현재에 포함시켜라.'입니다. 우리는 미래를 긍정적으로 계속 상상해야 합니다. 갖고 싶은 차, 집 등을 사진을 찍거나 생생하게 현재인 것처럼 긍정적으로 상상하는 것은 당연합니다. 그런데 백 년 후의 미래를 자신의 인생에 포함시킬 생각을 하는 분은 거의 없을 겁니다.

컨설팅 대표님 중에 한의사가 있습니다. 이분은 진짜 실력 있는 한의사가 인정받지 못하고 쇼닥터가 인정받는 것이 화가 난다고 하셨습니다. 그래서 이분의 천명은 "내가 먼저 유명해져서 장인을 발굴하고 유명해지도록 돕는다."입니다. 100년 후에도 장인이 사라지지 않도록 하는 것입니다. 사실 저도 이분과 비슷한 생각이 있었습니다. 저 또한 실력 있는 온라인 마케팅 강사들은 인정받지 못하고, 과대 포장된 강사들이 인정을 받는 것이 화가 났고, 온라인 마케팅 문화를 지속적으로 변화시켜 나가고 있습니다.

이렇게 100년 후의 미래까지 내 인생에 포함시키고 이 계획을 구체화시켜서 실현시키는 사람에게는 커다란 에너지가 나올 것입니다. 이렇게 과거부터 미래까지 인생을 통찰한 사람들은 어떤 생각을 갖고 있을까요?

'자신의 뜻을 남기고 싶다, 아이들에게 일을 물려주고 싶다, 이 사업을 미래에 남기고 싶다.'와 같은 말을 입에 올립니다. 이런 신념을 계속 말하고 다니는 것입니다. 그럼으로써 스스로 상상도 할 수 없었던 강력한 힘을 미래를 향해 표출하게 되고 미래와 연결됩니다.

인생을 통찰하는 세 가지 요소가 있습니다. 동사, 대상, 수단입니다.

먼저 동사는 인생 가운데 일관된 것을 동사로 표현하는 것입니다. 예를 들어 '혁신한다, 돕는다, 지킨다, 잇는다, 키운다, 치유한다, 창조한다, 전달한다.'와 같은 것들이 있습니다.

대상은 아이들, 뜻있는 사람, 일하는 여성, 병든 사람, 재능 있는 사람, 어려움이 있는 사람, 열심히 하는 사람입니다. 수단은 IT교사 경영 디자인, 법률, 건강, 컨설팅, 경리 별명, 금융 이렇게 아주 다양합니다. 그리고 사업은 이 천명을 실현하기 위한 수단이 되는 것이고, 이것이 천직이 됩니다.

이 세 가지 요소를 토대로 한 예시가 책에 나오는데요. '택시 사업을 통해 불우한 사람들을 돕는 것'이 천명인 택시 기사가 있습니다. 동사가 '돕는다'이고, 대상은 '불우한 사람들'이며 수단은 '택시 사업'입니다.

이 기사는 천명을 행동에 옮기기 위해 휠체어를 실을 수 있는 자동차 수를 늘리고, 운전사 중에 간호에 관심 있는 사람들을 채용했으며 장기적으로 택시를 활용한 간호 사업을 시작할 계획이라고 합니다.

이렇게 과거부터 미래까지 통찰하면서 생겨난 에너지와 독자성은 그 사람의 인생에만 존재하는 고유하고 흔들림 없는 것입니다. 흔들림이 없으니까 아무도 못 이기며 행복해질 수 있습니다. 반면 천명이 없어서 계속 흔들리는 사람들은 투자, 경매, 유튜브 등 사람들이 몰리는 곳으로 계속 따라가기만 합니다. 내가 뭘 원하는지도 모르는 상태를 경계해야 합니다.

지금부터는 다른 사람의 천명을 파악하는 방법입니다. 다른 사람이 가지고 있는 흔들림 없는 어떤 것을 꿰뚫어 보고 그것에 영향을 줄 수 있다면 서로 인생의 목표라는 소중한 것을 공유할 수 있게 됩니다. 그러면 소중한 동반자를 얻을 수 있고 일과 삶의 질이 크게 올라갈 것입니다.

이를 위해서는 인간에 대한 분석을 할 줄 알아야 합니다. 저는 인간을 총 4가지 유형으로 분석을 합니다. 기준은 다른 사람의 이야기를 어떻게 듣고 있는지가 되겠습니다.

어려움을 이겨내며 열정과 사명감을 가지고 프로젝트를 성공시킨 일화를 들었을 때 모두가 감동하지만, 4가지 유형의 사람들은 각각 다른 이유로 감동을 합니다.

첫 번째 목표 달성형은 천신만고 끝에 프로젝트를 달성했다는 사실에 감동합니다. 스스로에게 할 수 있을까 없을까? 라고 물으며 듣고, '일단 해보자!'고 생각하며 남의 말은 잘 듣지 않습니다. 목적이나 목표를 달성하는 것을 가치 기준으로 삼는 경향이 있습니다. 이러한 목표 달성형의 천명은 '개혁한다, 도전한다, 세운다, 달성한다, 부지런하다. 견딜 수 있다.'가 있습니다.

두 번째 팀워크형은 프로젝트를 함께 진행한 사람들의 팀워크에 감동합니다. '배제하자.', '동료에게 도움이 되지 않아.', '나의 역할은 무엇일까.', '모두를 위해 도움이 돼.'라고 생각하며 듣는 경향이 있습니다. 팀워크형은 다른 사람의 이야기를 자신의 동료나 부서와 관계가 있는지 없는지를 생각하며 듣습니다. 이들의 천명은 '조화를 만든다, 도움이 된다, 지킨다, 분위기를 만든다.'입니다.

세 번째 배려형은 사람들의 배려나 친절에 감동합니다. '뭔가 해줘.', ' 이해 되지 않아.', '뭔가 해주고 싶어.', '이해하고 싶어.'라는 생각을 하며 듣습니다. 이들은 상대방과 공감하고 배려하면서 생기는 행복을 추구합니다. 배려형은 '1:1 관계를 추구하며, 키우다, 위로하다, 돕다, 구조하다, 살리다, 전달하다.'라는 천명이 있습니다.

마지막 평가형은 그 프로젝트에서 만들어 낸 기술과 그 과정에 매료됩니다. '흥미 없어, 상대방은 틀렸어, 재미있어, 더 알고 싶어.'라는 생각을 하면서 듣고 천명은 '연구한다, 만든다, 탐구한다, 해결한다.'가 있습니다.

이렇게 4가지 특성을 알고 있으면, 상대방의 유형을 파악할 수 있습니다. 그 사람에 맞게 대응을 할 수 있습니다. 이런 이해 없이 아무렇게나 행동하다 보면 조직이 무너집니다.

내가 어떤 유형에 속하는지 발견을 하고, 다른 사람은 어떻게 다룰 것인지가 리더십이고 사업의 성패를 결정합니다. 4개의 유형을 판단하고 분석해서 그 사람이 장점을 발휘할 수 있게 만들어주면 사업은 당연히 돈을 버는 것이고 내 아집에 빠지지 않을 수 있습니다.

그런데 이렇게 듣는 방식으로 상대방의 천명을 알아낸다고 해도, 이미 우리는 다른 사람을 비판하고 평가하는데 익숙해져 있습니다. 어렸을 때부터 점수로 평가받고 우열적 사고 방식이 몸에 배어 있기 때문입니다.

그래서 항상 어떤 시선으로 다른 사람을 바라보는지가 중요합니다. 유형별 사람들은 각자 다른 방식으로 서로를 바라봅니다. 서로의 장단점이 다르니 상호보완적인 관계가 되기도 하면서 적대적인 관계로 지내게 될 수도 있습니다.

목표 달성형은 평가형에 대해 이론만 앞세우고 행동은 없다고 비판합니다. 하지만 평가형은 목표 달성형을 생각 없이 행동한다고 비판합니다.

배려형은 목표 달성형이 배려가 부족한 사람, 자신을 소중히 여기지 않는 사람이라고 생각합니다. 저는 목표 달성형이라서 조화를 깨고 배려가 부족할 때가 있습니다. 그래서 배려형의 사람에게는 배려 있게 말을 해야겠구나 라고 생각하며 말을 조심할 수 있습니다.

배려형은 목표 달성형과 상충 관계이기도 합니다. 목표 달성형은 배려형을 답답하게 생각하고 배려 없는 말로 상처를 줄 수도 있습니다. 하지만 배려형은 목표 달성형이 나를 지켜준다고 생각하기도 합니다.

목표 달성형의 사람은 독단적으로 결정을 내려서 주변 사람들이 따라 오지 않는 일이 생기는데, 이 때 팀워크형이 측근에 있으면 잘 진행해 주는 역할을 담당해줄 수 있습니다.

평가형은 행동이 부족하지만, 목표 달성형이 평가형의 이론을 참고해서 대신 행동을 해줄 수도 있습니다.

배려형은 팀워크형의 사람을 기회주의자, 냉정한 사람으로 비판합니다. 반대로 팀워크형은 배려형에 대해 '사람을 가린다, 한쪽 편만 든다.'고 비판합니다. 이렇게 사람들은 각자의 관점에 따라 서로의 특징을 단점으로 생각하고 서로를 부정하기도 하지만, 단점이라고 여겨 온 상대방의 특성을 개성으로 존중해야 합니다.

이를 위해서는 이 4가지 유형에 대해 이해를 해야 합니다. 그러면 상대방을 대하는 행동이 바뀌면서 결과도 바뀌게 되고, 사람들과의 조화가 강화될 수 있습니다.

천명이 일에 구현되면 천직이 됩니다. 경영자가 자신의 천명에 뜻을 두면서 직원들 각자의 천명을 가려내어 일 속에서 자신의 천명을 표현할 수 있게 만든다면 일하는 보람을 느낄 수 있고 훌륭한 성과를 거둘 수 있습니다. 많은 분께서 직원 관리에 대해 질문을 하시는데, 사실 직원의 천명을 찾아주고 발현시켜주면 직원이 보람을 느끼면서 일할 것이고 그러면 성과는 당연히 나오게 됩니다.

저는 저에게 컨설팅을 받은 분들이 저로 인해 돈을 벌었다고 하면 정말 행복해집니다. 다른 사람들이 돈을 벌도록 도와주는 것이 제 천명인 것입니다. 군대와 회사에서는 이게 불가능했기 때문에 매일 탄식과 불만이 나왔습니다. 이렇게 천명은 다른 사람에게 봉사를 하는 것입니다. 천명에는 개인적인 것은 없고 이타적입니다.

천명이 일이나 사업, 인생에 어떻게 구현되어 있는지 스스로 점검해 보기 바랍니다. '이 사업으로 내가 돈을 벌었을 때 행복한가?'를 점검해 보는 것입니다. 저는 여러분이 돈을 버는 것은 정말 행복하지만 제 쇼핑몰에서 물건이 팔렸다고 그다지 행복하지는 않습니다.

다른 사람의 천명을 꿰뚫어 보는 것도 필요합니다. 여러분은 직원에게 천명으로 동기부여를 할 수 있어야 합니다. 저의 직원의 천명을 발견한 사례가 있는데요. 마케팅 실무를 계속 시켰더니 적성에 맞지 않는다고 했습니다. 대신 마케팅을 기획하고 실무는 알바를 고용하고 싶다고 했습니다. 그래서 아예 그 직원에게 일을 맡겼더니, 직원은 스스로 일을 기획하고 다른 사람에게 시키는 것이 정말 재밌다고 했습니다. 자발적으로 일을 하니까 저도 관리할 필요가 없어졌습니다. 이렇게 누구나에게 천명이 있다는 생각을 가지고 꿰뚫어 보는 것으로 동기부여를 할 수 있습니다.

서로의 천명을 공유하면 관계가 형성됩니다. 오로지 돈을 버는 것에 집중하는 사람들이 모이면 관계가 형성되지 않고 서로 매출을 비교하며 경쟁하는 분위기가 형성됩니다. 그런데 천명을 공유하는 사람들이 모이면 존경과 애정이 있는 관계가 형성됩니다. 그리고 서로를 좋아할 수밖에 없습니다.

이러한 결과를 얻기 위해서는 끈기와 시간이 필요하고 어려움이나 탄식이 동반됩니다. 그러나 이러한 자세로 관계를 지속하면 각자의 천명을 공유하게 되고, 그러는 가운데 강한 유대관계가 생겨 서로 협력하게 됩니다. 제가 운영하는 몰입커뮤니티는 이런 방법으로 서로 도와주는 시스템을 만들어서 유대관계가 더욱 강해지고 있습니다.

사람들은 각각 다양한 천명을 갖고 있지만 모든 사람의 천명은 다른 사람을 위해 존재합니다. 그래서 천명을 공유하면 서로를 도울 수밖에 없습니다. 돈 버는 것 그 이상의 무언가를 공유하는 관계이기 때문입니다. 이러한 방법으로 사업을 하면 직장 다니면서는 느끼지 못했던 행복감도 느낄 수 있습니다.

천명의 표지판이 되는 탄식은 형태를 바꾸어 나오기도 합니다. 천명으로부터 도망치고 싶어서 체념을 하거나 포기, 분노, 불안으로 나타나기도 합니다. 도망치려고 하다 보니 '저 강사는 사기꾼이야.'와 같은 남 탓을 하기도 하고, '사업은 나랑 안 맞나 보다.'라면서 포기합니다. 하지만 타인에게 책임을 전가하면 사업을 할 수 없습니다. 탄식과 괴로움을 피하려고 하면 할수록 본질에서 점점 멀어져서 실제로 할 마음도 없는 관련 없는 꿈을 갖기도 합니다.

그런데 천명은 변하기도 합니다. 책에 나온 예시가 있습니다. 상사와 계속 대립하느라 직업을 자주 바꾼 사람의 동사는 '개혁한다.'가 될 수 있습니다. 그런데 과거를 돌아보니 경영자뿐만 아니라 사원들이 보람을 가질 수 있도록 '돕는다.'라는 동사가 떠올랐습니다. '돕는다.'가 떠오른 후에는 일을 할 때 사람과의 관계가 더 깊어지고 사적인 상담도 하게 되었다고 합니다.

이 때 "누군가를 도와줄 때 상대방이 어떻게 되기를 바라나요?"라고 묻자 여기에 '가정에서, 직장에서 인간관계로 고민하는 사람들이 행복해지기를 바란다.'고 대답했습니다. 결국 사람을 '구한다.'라는 단어가 떠올랐다고 합니다. 이렇게 천명은 단계적으로 깊어질 수 있고, 종합적으로 보면 전체 상이 보입니다.

이제 마지막으로 천명이 진화하는 4단계를 알아보겠습니다. 많은 사람들이 이 단계를 거쳐서 천명을 찾게 됩니다.

1단계는 '도망간다.'입니다. 특히 초보 대표님들이 천명에 직면하면서 탄식을 하고 도망가려고 하는데요. 정말 하기 싫은 일이라서 그렇습니다. 그래도 결과를 얻기 위해서는 끈기와 시간이 필요합니다.

2단계 '탄식한다.'입니다. 천명에 직면하면 장애물이 너무 높아서 '도저히 할 수 없다.'고 생각합니다.

3단계 '두려워한다.'입니다. 이 때는 탄식은 잦아들고, 천명에 관한 것을 입에 올리지 않게 됩니다. '분에 넘친다.', '도저히 할 수 없지만 계속 할 것이다.'라는 말이 나올 수 있습니다. 하더라도 실패할 것 같아서 두려워합니다. 그래도 이 단계를 버티고 넘어가야 합니다. 빠르면 5~6개월, 길면 1년 정도 시간이 걸릴 수도 있습니다. 이 단계는 천명의 영역에 접하고 있다는 의미입니다.

4단계 '뜻을 두다.'입니다. 천명을 즐기는 삶입니다. '나는 지금까지 일관되게 이 일을 해왔다. 미래에도 이 일을 할 것 임에 틀림없다.'라는 단계입니다. 하지면 여기서 끝나는 것이 아니라 다시 1단계인 '도망간다.'로 돌아갈 수도 있습니다. 이 텀을 3번 정도는 넘겨야 합니다.

이해가 되시나요? 앞서 말했든 천명을 찾는 일은 결코 쉽지 않습니다. 천명과 천직은 고난과 시련을 수없이 극복해야만 얻을 수 있는 재능이기 때문입니다. 이건 나를 위해서 뿐만 아니라 남을 위해서도 사용할 수 있습니다. 저는 저의 천명을 이용해 나와 비슷한 어려움을 겪는 대표님들을 돕고자 합니다. 도움을 드리고 싶습니다. 일반인 이하 수준의 재능을 갖춘 분들에게 컨설팅을 통해 천명적 재능을 발견할 수 있도록 돕는 존재가 되었습니다. 현재도 계속하고 있습니다. 그리고 더 많은 분에게 이 중요한 사실을 알려드리고자 이 책을 쓰게 되었습니다.

저는 여러분이 각자 천명을 탐구하고, 천직을 통해 실천하는 행복한 삶을 살아가길 원합니다. 좋아하는 일로 성공하는 사람이 되시길 바랍니다. 인생에 성공이 가득하시길 바랍니다. 나아가 자기 자신뿐만 아니라 타인에게도 긍정적인 영향력을 주는 일을 해나가시길 바랍니다. 다른 이의 천명을 찾아내주는 일을 베풀어주시면 좋겠습니다. 그러한 능력은 모두 자기 자신에게 돌아갈 것입니다.

타인의 천명까지 찾아내 스스로의 인간관계에 대입하고 활용해 보세요. 좋은 에너지를 발견해 낸 사람과 함께 하면 그 주변에는 긍정적 에너지로 가득한 사람들이 넘쳐날 것이고, 이윽고 점점 확장되며, 당신의 주변을 통해 삶은 크게 변화할 것입니다. 그리고 넘치는 긍정적 에너지를 통해 성공하게 되실 겁니다.

천명·신념 구축 사례

이번 장에서는 여러 사례를 들어가며 천명과 신념에 대한 이해를 돕고자 합니다. 이게 읽는 독자분들에게 큰 도움이 되면 좋겠습니다.

첫 번째는 저의 신념 사례입니다. 앞선 강의들에서도 반복해서 설명드렸지만, 저의 탄식은 계속해서 남에게 속는데도 계속해서 나보다 타인을 먼저 생각하는 행동에 있습니다. 이런 걸 소외 '착한 사람 콤플렉스'라고 하던가요? 저는 늘 타인에게 착하게 보이고 싶었습니다. 스스로도 잘 돌보지 못하면서 자꾸만 남을 돌보려 하였죠. 주변에서의 압박도 많았습니다. 비판도 많이 받았죠. 그런 상황 속에서도 저는 계속 행동을 반복하고 있었습니다. 탄식을 하면서도 끊임없이 행동했죠. 그리고 전 천명을 찾게 되었습니다.

저의 천명은 바로 '호구가 성공하는 사회'였습니다. 현대 사회에선 말도 안 되는 소리라고 생각하실 분들도 많으시겠네요. 유명한 위인을 예시로 들어보도록 하겠습니다. 미합중국의 제 16대 대통령인 에이브러햄 링컨에 대해 설명드리고자 합니다.

그가 살았던 19세기엔 백인과 흑인의 계급이 확실히 나뉘어 있었습니다. 그 당시에 그는 백인과 흑인의 평등을 주장했습니다. 그런 사회를 만들겠다고 한 건 정말 미친 생각이나 다름없었습니다. 그러나 그 생각은 선구적이었습니다. 저는 그의 선각자적인 행위에 영감을 받아 호구가 성공하는 사회를 한번 설정해 봤습니다.

호구로 불리는 사람들은 주로 베푸는 사람들이죠. 너그러운 마음을 가진 이들이 세상을 변화시킨다고 믿어보는 것이었습니다. 이 신념을 세팅한 후부터 저는 탄식이 올라올 때마다 토니 로벤스의 '베풀면 돌아올까'라는 영상을 계속 돌려보면서 마음을 다잡았습니다.

이 영상을 계속 돌려보다 보니 베푸는 사람들이 성공하는 사회가 분명히 올 것이라고 제가 혼자서 믿었던 겁니다. 3년 반을 그렇게 믿었고 이후에 제가 증명했던 건 무엇이냐면 계속 제가 베풀면서 사람들을 도와줬을 때 그 사람들은 내 귀인이 돼서 저를 도움을 줄 수 있다는 것이었어요. 계속해서 만나고 컨설팅해 드리면서 도움을 줄 수 있도록 노력하고 있습니다. 계속해서 여러분을 도와드리며 서로가 서로를 도와주는 형국이 만들어진 거죠. 그렇게 했기 때문에 '트리플 시스템'이라는 말도 안 되는 구조가 만들어지게 되었습니다.

사실 예전의 저는 제 시스템을 따라 하지 말라고 말하고 다녔습니다. 그러나 지금은 "제 시스템을 따라 해도 괜찮습니다."라고 말을 합니다. 왜냐면 베푸는 사람들이 세상을 변화시킨다고 믿었고 그 소세계가 에이그라운드라는 비즈니스 커뮤니티로 만들어져 있고, 그리고 컨설팅 여러분이 서로 도우면서 베푸는 사람들이 좀 더 세상을 나은 곳으로 만들고 있다는 실체가 나왔기 때문입니다.

거기서 더 나아가 만들어 낸 비전이 무엇이냐면 1인 기업을 시작하거나 운영 중인 사람들의 생각과 태도에 변화를 일으켜 실패 리스크를 줄이고 성공의 확률을 높여주는 존재로 비전을 세팅하게 됩니다. 원래 초창기의 비전은 생각과 태도의 변화를 일으킨다는 것이 없었습니다. 왜냐하면 그때는 저 스스로가 자신감이 없었던 것 같기도 하고 생각과 태도의 변화를 굳이 일으켜야 되냐는 것들 생각을 못했을 것 같습니다.

그런데 한 1년 정도 하다 보니까 실패 리스크만 줄여주고 성공의 확률을 높여주는 것만으로는 부족하다는 것을 느끼게 되었습니다. "내가 사람을 변화시켜야겠구나."라는 생각이 들었습니다. 이 비전을 내 천명에 추가하게 되면 생각과 태도의 변화가 일어나겠다! 생각하게 되었고, 그러면서 제 말투에도 강한 변화가 생겼습니다. 생각과 태도에 변화를 일으키려면 충격을 줘야하기 때문에 강한 어투를 사용하기 시작했습니다. 그로 인해 자극을 받은 대표님 들은 충격을 받아 태도의 변화를 일으키시고 버는 액수도 훨씬 상승하게 되었습니다. 좋은 예시가 되었을까요? 이런 식으로 천명과 신념, 비전은 계속해서 수정할 수가 있다는 것입니다.

두 번째는 제 직원의 사례입니다. 이 직원은 삶의 방향을 찾기 위해 교육이란 교육은 8년간 있는대로 찾아 들었다고 합니다. 그러다보니 개념이 아닌 몸으로 체득이 되었고 무의식의 개념이 통찰력을 지니게 되며 많은 분들을 코칭해왔었습니다. 그런데 4년간은 업으로 여기지 않았다고 합니다. 그저 주변인들에게 선물 주듯이 제공을 해오다 저를 통해서 그것이 얼마나 큰 의미인지를 깨닫게 된 것입니다.

여러분이 존재 자체를 볼 수 있도록 함께 과거를 완결 짓고 새로운 가능성으로 미래를 만들어 갈 수 있는 기회를 받았다고 생각할 수 있게 된 거예요. 한 분 한 분 코칭 할 때마다 점점 확신을 얻어갔다고 합니다.

"내가 살아갈 삶이란 이런 거구나."

이게 신념입니다. 그래서 이 직원은 여러분 존재 그 자체만으로도 얼마나 위대하고 비범한지를 발견하고 과거를 완결 짓게 만들고 여러분 스스로가 그것을 느낄 수 있을 때 형용할 수 없는 희열과 기쁨을 느낀다고 합니다.

그분들과 무의식 코칭을 할 때 그 직원에게는 한 편의 장면처럼 때로는 예언처럼 그분들의 성공한 모습과 자기가 창조하고 꿈꿨던 그 사람의 모습으로 미래를 만들어 가시는 모습이 선명하게 그려진다고 하셨습니다. 그리고 이런 생각을 했다고 하셨습니다.

"내가 정말 복 받았구나! 이런 분들과 마주하고 대화하다니 정말 행복하구나."

이 직원분은 후에 기회를 얻어서 무척이나 행복하다며 말하셨습니다. 결국 이 직원의 신념이 무엇이 되었는지 아십니까? '여러분의 비범한, 그리고 위대한 모습을 발견하는데 도움을 주는 존재'가 되었습니다. 이 순간 저는 짜릿한 희열과 소름을 느꼈습니다.

다음 사례를 말씀을 드리도록 하겠습니다. 이분은 매출 1억이 넘는 스토어를 운영하고 계신 분이셨습니다. 그런데 이분의 탄식은 "왜 하나를 깊게 파야만 할까? 다양한 사업을 모두 잘 할 수는 없을까?"라는 것이었습니다. 한 우물만 파도 어려운 세상에서 여러 우물을 잘 파고 싶으셨던 거죠. 그래서 제가 『폴리매스』라는 책을 추천드렸습니다.

그 책에서 말하길 영감을 받아서 전문화된 시스템은 창의력과 기회를 억누르고 성장과 발전을 막는다고 나옵니다. 그러나 모든 사람은 '폴리매스'

가 될 가능성을 가지고 태어난다는 걸 깨닫게 되죠.

 '폴리매스'의 정의란 다양한 학문에 능통한사람이라는 겁니다. 제가 스티브 잡스 강의로 신념 강의를 연결지으며 '커넥팅 더 닷'이라는 것을 영감을 받았고, 여러 사업을 모두 재미있게 할 수 있는 환경을 만들고 싶다는 신념이 생겼던 거예요. 그래서 이 대표님도 비전을 세팅합니다.

 "우리나라에 폴리매스 사업 시스템을 정착시키겠다."

 유튜브를 운영해서 폴리매스 코리아라는 것도 만들고, 일론 머스크처럼 우주 산업으로도 영역을 넓히게 됩니다. 블로그를 운영하면서 사람들을 모으기도 시작하십니다. 여러 사업을 쉽게 시작할 수 있는 기반을 만들어주는 시스템을 만들어보겠다고 선언합니다. 그리고 새로운 도전들이 환영받을 수 있는, 모두가 새로운 것을 즐기는 환경을 만들겠다고 합니다.

 폴리매스를 알게 되었을 때 저는 또 굉장한 소름과 전율을 느꼈습니다. 제가 계속해서 여러 가지 트리플 시스템을 주장하면서 사람들에게 이게 뭐 하는 거냐고 정말 핍박도 받았는데 꼭 저의 파트너가 생긴 기분이었습니다. 이분은 폴리매스들이 자유롭게 뛰어논 놀이터를 만들고 싶었다고 하셨습니다. 결국에는 이 대표님의 탄식에서부터 신념이 나오게 된 셈이었죠.

 다음 사례자분은 인정 욕구가 굉장히 높은 분이셨습니다. 인정받기 위해 사시는 것만 같은 이 분은 누군가에게 버림받기를 싫어하셨고, 그 내면엔 부모님한테 보살핌을 받지 못했다는 과거가 있으셨습니다. 누군가에게 버림받기 싫어하는 감정이 서글퍼지고 인정 욕구로 발현됐습니다. 신념을 찾아가시다 보니 예전의 기억들이 떠오르셨다고 합니다.

  젖을 못 먹게 했다는 기억, 아버지는 돈을 벌지 못하니 가정이 힘들었고, 가정이 힘들다보니 가장으로서의 역할을 인정받지 못했단 사실들이 떠오르셨다고 하십니다. 그 대표님은 남자는 돈을 많이 벌어서 가정을 보필해야 한다는 생각, 돈을 잘 벌어야만 한다는 생각을 수도 없이 많이 하셨다고 합니다. 그래서 제가 천명을 세팅해드릴 때 "서로 인정하고 존중하는 사람들과 함께 성장하며 그들이 돈을 공기처럼 벌고 쓸 수 있게 만드는 존재다."라고 말씀드렸습니다. 결국에는 인정 욕구를 충족하는 사람들과 존중해 주는 사람들과 함께한다면 이런 불안정한 에고와 불안은 사라졌을 겁니다. 이런 식으로 신념을 세팅해 드렸습니다.

  다음 사례입니다. 10년 전부터 마케팅 강의를 열심히 들으신 분이었습니다. 그러나 기술과 도구에 대한 답답함이 있으셨습니다. 그래서 마인드 코칭 강의도 들어보고 여러 가지 종교 단체에도 가보시면서 다양한 것을 경험하셨는데도 풀리지 않는 무언가가 있다고 느끼던 분이셨습니다. 카페 메뉴를 세팅해 준다든지, 마케팅을 알려준다든지 스킬적인 것을 알려주는 데서 탄식이 있으셨습니다. 늘 자기가 소모품이 되는 것 같다는 느낌이 들었다고 하셨죠.

  또한 억압된 과오가 있으셨습니다. 그래서 억압을 돌봐주고 고민해 주는 행위들이 너무나도 행복했다고 하셨습니다. 힐링도 시켜주고 싶고 나도 힐링되고 싶고 든든한 존재가 되는 걸 원했던 겁니다. 그래서 제가 신념을 세팅해 드린 것은 이렇게 됐습니다. 세상에 결핍이 있는 사람들, 그리고 억압된 사람들의 마음을 들어주고 풀어주고 안아줄 수 있도록 기도하는 존재다 이런 식으로 신념을 세팅해 드렸습니다.

다음 마지막 사례로 여러 가지 사업을 해보고 싶은 분이 되겠습니다. 이분도 앞서 말씀드린 분처럼 여러 우물을 파고 싶으시던 분입니다. 화장품 사업도 해보고 싶고 카페 사업도 해보고 싶고 요식업도 해보고 싶어 하셨습니다. 자신의 밑에 여러 사람이 있었으면 좋겠다고 하셨습니다.

제가 몇 명이 있으면 좋으시겠냐 여쭤보니 한 100명 정도 두고 싶다고 하셨습니다. 그래서 제가 세팅해드린 신념은 "서로 존중하고 긍정적이고 자유로운 사람들과 함께 서로 좋은 영향을 주고받으며 성장하는 존재다, 그리고 100명의 대표를 두기 위해서 내 일을 통해 혁신에 필요한 인재들을 길러내고 그러한 인재들은 커뮤니티와 산업계의 영향력을 발휘해야 한다." 이렇게 세팅을 해드렸습니다.

현재는 그 삶에 충실하고 계십니다. 좋은 소식도 이따금 들려오고 말이죠. 제가 이런 사례를 들려드리는 건 독자분들만의 천명과 신념을 찾아내시길 바라기 때문입니다. 독자님만의 탄식을 찾아내서 신념을 세팅해보시길 권합니다. 천명을 따르는 삶을 살아가시길 응원하는 마음입니다.

7 »

마인드 세팅

드디어 천명과 신념에 이어 마인드 세팅에 대해 설명해드릴 챕터가 되었습니다. 제가 알려드리고 싶은 첫 번째 마인드는 "리스크가 크지 않다면 벌리고 수습하자."입니다. 저는 그 과정이 너무나도 재미있었기 때문입니다. 처음으로 제가 직접 직원도 뽑고 카페도 꾸미고 신메뉴도 개발하고 홍보 방법도 연구하고 마케팅도 자유롭게 하면서 작은 실패와 성공을 반복하면서 사업을 진행하게 됩니다. 누룽지 온라인 판매는 전혀 지식이 없이 초보에 제가 시도하다가 여러 시행착오를 겪고 결국 시장성을 만들지 못하고 실패를 하게 되었습니다.

이런 실패를 겪고 있는 순간에도 아이디어는 떠올랐습니다. '대전 카페 가라'라는 플랫폼이었습니다. 마케팅 공부를 하던 도중에 페이스북과 인스타를 재미있게 했고 비상권에 조그만 카페를 하는 대전의 카페 사장님들이 수백 명이 있을 텐데 이분들의 카페도 홍보해 주고 내 카페에도 홍보할 수 있는 플랫폼을 만들어보자는 것이었습니다. 0에서 시작한 대전 카페 갈래라는 플랫폼은 현재 2.2만의 페이스북과 1.2만의 인스타를 보유한 플랫폼이 되었습니다.

여기서 두 번째로 알려드리고 싶은 마인드는 '사람을 모으는 건 스토리텔링'이라는 겁니다. 사람은 누구나 스토리가 있는 사람에게 끌리게 되어 있습니다. 인간은 스토리를 사랑합니다. 전승되어오는 많은 구전들만 보아도 이는 확실히 증명된 사실이기도 합니다.

오프라인 카페 사업에서도 인플루언서를 이용해서 여러 채널에서 홍보하고 직원들이 개발한 메뉴가 뜨면서 마케팅에 재미를 붙이게 됩니다. 하지만 투잡을 하고 있던 저는 카페에 있는 시간이 절대적으로 부족했고 재구매로 이루어지는 매장 관리에 실패를 하게 됩니다. 만약 매장 관리에 성공을 하더라도 조그마한 카페에서 회전율을 고려했을 때 일매출 40만 원을 넘기기가 힘든 매장 구조의 한계를 경험하게 됩니다.

여기에서 세 번째로 성공 마인드를 알려드리고 싶습니다. 콘텐츠가 좋지 않으면 마케팅으로 사람을 아무리 모아도 휘발된다는 것입니다. 이러한 마인드를 갖추지 못하고 비즈니스 세계에 발을 들였을 때는 과연 어떤 일이 벌어질까요?

우선 제 사례부터 말씀드리자면, 제가 첫 번째 무의식을 뚫은 사례는 약 8년 전입니다. 제가 중학교 2학년이던 시기 학업 성적이 좋았던 저를 위해서 집안 전체가 이사를 가게 됩니다. 안양에서 강남 8학군의 대치동으로, 그야말로 맹모삼천지교였습니다. 사실 집안 형편이 썩 좋은 편은 아니었습니다. 그래서 저만 홀로 작은 할아버지 댁으로 가서 지내는 처지가 되었습니다. 그 때문이었을까요? 부모님에게 버림받은 것도 아닌데 상처를 받았는지 저는 점점 더 소심해지고 성적은 떨어지기 시작해서 30등 밖으로까지 밀려나게 되었습니다. 그렇게 몇 개월이 지난 후 아버지와 어머니께서 제가 있는 대치동으로 와주신 덕분에 저희 가족은 다함께 지낼 수 있었습니다. 그렇지만 여러 가지 문제들이 연달아 벌어지며 복잡한 상황이 만들어지고 말았습니다. 아버지의 주식 투자가 잘 풀리지 않았고, 그 때문에 부모님은 잦은 마찰을 빚었습니다. 그 시기에 대표적으로 지금도 생생하게 떠오르는 사건을 하나 말씀드리고자 합니다.

아버지와 함께 전철을 타고 어디론가 가던 중이었던 것으로 기억됩니다. 그때 아버지가 물끄러미 저를 보시더니 나지막한 목소리로 말씀하셨습니다.

"아빠는 더 이상 너에게 기대를 안 한다."

성적이 곤두박질치고 점점 소심해지는 저를 보며 아버지는 무슨 심정으로 그런 말씀을 하셨던 걸까요? 지금의 저라면 어떻게 생각했을까. 그러나 예민한 사춘기의 저에겐 아버지의 그 말이 비수가 되었습니다. '당신이 나를 무시해? 복수할 거야.'라는 결심을 하게 되었고, 그 결심의 행위마저 망각한 채 살아가게 되었습니다.

그러다 두 번째 결심의 날이 다가옵니다. 아버지가 주식 투자가 뜻대로 안 되시니 매번 속에 쌓인 화를 집에서 풀어내셨기 때문입니다. 어린 저는 그때 다시 한번 결심을 하게 됩니다. '아버지가 나를 무시한다. 아버지가 나를 무시하고 있다. 그런 당신에게 나는 반드시 복수를 하겠다.' 이불 속에서 엉엉 울면서 속으로 이런 말을 했던 기억이 납니다. 나는 당신에게 복수하면서 살 거야. 그날 이후로 저는 아버지 말은 절대 듣지 않았습니다.

아버지가 이거 하라고 하면 다른 걸 하기 시작했습니다. 그런데 이상하죠? 청개구리처럼 아버지 말을 안 듣다 보니까 제 인생이 풀리지 않았습니다. 그래서 노선을 바꾸게 되었습니다. 아버지 말을 한 번 들어보기 시작했습니다. 아버지가 좋은 대학 가라하시니 상위 대학으로 편입하기도 하고, 아버지가 군복무는 장교가 좋겠다고 하시니 장교로 군복무를 마쳤습니다. 대기업에 들어가는 게 좋다고 하시니 대기업에도 입사를 하는 그런 삶을 살게 되었습니다. 그런데 장교를 가도 대기업을 가도 대학을 가도 아버지가 하라는 대로 다 해도 나는 결코 행복하지 않다는 사실을 증명하기 위해서 살고 있는 저를 발견하게 됩니다.

입으로는 아버지를 존경한다고 의식적으로 말하면서 무의식적으로는 아버지에게 복수하며 살고 있다는 걸 깨달은 순간이었습니다. '내가 가장 잔인하게 부모에게 복수를 하며 살고 있구나.'라는 사실을 깨달은 저는 아버지께 전화를 걸게 됩니다. 전화기 너머로 들려오는 아버지 목소리에 눈물이 나기 시작했습니다. 저는 펑펑펑 울면서 "아버지 정말 죄송해요, 중학교 때 아버지가 저에게 더 이상 기대하지 않는다는 말을 들은 이후로 아버지에게 복수하겠단 마음으로 살았어요. 그런데 이제부터는 아버지를 사랑하면서 살겠습니다. 죄송해요." 마음을 열고 사과를 드렸습니다. 그 이후에는 내가 무시한다고 혼자서 생각해 왔던, 아버지처럼 느껴졌던 사회의 수많은 사람이 다 친구로 느껴지기 시작했습니다. 가장 대표적으로는 제일 제당 공장장님께 전화를 걸어서 좋아한다고 전화까지 드린 일을 예로 들 수 있 겠습니다.

두 번째 사건은 유치원 시절까지 기억을 되돌려야 합니다. 그날 제가 무 언가 먹고 싶었는데, 지금은 그마저도 잘 기억이 나지 않습니다. 좋아하는 것을 사먹기 위해서 새벽에 어머니 몰래 지갑에서 천원을 빼서 제 주머니 에 야무지게 챙겨 넣었던 기억이 납니다. 나중에 맛있는 거 사 먹을 기대에 잔뜩 부풀어 올라있던 저는 신나는 기분으로 아침에 아버지와도 부대끼며 좋은 하루를 시작하고 있었죠.

좋은 운은 딱 거기까지였습니다. 아버지와 장난치며 놀다가 제 주머니에 몰래 넣어 둔 천원이 발각된 것입니다. 어떻게 되었겠습니까? 당연히 엄 청나게 맞았습니다. 여기서 아버지의 훈육 의도는 남의 돈에 손을 대면 안 된다는 걸 가르치려고 했던 것일 겁니다. 그런데 어린 유치원생이던 저는 '아, 나에겐 돈이 있어선 안 되는 구나!'라고 극단적으로 받아들이게 되어버 렸던 겁니다.

프로그램이 세팅돼 버리면서 33세까지, 사업을 시작하기 전과 사업 초창 기까지도 저는 계속 돈을 쓰기만 하고 좀처럼 모으지 못하고 있었습니다.

정신을 차린 저는 다시 의식적으로 프로그램을 세팅해 보았습니다. 분명 그때 아버지는 그때 아버지는 남의 돈에 손을 대어선 안 된다는 것을 가르친 것이다, 내가 돈을 가지면 안 된다고 가르치신 게 아니라고 세팅한 후에 소비는 멈추고 통장에 돈이 쌓이기 시작하는 경험을 하게 되었습니다.

세 번째 사건은 초등학교 때 일입니다. 초등학교 때 저는 압정 놀이를 되게 좋아했습니다. 압정 놀이란 친구가 앉을 의자에 몰래 압정을 올려두는 장난이었습니다. 그 사실을 모르는 친구가 의자에 앉다가 따끔하며 깜짝 놀라는 모습을 즐겼던 겁니다. 잘못이라는 자각도 없이 모두가 즐거워했습니다. 그러나 이 놀이는 치명적인 단점이 있었습니다. 바로 굉장히 위험했다는 것이죠.

저희의 위험한 장난을 알게 되신 담임 선생님께선 단호한 체벌로 저를 혼내셨고 그 뒤로 압정놀이는 끊게 되었습니다. 그냥 '압정놀이처럼 위험한 장난은 하지 않으면 된다.'고 생각하면 될 일이었습니다. 그러나 극단적으로 생각이 치닫는 저는 '아, 나는 나서면 안 되는구나. 앞으로 나서지 말고 조용히 있어야 되는구나. 앞으로 장난치면 안 된다.' 그 이후에 저는 어떻게 자랐을까요? 그렇습니다. 부끄러움을 많이 타는 소극적인 아이로 자라났습니다.

어른이 된 저는 이 기억을 재해석하게 됩니다. 과거의 저에게 말하는 거죠. 앞으로 나서도 돼, 장난을 쳐도 돼, 위험한 짓만 안 하면 되는 거야. 이렇게 재해석을 하며 스스로에게 되뇌었습니다. 저는 그 뒤로 조금은 자유로워지고 활발해졌습니다. 하고 싶은 말은 다 하자고 다짐했고, 원리원칙을 지키는 안에서 자유를 누리기 시작했습니다.

이제 또 다른 사례를 말씀드리자면, 제 스무 살의 가슴 아픈 실연에 얽힌 사연입니다. 그 당시 좋아하던 여자아이에게 고백을 한 적이 있었습니다. 저는 스무 살 때까지 단 한 번도 여자친구를 사귀어본 적이 없어서 친구들에게 열심히 고민상담을 했죠. 내가 얘를 좋아하는 것 같은데 어떻게 고백을 해야 될까? 친구 네다섯이 머리를 모아놓고 작당모의를 하게 됩니다. 친구들은 운동장에서 공개 고백이라는 프로포즈를 생각해 냈고, 저는 단번에 차였습니다. 그때 저를 보며 피식 웃던 그 모습이 잊혀지지 않네요. 그때 강렬한 수치심이 저를 덮쳤던 거 같습니다.

맞아요. 저에겐 첫 경험이었잖아요. 그게 너무 상처로 남았던 겁니다. 그 뒤로 저는 단 한 번도 그 누구에게도 고백을 한 적이 없습니다. 이 무의식을 깨닫고 나니 너무 놀라웠습니다. 그렇게 그 무의식은 극복하게 되었습니다.

두 번째로 동생에 대한 무의식이 깨진 적이 있었습니다. 제가 초등학생일 때 어머니께서 제 동생은 원래 남자 동생이었다고 알려주신 일이 있었습니다. 원래대로라면 연년생으로 자라나게 되었을 저의 형제는 한 달 만에 안타깝게도 명을 달리하게 됩니다. 그런데 문제는 그 이야기를 들은 제

인식이었습니다. 당시 세 살 차이가 나던 여동생의 존재를 부정하기 시작한 겁니다.

"내 동생은 원래 남자애였어."

여동생을 부정하기 시작해서 저희 사이는 지금도 소원합니다. 살뜰한 오빠는 못 되어도 남보다 못하지는 않아야 했었는데, 저는 동생을 부정하며 제 인생을 쭉 살아왔던 것입니다. 그 사실을 깨닫자 동생에게 너무도 미안한 마음이 들어 저는 바로 동생에게 솔직한 속내를 털어놓게 되었습니다. "너무 미안하다. 내가 어린 시절 연년생으로 태어났다던 남동생 이야기를 들은 이후로 너를 미워하게 된 거 같아."

그렇게 33세에 처음으로 동생과 마주 앉아 술잔을 기울여본 일이 있습니다. 사실 저 이유만이 아니었습니다. 어렸을 적에 그렇게 동생과 외모로 비교를 많이 당하며 자랐기 때문에 질투심도 복합적으로 작용한 게 아닐까 생각합니다. "동생은 이렇게 예쁜데 너는 왜 이리 못생겼니."라는 말은 제 마음을 송곳처럼 늘 찔러댔습니다. 지금도 그렇습니다. 주머니 속에 넣어둔 송곳 같습니다. 누군가 저에게 "대표님, 잘생겼어요."라고 칭찬을 해주면 "감사합니다." 하고 선의를 받아들이면 될 것을 저는 속으로 꼭 대꾸하게 됩니다. '아닌데, 난 잘생기지 않았는데.' 하며 칭찬을 곱게 받아들이지 못합니다.

그런데 여동생에 대한 무의식을 깨면서 이 사건에 대해서도 자각하게 되니 실로 간단하게 마음이 풀리게 됩니다. '그래, 어른들이 그렇게 말할 수도 있지, 그리고 나는 어른이 되었으니 그때와 다르잖아?' 하는 생각이 들었던 겁니다. 그 후로는 어떻게 되었냐고요? "감사합니다." 하고 받아들이게 되었습니다.

저는 이렇게 무의식을 뚫어가기 시작했습니다. 하나둘씩 생각하다보니 저는 아버지와 얽힌 무의식이 굉장히 많았습니다. 사실 저는 발음이 그렇게 좋지 않습니다. 그런 저를 두고 아버지가 늘상 "너는 발음이 왜 그러니?"라면서 꾸짖으셨던 기억이 납니다. 아버지가 지나가듯이 던진 말에 저는 아버지가 나를 무시한다는 생각과 연관시키며 더욱 강화시키게 되었던 겁니다.

얄팍한 반항심이었을까요? 저는 더 발음을 제멋대로 해왔고, 20년 넘도록 발음을 고치지 않았습니다. 사실 이 책은 클래스유에서 선행되었던 강의를 책으로 묶은 것입니다. 그 강의를 보시다 보면 강의 후반부가 되어갈수록 제 발음이 점점 더 교정되고 좋아지고 있다는 것을 느껴보실 수 있을 텐데, 책으로는 전달되지 않아 아쉬울 따름입니다. 아버지가 저를 하도 무시하니 반항심에 바보같이 굴었던 적도 있고, 저를 대하는 타인에게서 이따금 아버지의 모습을 보게 될 때면 바보짓을 많이 하면서도 복수할 기회만 엿보던 적도 있습니다.

이 사실은 제가 깨달은 지 얼마 되지 않은 신선한 사실입니다. 사실 너무도 바보 같은 일일 수 없습니다. 왜 굳이 타인에게 바보짓까지 해가면서 안심을 시키고 뒤에서 칼을 꽂을 준비를 했는지 말이죠. 그후로는 바보 같은 짓들도 줄어들게 되었고 저는 천천히 변하기 시작했습니다.

무의식이 단번에 해답을 제시해주지는 않습니다. 오랜 세월 제 몸에 축적되었던 것들이 있기 때문에 변화란 서서히 일어나죠. 나를 짓누르고 있던 무의식이란 바위 위로 매일 매일 변화란 물방울을 떨어트림으로 결국 구멍을 뚫게 되는 것입니다.

이러한 과정 중에서 분명히 깨닫게 되시는 여러가지 일이 있으실 겁니다. 무의식이 또 다른 무의식의 원인을 연상시키는 경우도 있으실 거고 사고가 확장되면서 다양한 사유를 하게 되실 겁니다.

저의 경우는 '카르마 영역의 발견'입니다. 제 일에 대해서 '실체 없이 밥 벌어 먹는 몸'이라는 뒷담화를 들은 일이 있었습니다. 문제는 그 말을 들은 제 감정에 있었습니다. 맘속에 무언가 용솟음치는 듯 싶더니 분노가 올라오기 시작했습니다. 그 분노 사이사이에는 열등감도 깃들어 있었고, 그 안에서 자격지심을 발견하게 됩니다.

이 분노가 지금 나를 향하고 있기도 하구나. 상대가 내가 부러워 나쁜 말을 하듯이 나 역시도 그 상대를 부러워하고 있는 건 아닐까? 그러니 그 사람이 한 말에 스스로 저격당한 듯 분노한 건 아닐까?

생각을 확장해 가다 보니 결국 저는 누군가 저를 무시했다는 사실에 분노를 느끼고 있다는 결론에 되었습니다. 결국 또 원점과도 같이 제 무의식이 회귀한 겁니다. 아버지에게 당했던 무시가 강하게 절 짓누르고 있던 겁니다. 제 인생 전반을 억누르던 무의식은 아버지를 향한 무의식적인 분노와 복수심이 아니었을까 생각합니다. 나를 뒷담화하는 사람들과 나를 휘감는 감정과 거리를 두기 시작하면서 저는 오히려 편안하게 변해갔습니다. 자격지심과 열등감을 인정하고, 나 역시도 상대에게 마찬가지로 부러워하고 있다, 나를 부러워하는 마음을 인정하지 못하고 험담으로밖에 못 해결하는 저 상대가 어찌나 가여운가. 상대들이 수용 가능하게 됩니다.

사실 제가 다루고 있는 '무의식'은 눈에 보이지 않습니다. 눈에 보이지 않으니 믿지 못하는 사람들도 계십니다. 사기꾼처럼 느껴지실 수도 있을 겁니다. 그러나 저는 오히려 반대로 눈에 보이는 것들만 내세우는 사람들에 대한 불신이 가득했다면 믿으시겠습니까?

명품, 외제차, 눈에 보이는 소유를 주장하며 내보이는 사람들이 제 눈에는 오히려 사기꾼들입니다. 허세와 허영, 보이는 것에 집중하며 현혹시키는 사람에게 당한 일이 있었기 때문인지 저는 그런 사람들을 불신했습니다. 그때는 그 사람들을 미워하는 감정이 제 몸에서 출렁대면서 몸의 파동이 망가지고 있다는 것을 깨닫지 못했지만 말입니다. 나는 허세와 허영, 보이는 것을 초월하고 말겠다.

그런 다짐으로 저는 돈으로 욕망을 채우는 이들이 힘을 못 쓰도록 만들고 증명해내지 않겠다고 다짐하면서 저만의 무소유를 실천하면서 소유를 과시하는 사람들을 미워하며 지냈습니다. 제가 옳다는 것을 증명해내기 위해서 제 한 몸을 갈기 시작했죠. 하루 14시간을 컨설팅과 공부에 매달리고 자기 개발을 하고 사업을 만들고 시스템을 구축하는 일에 몰두한 거죠. 물론 그 결과로 순수익을 극대로 올리긴 했습니다만 얻은 건 그뿐만이 아니었습니다. 혹사로 인한 건강 악화와 강렬한 회의감, 현타였죠. 일주일 간 병원에 입원해서 몸을 추스리는 순간에 여러가지 생각을 했습니다. '더 이상 이렇게 골방에서 혼자 있어선 안 되겠다. 밖으로 나가자.' 그렇게 다짐하고 스터디도 하고 여러 사업가들을 만나는 대외 활동을 처음 시작하게 되었습니다.

제가 소유를 과시하는 사람들을 경멸하고 있다는 것을 발견하게 되었어요. 이전까지는 정말 자각치 못하고 있던 것이거든요. 길을 헤맸을 때 사람들이 많이들 읽는 책들에는 소유든 무소유든 결국 둘 다 의미가 없다고 말하죠. 이전에는 이해하지 못했던 그 구절이 천천히 이해가 되기 시작했습니다. 머리로만 알고 있던 의미를 가슴으로 깨닫게 된 것입니다.

소유를 과시하는 사람들을 경멸하는 것은 내가 부러워서 그런 거구나, 그래서 그 상대를 미워했구나, 상대가 자랑하는 일을 내가 못견뎠구나! 나도 유명해지고 싶은데! 유명하지 못한 나 자신에 대한 수치심과 분노로 내가 사람들을 속으로 깔보며 합리화를 하고 있었구나!

내가 주장하는 것이 옳다고 증명하고 싶었던 욕망 역시도 무의식에 숨겨져 있었다는 걸 발견하게 됩니다. 사기꾼에 대한 무의식이었던 겁니다. 저도 모르는 사이 컨설팅을 진행하면서 부를 추구하는 불특정 다수를 욕하고 있었던 겁니다. 근본적으로 밉게 생각하니 계속 안 좋은 점만 눈에 띄었던 겁니다. 색안경을 끼고 바라보았던 거예요. 상대적으로 나의 우월감을 드러내고 싶었고, 의식의 수준을 넘어서 내 자부심을 드러내고 싶었고, 그들보다 내가 더 우월하다는 걸 증명하고 싶어서 계속해서 돈을 벌어왔던 것입니다.

'아, 결국 옳은 건 없구나. 아니, 우리 모두가 옳구나.'

나만이 옳다는 생각을 내려놓기만 하면 모두 해결되는 문제였던 것입니다. 이런 무의식을 저는 천천히 재발견해 나가면서 지금도 뚫어나가고 있습니다. 어느 덧 8년 정도가 된 거 같네요. 지금도 주기적으로 뚫어나가고 있습니다. 저라는 바위에 끊임없이 새로운 물방울을 떨어트려 주는 겁니다. 계속해서 나아가고 있습니다.

여기서 중요한 건 관찰입니다. 에고와 감정의 영역에서 올라오는 것들을 막을 수 없습니다. 우리는 받아들여야합니다. 없앨 수가 없으니 수긍해야합니다. 그리고 천천히 바라보아야 합니다. 사실 감정을 바라보는 일이 가장 어려운 문제라고 볼 수 있습니다. 가장 문제가 많은 사람들이 바로 나는 문제가 없다고 생각하는 사람들이라는 사실, 아십니까? 아주 작고 사소한 일 까지도 사실 무의식과 연관이 되어 있다는 걸 깨닫게 되시면 놀라게 되실 텐데 처음에는 그 사실을 받아들이지 못하는 분들도 많습니다.

무의식이란 그 모습이 정형화되어 있지 않습니다. 아주 다양하게 변모하면서 우리 안에 작용하고 있습니다. 마음을 열고 무의식이란 의미를 받아들이셔야 지식의 흡수도가 높아질 수 있습니다.

『시크릿』이라는 책을 아시나요? 한때 굉장히 유명했던 책인데 '끌어당김의 법칙'을 다루는 책입니다. 한마디로 '마음의 힘'이죠. '진심으로 바라면 온 우주가 그것을 도와준다.'로 요약할 수 있겠네요. 모세의 코드는 바로 이 시크릿의 이전 단계라고 생각하시면 됩니다. 시크릿의 개념을 올바르게 이해하지 못한 채 어떤 걸 끌어당김으로 부작용이 나올 수도 있으니 이 부분들은 무의식의 영역에 대해 좀 더 공부하신 뒤 시도하세요.

모세의 코드, '기다림'이라는 것이 즉 나라는 개념으로 시작되는 이 코드는 가장 강력한 자기 실현법입니다. 대표님들은 어떤 일이 이루어지기를 바라실 땐 어떻게 하시나요? 막연히 기다리는 경우가 많으실 겁니다. 돈을 벌고 싶으시면 돈을 버는 일이 이루어지기를 그냥 바라는 겁니다. 예를 들면 클래스 강의를 끊고, 막연히 들으면서 '돈을 벌겠지.' 하면서 누군가가 해주길 바라는 마음 이런 것들입니다. 정작 그 일을 실현해낼 사람은 자기 자신밖에 없는데 말입니다. 그런데 그것을 간과한 채 책임을 전가하게 됩니다.

모세의 코드에는 자율권이라는 개념이 있습니다. 모세의 코드는 모든 것을 동일하게 다룹니다. 대표님들이 원하는 모든 것들은 이미 다 주어져 있다고 가정해보는 겁니다. 원하는 모든 것이 이미 나에게 다 주어져 있다고 생각해 보시는 겁니다. '나는 스스로 있는 존재다, 이미 다 가지고 있다.'란 어구들을 반복해서 외우고 다니시는 것도 좋습니다.

인간의 의미를 부여하는 기계가 의미를 부여하는데 의미가 없다는 말을 삶으로 다시 떠오르기에서 설명드렸습니다. 그것과 동일한 선상입니다. 이것을 외우는 것에서 그치는 것이 아니라 삶에서의 적용이 중요한 법인데 이것은 뒷부분에서 설명드리도록 하겠습니다.

우리는 원하는 것을 어떻게 끌어오는가? 원하는 것을 끌어오기 위해선 신의 존재와 나아가 하나라는 사실을 깨닫는 것이 중요합니다. 깨닫지 못하더라도 괜찮습니다. 한번 가정하며 시작해보시길 권합니다. 나는 스스로 있는 존재라는 것 자체가 내가 하나의 신이라는 사실을 깨닫는 것이 시작입니다.

모세의 코드에는 '기적'이라는 개념이 있습니다. 신과 우리가 일직선상에 있을 때 나타나는 자연현상이 바로 기적으로 부를 수 있습니다. 종교적으로 예를 들자면 불교도 기독교도 어떤 기적이 일어나는 현상이 이 종교들의 서적에 나오죠? 이건 거짓말이 아닙니다. 우리도 직접 할 수 있습니다. 기적이라는 게 원래 일상생활에서 묻어나오는 건데 우리는 그것을 다 막고 있습니다. 우리 존재 자체는 신의 이름을 부르면 어느 사이에 알지도 못하는 신에 이끌려서 기적을 창조할 수 있는 사람인데도 기적을 막고 있다는 얘기입니다. 그래서 내가 신과 하나라는 사실을 깨닫는 것만으로도 기적을 일으킬 수 있는 어떤 시작점이 될 수 있다는 겁니다.

사실 인간이란 존재인 우리는 다 한계가 있기 마련입니다. 저희 아버지의 예를 한번 들어보면 아버지가 술만 먹고 오면 분노 같은 것도 느꼈고 이해를 하지 못 한다는 것, 그리고 나를 무시한다는 감정을 많이 느꼈습니다. 그때 제가 이불 속에서 되뇌던 말이 뭐냐면 나는 이 '아버지한테 복수를 하며 살 거다 당신한테 복수를 할 거다'라고 생각을 했었습니다. 대부분 사람들이 아버지나 어머니한테 무의식에 어떤 감정을 받았는데 그것조차도 기억을 못 기도 합니다.

결국엔 의미를 부여하는 기계가 복수하겠다는 의미를 만들어낸 거고 계속해서 살아온 결과가 삶이 되어버린 겁니다. 사실은 의미가 없는데 말입니다. 이런 의미가 부여된 것들이 계속 강화돼서 내가 열등감으로 나오기도 하고 분노로 나오기도 하고 그게 30대, 40대까지 이어진 겁니다. 우리가 이 한계를 극복하려면 이 감정을 과거로 돌아가서 없애는 작업을 해야 됩니다. 이 분노나 복수심 이런 것들을 들 때 어떤 것을 외쳐야 되냐면 "이 감정은 의미가 없다. 인간은 의미를 부여하는 기계고 나는 스스로 존재하는 존재지 타인에게 영향받을 존재가 아니다."라고 외치는 겁니다. 그렇게 되면 내가 의미를 부여해서 이야기를 만들었던 그것들이 소멸되기 시작하고 내가 관찰자 입장으로 가기 때문에 내가 이 감정의 끝을 알려 가는 것이 아니라 관찰자 입장에서 그것을 바라보게 되고 그 감정을 바라보는 것만으로도 소멸됩니다.

감정 그리고 모세의 코드의 정의를 설명드리고자 합니다. 개념에 대해 받아들이기 어려우실 수도 있겠지만 저와 함께 책을 읽으시며 생각해보시는 겁니다. 우리가 필요한 것을 구할 때 얻는 게 아니라 우리가 원하는 모든 것들이 이미 우리 안에 있다. 그 사실을 한번 깨달아보는 겁니다. 신이라는 존재가 만약에 존재한다면 신이 전지전능해서 우리가 구하면 자동으로 그것들이 끌려 들어오게끔 만들어놨다고 생각해 보십쇼. 양자 역학에서 배웠던 이 핵이 원자를 끌어당기는 거랑 일맥상통할 겁니다. 우리가 이 에너지를 쓰면 이것을 신념을 강화해서 에너지를 쓰면 이게 자동으로 끌려온다고 생각해 보시길 바랍니다.

얼마 전 두 분의 컨설팅을 도왔습니다. 한 분은 마케팅 대행업이셨고, 다른 한 분은 에스테틱 마케팅을 하는 분이셨습니다. 신기하게도 그분들이 신념을 정하고 그것을 구하기 시작하니까 바로 다음 날에 두 분이 서로 만나는 일이 생겼습니다. 그 누구도 의도한 게 아닌 게 말인데 신기하지 않습니까? 우연이 계속되면 운명이라는 말이 있습니다. 그 두 분이 마치 그랬습니다. 우리가 구하면 핵이 강화되기 때문에 신념이 강화되기 때문에 그 다음 날에 바로 비슷한 류의 신념을 가진 사람들이 끌려오는 현상으로 설명드릴 수 있습니다. 우리들은 삶을 살 때 항상 제약을 갖고 삽니다.

제약이라는 게 무엇이냐면 스스로 자신을 비하하고 감옥을 만든다는 것입니다. 스스로 만든 감옥의 프레임에 갇혀서 모든 걸 판단하는 것을 버리셔야 합니다. 이 제약이라는 것으로만 세상을 대한다면 이 프레임 안에서만 세상이 변형될 것입니다. 받아들일 생각조차도 안 하고 이런 말들을 하는 거에 돈도 지불하고 유튜브도 보고데 전혀 받아들일 생각을 무의식에서 하지 않는 겁니다. 바로 그게 제약입니다. 이 프레임을 채울 수 있는 힘이 있습니다. 근데 그 힘을 놓을 수도 있습니다.

놓아도 죽지가 않는데 에고는 그 프레임을 계속해서 유지하려고 합니다. 에고가 하는 일들 중에 하나가 감옥을 자기가 만들어 놓고 이 감옥 안에서 내가 오라 오라 하면서 은밀한 쾌감을 느끼는 겁니다. 이 제약을 잠깐만 놨을 때 엄청난 기적이 일어날 수 있는데 이 제약 때문에 대표님들이 여기서 강의를 듣는 것조차도 제약을 해놓고 얘는 왜 이렇게 말하지, 얘는 이렇게 왜 하지, 얘 발음을 왜 이러지 이런 식으로 판단을 하고 앉아 있는 겁니다. 스스로 삶의 기회를 잃고 있는지조차도 모른 채 말이죠. 이런 부정적인 대화를 가장 좋아하는 건 바로 에고인데 말입니다. 우리는 항상 진짜 나와 에고가 양립하고 있습니다. 이거는 죽을 때까지 같이 가셔야 됩니다. 의식의 뚫음은 평생 지니고 사셔야 합니다. 에고가 사실 굉장히 나쁜 것만은 아닙니다. 우리는 에고와 함께 살아가야 되기 때문입니다. 에고에게 이렇게 한 번 물어보시길 바랍니다.

"행복과 불행 중 하나를 선택하라."

에고는 항상 불행해지는 걸 선택할 겁니다. 프레임을 만들고 감옥을 만들고 거기에 넣어서 스스로 문을 닫아버린 그 사람처럼 에고는 불행해지는 것을 선택합니다. 그리고 에고는 진실을 받아들이는 걸 좋아하지 않습니다. 그래서 진실을 받아들이지 않을 이유를 만들어냅니다.

예를 들면 에고가 가라고 하는 건 무슨 에고일까요? 저는 여기에 양자역학의 개념을 대입했습니다. 과거의 어떤 행동이 있기에 미래의 내가 설정되어서 영향을 지속적으로 받는 상태를 양자역학으로 예시를 들 수 있겠습니다. 사실 과학적 개념인 양자역학이 돈을 버는 일과 무슨 상관인가 하는 분들도 많으실 겁니다. 받아들이기에 불편한 분도 많으실 겁니다.

그러나 사실 진실을 받아들인다는 건 고통스럽고 불편한 행위입니다. 진정한 고통은 따로 있습니다. 이 진실을 받아들이지 않는 것입니다. 에고란 녀석은 대표님이 진실을 받아들이지 않고 고통스러워하는 것을 즐거워합니다. 진실은 대표님들이 취한 행동에 대해서 당신 자신의 모든 책임을 질 것을 요구하기 때문입니다.

"용기의 상태는 내 삶의 모든 책임으로 존재하는 것이다."

저는 늘 컨설팅을 진행하면서 이 과정 후에는 과제를 내어드립니다. 무의식을 깨트리길 바람을 담습니다. 과거의 기억을 더듬어서 상처를 줬던 이들에게 전화하기를 권합니다. 어머니에게 전화하세요, 아버지께 전화하세요, 친구에게 전화하세요. 말로 하기 어려우시다면 종이에 쓰라고 권합니다.

강의를 들었다고 끝이 아닙니다. 행동하고 실천하셔야 합니다. 사실 행동으로 옮기기가 매우 힘드실 겁니다. 당신의 에고는 계속해서 진실을 직시하길 방해할 것입니다. 해내시기가 힘드실 겁니다. 그러나 해내셔야만 합니다. 진정으로 행동에 옮기실 수 있게 되셨을 때, 저는 성공으로 가실 수 있다고 생각하거든요. 너무도 힘드실 겁니다. 내면에 있는 에고가 방해할 것입니다. 에고를 소멸시키기란 굉장히 어려운 것이니 말입니다.

모세의 법칙에는 주고받기의 법칙, 기브앤테이크라는 법칙이 있습니다. 좀 더 약간 더 약간 고차원적인 주고받기의 법칙입니다. 혹시 신이 존재한다면 성품은 어떤 식으로 형성됐을까요? 신이 존재한다면 아마 받을 것을 생각하지 않고 무자비하게 베풀 것입니다. 우리의 에고는 어떤 마음을 가지고 있을까요. 받기 위해 주는 마음이 있을 겁니다. 손해를 보려고 하지 않는 이기적인 에고이기 때문입니다.

제가 2년 차 때 문뜩 사람이 돈으로 보이기 시작한 순간이 있었습니다. "내가 이 돈을 받고 이렇게까지 10배, 20배 그렇게 베풀었는데 이 사람들은 왜 받을 생각밖에 안 할까?" 그래서 받기 위해 주기 시작했습니다. 저는 받음에 대한 기대가 있으면 에고가 정말 좋아합니다. 제 강의를 듣는 많은 분들에게 답답함을 느끼고 그 사람들한테 책임 전가를 하기 시작했습니다. 그러나 높은 차원에 주는 것은 무엇이냐면 상대방과 흥정을 하지 않는 겁니다. 그냥 주는 겁니다. 되돌려 받을 생각을 하지 않습니다. 사람의 성품 그러니까 사람의 성품은 받기 위해 줍니다. 이 에고는 받기 위해 주는 겁니다. 근데 "인생의 목적은 뭐죠?"라고 물었을 때 저는 행복이라고 생각합니다.

토니 로빈슨이라는 사람이 있습니다. 그가 거지였을 때였는데 사기를 당해서 1,200불을 잃어버린 일이 있습니다. 그에게 남은 돈은 50불도 안 됐습니다. 50불 가지고 그냥 먹고 죽자, 가서 배 터지게 먹고 나면 어떻게든 되겠지라는 생각이었던 그는 요트도 있는 정말 괜찮은 레스토랑에 갑니다. 그러던 중 어떤 어머니와 아들이 왔는데 아들이 어머니의 의자를 빼주고 어머니를 극진하게 예의 있게 대하는 모습을 보게됩니다.

토니 로빈슨은 "이 아이가 멋지다 감동스럽다."라는 감정을 느낍니다. 그래서 그 아이한테 제가 남은 돈을 다 주게 됩니다. "너 너무 멋져서 그냥 주는 거야!" 감동을 줘서 줬던 겁니다. 그때 토니 로벤스는 궁핍을 초월한 무언가를 느꼈다던데 저는 그게 아마도 행복이 아닐까 싶습니다.

타인을 먼저 행복하게 해주면, 행복을 나눠주면 더 많은 행복을 경험한다. 그런데 우연인지 모르겠지만, 집에 와보니 사기꾼이라고 생각했던 친구가 200불을 더 얹힌 돈을 우편함에 두고 간 걸 보게 됩니다. 그래서 마지막으로 한 말은 뭐냐면 인생의 진리는 베푸는 거다. 행복을 나눠주는 거다. 그게 언제 돌아올지는 나도 모르겠지만 한없이 베풀어 보라고 얘기를 합니다. 근데 여기서 호구가 되지 않기 위해서는 베푸는 거에 원칙이 있어야 됩니다.

토니 로빈슨은 감동을 준 사람에게만 베푼다는 자신만의 원칙이 있었습니다. 그래서 저 역시도 그를 따라 제게 감동을 준 사람만 도와주고 이외에는 다 끊어내었습니다. 100억의 대표님이든 1,000억의 대표님이든 제겐 의미가 없기 때문입니다. 그냥 제 원칙에 반하면 다 1,000억입니다. 그게 인생의 목적의 행복이라는 게 정의된 사람의 삶의 방식인 이 모세의 코드라는 것의 목적은 대표님의 기능과 신의 기능은 결국 같다는 사실을 깨닫게 하는 겁니다. 그래서 우리는 두 갈래의 길을 선택할 수가 있습니다.

애고의 길을 선택할 것인가 영혼의 길을 선택할 것인가 둘 중에 하나입니다.

에고는 모든 것이 격리되고 혼자입니다. 외부 공격으로부터 스스로를 지켜내야만 합니다. 선사 시대부터 에고는 우리와 같이 살고 있었습니다. 그래서 우리가 죽는 거에 대한 두려움 때문에 이걸 방어해야 됐고 보호해야 됐습니다. 결국엔 에고는 두려움 때문에 나오는 감정이고요 두려움의 맨 끝에는 죽음이 있습니다. 그래서 죽음의 두려움이 가장 큰 원천의 두려움이 됩니다. 그다음 두려움이 자산, 재물을 잃는 두려움입니다. 그것 때문에 에고는 재물과 부유, 무엇이든 모두 소유하고 보호돼야 합니다. 에고는 우리랑 죽을 때까지 떼어낼 수가 없습니다. 에고는 원래 같이 사는 겁니다.

그래서 에고를 보면서 소멸시켜 가고 이용하는 방법을 아는 자와 그냥 에고에 속아서 계속해서 그렇게 사는 자와 두 갈래로 나뉘는 겁니다.

그렇다면 이 에고를 선택하지 않고 영혼을 선택하는 건 무엇이냐?

이미 존재함 그 자체로 모든 것을 소유하고 있다는 사실을 알아차리고 소유하지 하려고 하지 않는 겁니다. 풍요와 좋은 관계와 안전을 항상 신경 쓰는 건 뭐죠? 에고죠. 좋은 관계를 맺어야 된다고 계속해서 집착하게 만드는 것, 안전에 대한 신경을 쓰는 거 힘써 추구해야 하는 건 에고입니다. 근데 영혼은 뭐냐 "그냥 자연스럽게 채워질 것이다. 이미 필요한 것이 채워졌다."라고 느껴보는 겁니다.

결국에는 진실은 결코 상처를 받거나 위협받을 수 없다는 진리를 아는 일입니다. 반대죠, 완전히 반대되는 개념입니다. 지금 에고는 상처받지 않으려고 위협받지 않으려고 두려움 때문에 발달되는 거고 영혼은 진실은 결코 상처받거나 위협받을 수가 없습니다.

모든 것을 소유하고 있다는 사실을 알아서 소유하려고 하지도 않고 힘써 추구하려고 하지도 않고 그냥 자연스럽게 채워지고 있다고 그냥 믿고 그걸 느껴보시길 바랍니다. 에고를 선택할 것인가 영혼을 선택할 것인가의 두 갈래 길에서 대표님들은 선택을 하셔야만 합니다. 대표님들이 이런 에고와 영혼을 이해했다면 이런 시도를 여럿 해보실 수 있을 겁니다. 대표님들은 혹시 타인을 위해 존재한 적이 있으신가요?

　타인을 위해 존재한다. 무슨 말이라고 생각되시나요? 제가 컨설팅할 때 이런 말을 합니다. 컨설팅 받으시는 분들이 오면 저를 공기처럼 지우고 그 사람이 내가 돼서 그 사람을 위해 존재한다, 상대방이 마치 내 마음속에 깊은 곳에 자리 잡고 있는 것 같은 생각을 하면서 나의 빈 공간을 가득 타인으로 채워버립니다. 타인을 위해 존재하려면 목표를 어떻게 설정해야하는가. 그 사람 존재 자체를 내 안에서 느껴보는 겁니다. 그래서 내가 그 사람이 되어버리는 겁니다.

　이 이론을 받아들이기 힘든 분들이 많으실 거라고 생각됩니다. 그러나 받아들이기 힘드시더라도 한번 시도는 꼭 해보셨으면 좋겠습니다. 그 다음에 돌이켜 생각해보면 내 무의식이 과거의 어떤 계기로 만들어졌는지, 내면의 나를 만나는 과정을 이해하게 될 겁니다. 꼭 레고를 맞추듯이 퍼즐을 맞추듯이 뭔가 퍼즐이 맞춰질 겁니다. 그러길 기원합니다!

8 》

트리플 시스템

트리플 시스템을 구축하게 된 배경에 대해서부터 설명을 시작하면서 성공까지의 여정을 말씀드리도록 하겠습니다. 소매 판매와 공동구매, 제가 빚을 2억까지 지게 되었던 실패와 극복 과정을 들려드리겠습니다. 한 가지 일에만 초점을 맞추어 집중했다면 이뤄내지 못했을 일에 대해서 설명드리고자 합니다.

건조 과일 도매 사업체를 키워 프랜차이즈에 재료를 납품할 수 있게 만든 일, 컨설팅 사업의 궤도가 점점 안정화되며 월급화가 이루어져 성공한 시스템을 만들어냈던 것 모두 말입니다. 어느새 3년이란 시간이 지난 현재, 점차 고도화되고 정교화되며 안정적으로 운영되고 있습니다. 이번 챕터를 통해 시스템을 이해하시고 삶에 완벽히 접합시켜 응용하시길 바랍니다. 이 트리플 시스템은 총 6가지 영역이 있습니다. 총 6개 영역을 네트워킹화시켜 정보 비즈니스를 활용하는 것이 핵심입니다.

첫 번째는 온라인 유통 시스템입니다. 온라인 유통 시스템은 다시 4가지 시스템으로 나뉩니다.

(1) 반브랜딩

주로 위탁판매하는 분들이 많이 쓰시는 방법입니다. 한 두 개 정도 상품으로 상세 페이지와 썸네일을 만들어 카페 바이럴, 블로그 상위 노출, 라이브 커머스 등으로 판매를 일으키는 시스템입니다.

(2) 브랜딩

'패키지 디자인'을 통해 나만의 브랜드를 만들어가는 형태와 비슷한 마케팅 형식을 쓰는 방식이 있습니다.

(3) 위탁 판매

상품을 대량으로 등록하여 위탁판매하는 것입니다. 저는 주로 건강식품 대량 등록에 관한 예시를 많이 들 생각입니다. 해외 구매 대행을 통해 대량으로 사들여 마진을 최대로 확보하는 방법이기도 합니다.

(4) 소소매 방식

대량 등록을 통해 타 브랜드를 더 비싼 가격으로 판매해 차익을 추구하는 형태도 존재하게 됩니다.

두 번째는 대행사 시스템입니다. 이 대행사 시스템에는 수백 수만 가지가 있습니다. 저는 10가지 정도로 추려서보는 편입니다.

(1) 트래픽 프로그램

트래픽을 올려주는 프로그램을 개발하는 것입니다. 개발자와 조인(join)해 개발한 프로그램을 통해 더 많이 이익을 얻을 수도 있습니다. 여기서도 아까 말했던 트리플 시스템의 제조, 도매, 소매 요소가 존재하는 게 느껴지시나요? 제조는 프로그래머입니다. 같이 개발을 해서 도매로 푸는 것이 또 도매업자입니다. 도매업자에게 받아서 사업자에게 소매로 팔게 되는 방식이 도매 방식이겠죠? 이런 식으로 대행사 안에서도 똑같은 유통의 방식들이 사용되는 것들을 찾아서 느껴보셔야 합니다.

(2) 인스타그램 좋아요·팔로우 프로그램

외국 같은 사이트는 이미 상용화되어 있습니다. 저렴한 가격에 '좋아요'와 '팔로우'를 올려주는 프로그램들이 있습니다. 이걸 한국으로 이관시키는 것만으로도 프로그램이 개발되었다고도 볼 수 있지 않겠습니까? 이것을 또 도매업자에게 넘기는 형태로 프로그램을 팔 수도 있겠습니다. 이 도매업자는 소비자 인스타그래머에게 팔면서 차액을 챙기면서, 유통의 구조를 거쳐가며 팔게 됩니다.

(3) 체험단 사이트

체험단을 할 수 있는 블로그나 인스타그래머들이 등록해놓은 사이트를 이용하는 것입니다. 체험제품을 제공받은 후 리뷰를 쓰게 되는 겁니다. 그 체험단 사이트를 운영하는 당사자는 플랫폼 안의 차익을 챙기는 구조가 되겠죠? 이건 사이트를 군이 개발하지 않더라도 체험단을 모아 타인에게 제공하는 경우로도 발전할 수 있습니다.

(4) 블로그 지수 판단 프로그램

블로그를 두고 개발업자들이 등급을 나누어 지수를 세팅해 놨습니다. 높은 지수로 판단된 사람에게 체험단을 의뢰하는 방법이 있습니다. 그 지수를 판단할 수 있도록 해주는 개발자는 월에 한 8~9만원 정도의 구독료를 받아서 이 프로그램을 팔게 됩니다. 이 프로그램을 사서 블로그를 콘택트하는 업자들도 생겨나기 시작하면서 발전하게 됩니다. 이런 식으로 프로그램이라는 것은 제조라고 생각하시면 됩니다.

(5) 제품 gif 제작

제품 사진이나 영상을 gif로 제작해주는 제조 판매자들도 존재합니다. 컨설팅 대표님들 중에선 제품 gif 제작만으로도 일주일에 100만 원의 수익을 내시는 경우도 있습니다. 로고 디자인 영역도 있습니다. 로고 디자인을 포토샵이나 일러스트레이트를 해야만 한다고 생각하시는 분들이 많으신데 실제로 로고 디자인 회사 디자이너분들 중에선 그 프로그램 없이도 수익을 내시는 분들이 계십니다. 비법이 뭘까요? 바로 좀 더 낮은 인력의 외국의 피버 사이트를 사용하는 겁니다. 한국의 크몽과 비슷합니다. 외국의 인건비는 굉장히 저렴하기 때문에 10배 이상 싸게 제작해서 차익을 챙기실 수 있는 겁니다. 이런 마케팅 방법을 아신다면 대표님들만의 개인 브랜드를 차리실 때 크몽을 거치지 않고도 저렴한 방식으로 가능하지 않겠습니까?

(6) 노션

'노션'을 아시나요? 홈페이지 같이 만들 수 있는 자유로운 템플릿 프로그램입니다. 이 프로그램을 이용해 템플릿을 제작해 판매하는 경우도 있습니다. 1인 기업가들을 위해 노션 홈페이지를 만들어주시는 대행을 판매하시는 분들도 계십니다.

(7) 크몽 - 플레이스 상위 노출

플레이스 상위 노출은 유튜브에 가서서 검색만 하셔도 수많은 방법들을 아실 수 있습니다. 친절하게 올려두신 분들이 많으십니다. 그걸 참고해서 잘 학습하셔도 플레이스 상위 노출에 대한 지식을 쌓으실 수 있고 그 지식을 통해 플레이스를 상위 노출이 가능해지실 거라 말씀드릴 수 있습니다. 그러면 이런 의문이 생기실 수도 있을 겁니다.

"모든 자영업자들이 플레이스 상위 노출을 다 할 수 있게 된다면 어떻게 되나요?" 그러나 실제로 많은 자영업자분들은 자기 일을 하느라고 너무나도 바쁩니다. 그래서 대신해 줄 사람을 찾는 겁니다. 그 불편함과 필요성을 대행사가 대신 행하면서 수익을 얻게 되는 구조입니다.

(8) 인스타그램 관리 대행 서비스

앞서 말했든 자영업자분들은 자기 일을 하느라고 바쁩니다. 그런 대표님들을 대신해 월 콘텐츠를 발행하며 인스타그램 관리를 대행해주는 프로그램도 있습니다. 예를 들면 변호사나 세무사의 블로그를 담당해 상위 노출을 하거나 콘텐츠를 발행해주며 월 수익금을 받는 경우가 있겠습니다. 만약 홈페이지를 구축할 수 있는 정도의 능력이 있는 분들이라면 홈페이지 구축사업을 통해 구글 SEO 사업까지도 할 수 있으실 겁니다.

(9) 라이브 커머스 대행사

요즘 라이브 커머스 쇼핑 시장이 활발해진 건 다들 아실 겁니다. 그로 인해 파생된 방법이라고 할 수 있겠습니다. 좋은 장비만 갖추신다면 건당 30에서 100만원까지도 수익을 내실 수 있는 커머스 대행사를 운영하실 수 있습니다. 실제로 필름 메이커스라는 사이트엔 다양한 쇼호스트나 능력 있는 분들이 구인공고를 걸어두셨습니다. 대표님들이 콘택트하며 스마트 스마트 스토어를 운영하실 수도, 상품을 판매할 때마다 적절한 호스트를 모셔 커머스를 운영하게 되실 지도 모릅니다.

(10) 콘텐츠 사업

콘텐츠 사업은 여기까지 읽으신 분들이라면 익숙한 개념이실 겁니다. 맞습니다. 콘텐츠를 판매하는 것입니다. 예시로 들기 가장 좋은 건 유튜브 운영이 있겠습니다. 아이템을 찾아 기획하는 사람, 맞춰 대본을 쓰는 사람, 적절하게 편집을 해주는 사람까지 한 팀을 구축하는 겁니다. 저도 10개 정도의 채널을 운영하는 데 한 팀의 운영에 있어 300만 원가량의 예산이 소요됩니다. 근력 발전소라는 유튜버가 있습니다. 지식창업을 통해 컨설팅으로 수익을 낸 분입니다. 이분은 채널 운영을 통해 점점 인건비 소모를 막게 되었고, 사라지지 않는 콘텐츠 덕분에 조회수로 수익이 창출되고 계십니다.

컨설팅과 조회수 수익이 맞물리며 수익구조를 만들어내고, 영상을 삭제하지 않는 한 계속될 조회수 수익을 통하여 이제 1~2년 지남에 따라 채널의 광고 수익만으로도 운영할 수 있는 플랫폼 사업구조를 만들 수 있게 됩니다! 유명 인플루언서를 통한 사업 프로그램도 있습니다. 유명 강사가 자신의 인지도를 이용해 다른 유명 강사들을 모아 사이트를 개설하고 페이스북 광고를 펼칩니다. 그런 수익 구조를 가진 플랫폼을 만들 수 있습니다. 직팜이라는 약국 매매 사이트를 운영하시는 대표님이 계십니다. 이 분이 바로 그런 경우입니다. 자신의 인지도와 신뢰도를 통해서 약국을 매매하고자 하는 약사분들의 중계 플랫폼 을 운영하고 계신답니다.

세 번째로 설명드릴 것은 제가 가장 잘 아는 영역이기도 합니다. 바로 '지식창업' 유튜브 채널을 운영하면서 제가 지식 창업을 진행한 건수만 60~70개는 되는 것 같습니다. 실제 현존하는 유튜버들 중에서도 제 컨설팅을 거쳐가신 분들이 굉장히 많습니다. 방금 전 설명드렸던 약국 매매 사이트를 예시로 들어보고자 합니다. 이 컨설팅 대표님은 운영하는 사이트 안에 약사분을 2,000여 명이나 보유하고 계십니다. 그런데 요즘 약사분들도 퍼스널 브랜딩에 광한 욕구가 강하신 편입니다. 그래서 본인이 보유한 의학관련 지식을 통한 약국 강의로 지식 창업을 하시는 경우가 많습니다. 그렇다면 일반 소비자가 아니라 약사들을 대상으로 한 컨설팅업 역시 가능하지 않겠습니까? 필라테스 경영 협회를 아시나요? 필라테스 강사님들의 퍼스널 브랜딩을 통한 오프라인 마케팅에서 가용된 개념이었습니다. 이런 분들의 연합으로 인해 통용되는 가치를 통하여 플랫폼을 운영한 적도 있습니다. 이렇듯 지식 창업의 영역은 정말로 방대합니다. 이 부분에 대해선 다음 장에서 자세히 설명드리겠습니다.

네 번째로 설명드릴 건 오프라인 사업입니다. 저는 오프라인으로도 카페를 운영하고 있습니다. 오프라인 카페에도 트리플 시스템은 적용될 수 있습니다. 오프라인 가게들은 플레이스 상위 노출이 굉장히 중요합니다. 사람들이 검색했을 때 우선 노출이 되어야 관심을 더 받고 운영이 잘될 테니 말입니다. 오프라인에서 유명해지면 온라인 사업으로도 확장이 가능합니다.

카페 브랜드가 자리를 잡으면 그 카페에서만 맛볼 수 있는 쿠키나 과일청 등을 온라인 스토어에 접목시켜 판매할 수 있지 않겠습니까? 그런 경우를 많이 보셨을 겁니다. SNS상으로 유명해진 가게들이 프랜차이즈화를 도입하거나 제품을 배송판매하기 시작하는 경우 말입니다. 오프라인 카페의 브랜드를 통해 카페 창업이나 운영, 노하우들을 방출하는 콘텐츠 사업으로 진행시키는 또 하나의 트리플 프로그램도 세팅이 가능하게 됩니다. 또 다르게는 오프라인의 결집형태로 카페 방문객들을 통해 연결되는 사업구조를 예시로도 들 수 있습니다. 카페들이 연합을 해서 카페 거리를 만들 수도 있고, 다른 요식업 종사자들간 연합을 통해 브랜드를 이용한 코스를 개발할 수도 있습니다. 이런 식으로 다양한 관점에서 연결을 해 나가는 것이 바로 트리플 시스템입니다.

요즘의 오프라인 사업들은 커뮤니티와 연관된 경우가 많습니다. 독서모임을 위한 트레바리라는 플랫폼을 예시로 들어보고자 합니다. 이 플랫폼

인기에 힘입어 1인 기업들을 위한 독서모임도 요즘 핫합니다. 여기서 제가 클럽장을 했던 경험을 말하고자 합니다. 굉장히 재미있는 수익 구조가 만들어졌기 때문입니다.

독서 모임과 커뮤니티 사업장을 통한 수익구조를 아시나요? 보통 이런 경우 유명 북클럽과는 클럽장과 장소 제공자가 5:5 구조로 수익을 배분하는 경우가 많습니다. 이럴 경우, 클럽장으로서 어떻게 수익을 낼 수 있을까요? 독서 모임의 회비를 20만원이라고 가정해보겠습니다. 8명을 모으면 160만원이 됩니다. 그런데 이 클럽장은 하나의 북클럽만 운영하는 게 아닙니다. 그런 식으로 여러 개의 클럽을 운영한다면요? 대충 짐작이 가시나요? 이게 오프라인 커뮤니티 사업의 장점이기도 합니다.

다음은 제조사 사업입니다. 앞선 제 소개에서도 밝혔듯이 저는 건조 과일 제조사를 운영하고 있습니다. 제 제품을 큰 도매로 프랜차이즈에 납품을 하게 되었고, 즉석 식품 제조 가공업이 아닌 식품 제조 가공업을 내는 공장도 운영하도록 발전했습니다. 거기서 케이크도 생산하고 수제청도 생산해서 납품을 합니다. 규모를 키워가면 소매가 아니라 도매가 되겠죠. 결국 저는 모든 카페 사장님을 고객으로 삼을 수가 있게 됩니다.

마지막으로 부동산 영역을 말씀드리고자 합니다. 부동산 디벨로핑이란 단어를 아시나요? 부동산을 개발하는 거라고 간단히 설명드릴 수 있습니다. '부동산'에 대한 지식이 있는 상태에서 마케팅 트래픽이란 개념, 브랜딩까지고 알고 계시다면? 저렴하게 경매로 매입한 부동산에 브랜딩을 입히는 겁니다. 모든 장사의 기본은 적은 가격에 큰 이익을 내는 것입니다. 적은 가격에 매입한 부동산에 특별한 브랜딩 작업을 거치면서 트래픽을 올리게 되면 가치는 놀랍게 상승할 것입니다. 결국 구입가와 매매가는 큰 차이가 나겠죠. 그 차액은 이득입니다.

가지고 계신 지식을 통해 지식 창업으로도 연결이 가능합니다. 경매로 받은 부동산으로 월세 수입을 얻어내셨다고 합시다. 그걸로 지식 창업을 한다면 어떤 아이템이 나오게 될까요? 부동산 멘토링, 현장 강의, 스터디 등. 경계를 허물고 다양한 사업을 개발하실 수 있습니다. 부동산의 수익과 시장의 수입을 합치면서 대표님만의 또 다른 시스템을 만들게 되실 겁니다.

이게 바로 트리플 시스템의 핵심입니다. '연결. 확장. 상호작용.' 이 개념만 확실히 인지하신다면 얼마든지 대표님만의 트리플 시스템 창조가 가능해지십니다. 제가 설명드린 6가지 영역을 재조합하고 연결하고 네트워킹하는 것이 바로 핵심입니다. 대표님에게 자신에 대한 신념과 자신감, 지식이 있다면 얼마든지 트리플 시스템을 재창조해 내실 수 있습니다. 연결, 네트워크를 통해서 무엇이든 창조 가능한 것으로 변모하게 되며 다양한 가능성에 눈뜨게 되실 겁니다. 그래서 앞서 말했듯 제가 무의식을 뚫고 신념을 세팅하는 과정의 중요성에 대해 강조드린 겁니다. 우리는 그럴 수 있는 '눈 = 시야'를 가져야 하거든요. 우리는 모든 게 가능한 존재로 배웠습니다. 모든 것이 가능한 상태인 겁니다. 제한이 없고 한계가 없어질 때 우리는 모든 것을 연결할 수 있는 사람으로 변모가 되는 겁니다.

9 》

인적 네트워크 설정

사업을 하기 위해서 중요한 것 중 하나는 인적 네트워크입니다. 사람은 혼자서 살아갈 수 없는 동물입니다. 독자분들은 다음 둘 중에 어느 쪽을 택하시겠습니까?

혼자 1억을 버는 사람 vs 타인에게 1,000만 원을 벌게 해주는 자

선택하셨습니까? 그 선택을 염두하시면서 이번 챕터를 곰곰이 읽어가시길 바랍니다. 이 챕터를 다 읽고 나신 후엔 선택이 바뀌셨을지 아니면 여전히 그대로이실지 기대가 됩니다.

저는 타인에게 1,000만 원을 벌게 해주는 자를 선택할 것입니다. 저는 세상에서 결국에는 타인에게 영향을 끼치는 자가 이길 거라고 저는 생각합니다. 제가 5년 동안 마케팅 공부를 하면서 수수께끼처럼 풀리지 않았던 "나는 돈을 못 벌고 타인만 돈 벌어주는 것 같아." 이런 관점을 최근에 완전히 뒤집고 초월한 경험을 공유하고자 강의를 찍습니다. 대표님들은 혼자 1억을 벌고 싶으신가요, 아니면 남에게 1,000만 원을 벌게 해주고 싶으신가

요? 당연히 전자를 택하는 사람이 99%일 것입니다.

저도 3년을 혼자 1억을 벌어야 하는가 타인에게 더 기여해야 하는가에 강한 딜레마를 느꼈고 타인의 수익을 공유하는 것을 죄짓는 것이라는 인식에 가두었습니다. 그러면서도 남을 도와주고 싶은 착한 사람 콤플렉스가 튀어나와 내 사업보다 컨설팅 대표님들의 사업에 더 많은 에너지를 쓰는 실수도 범했습니다. 물론 혼자 1억은 정말 대단합니다.

하지만 혼자는 한계에 직면합니다. 셀러로 1억을 버는 사람이 직원이 없거나 사업 파트너가 없다면 그 1억의 수익은 순식간에 곤두박질칠 가능성이 커지면서 운이 좋아서 시장이 안정적이더라도 1억 이상의 캐파로 넘어갈 확률은 극히 드뭅니다. 혼자 여러 개의 역할을 하게 되어 일 중독과 하루도 못 쉬고 시장 상황이 나빠지면 수익이 급락합니다.

1년 전에 남을 1,000만 원을 벌게 해서 500만 원을 가져가는 이상한 일을 경험하게 됩니다. 제휴 마케팅의 경험이죠. 그런데 제가 너무나도 운이 좋았던 것은 3년 동안 컨설팅 대표님들과의 극도의 신뢰 관계를 쌓아온 곳입니다. 이미 제가 끼워서 월 1,000만 원을 넘긴 셀러와 지식 창업자들은 100여 명에 육박하고 거기서도 지속적인 수익을 내는 사람은 50에서 60명에 육박합니다. 이런 사람들과의 공동 사업이 한 개도 없다가 현재는 총 10개의 제휴와 공동 사업이 가동이 되고 있습니다.

인식의 전환 작은 변화가 이렇게 쓰나미 같은 사업 구조의 혁명을 불러

옵니다. 월 500짜리, 1,000짜리 사업이 20개가 된다면 저는 얼마를 수익을 창출하고 있으리라 생각되십니까? 에이그라운드의 트리플 시스템의 포지셔닝이 틈새 시장으로 진출한다면 필라테스, 에스테틱 샵, 해외 비즈니스, 마케팅, 한의사, 약사, 브랜드 런칭, 와디즈 펀딩, 외식업, 온라인웍스, 비즈니스 모임, 오프라인 카페 등 수십 개의 틈새 분야에서 수익을 내는 구조입니다.

저는 이제까지 사람과 신뢰를 중요시만 해왔습니다. 돈이 되는 것은 믿지도 못했고 죄의식까지 있었습니다. 하지만 자발적으로 저와 함께하고 싶다는 분들이 계속 나오는 것을 막고 있었고 그것을 막지 않는 순간에 수십 개의 사업 확장이 일어나고 있습니다. 이 모든 것은 사람이 돈이라는 것을 깨달은 사업가 마인드를 가진 사람만 이 가능한 것입니다. 몇 달 전만 해도 월 5,000만 원 수익에 만족하고 확장을 두려워했습니다. 사람을 키우고 있음에도 확장을 안 하고 바보같이 홀로 있었습니다.

대부분의 사람들은 사람을 안 키우고 혼자만의 사업방식으로 5천을 버는데 저는 사람을 키우면서 혼자 아등바등하고 있었던 겁니다. 진짜 평생 월 5천에서 왔다리 갔다리 하면서 과로사할 뻔한 것을 작은 행동과 깨달음이 진로를 확 틀어버렸습니다. 그렇다면 대표님들이 타인을 1천만 원을 벌게 해줄 수 있는 능력을 어떻게 갖출 수 있을까요?

우선은 내공이 높아야 합니다. 저의 내공은 5년 동안 하루도 쉬지 않고 컨설팅과 강의를 한 것에서 왔습니다. 처음. 시작한 사람부터 수십억의 매출을 내고 있는 분들까지 수많은 사람의 사업을 컨설팅하고 실패하기도 하고 돈을 벌어주기도 하면서 다 경험을 하지 않아도 여러 케이스 스터디를 비자발적으로 경험을 한 것입니다. 심지어 지금은 직원이 월 천만 원을 벌 수 있게 세팅도 가능합니다. 이제부터 여러분도 도움만 받으려는 관계에서 벗어나 나의 능력치를 틈새에서 탑으로 만들고 남을 키워서 그 사람이 월 천을 찍을 수 있게 만들어 보세요. 그러면 대표님들보다 뛰어난 사람들이 주변에서 여러분을 도와주는 행복을 만나게 되실 겁니다.

천명이 잘 잡혀 있고 마인드가 좋은 사람들은 그 사람들끼리 모일 수밖에 없습니다. 유유상종이란 말입니다. 여러분 주변에 인재가 없고 혼자서만 잘하는 것 같다면 여러분의 그릇이 그것 밖에 안 되는 것입니다. 그리고 아낌없이 베푸시길 바랍니다. 저는 지식창업으로 강의를 하는 강사들을 보면서 늘 느낍니다. 감추려 해도 너무 티가 납니다. 그 강사가 한끝을 비밀로 하고 있다는 것을 말입니다. 본인의 능력을 갖춘 사람은 제대로 된 사람을 찾으려면 본인이 월 1억을 번 노하우를 다 알려줘야 합니다. 그다음에 무한대로 이것을 확장하는 것입니다.

사업은 인격 수양이다. 나의 성공을 목숨 걸고 응원해주는 딱 100명만 만들자.
평판은 타인의 의견일 뿐이다. 평판을 그렇게 많이 신경 쓰지 말자.

인덕과 그릇을 키워나가야만 합니다. 함부로 그릇이 없는데 확장하면 체

합니다. 사업은 인생의 수양의 과정입니다.

 다음으로는 목적과 목표에 대해서 이야기해 드리겠습니다. 10억에서 100억 정도의 지표를 가지고 있는 것이 목표인 대부분의 사람이 성공의 진실을 왜곡하고 있습니다. 목표라는 것은 어떤 목적을 실현하고자 하는 실제적 상태 및 단계 위치 등의 구체화된 정량적 지표입니다. 목적은 실현하려는 일, 상태, 나아가려는 방향을 뜻하며 정성적인 의미의 목표라고도 합니다. 대부분의 사업가를 보다 보면 "나는 얼마를 벌 거야 한강뷰 아파트에 살 거야." 이런 목표에 대한 이야기만 이야기하고 이 목표를 이루면 인증을 하면서 그것에 대해 자위 행위를 하는 경우를 많이 봤습니다.

 하지만 제가 천 명 이상 6년 동안 만나고 650여 명을 컨설팅한 결과 목표만 있는 사람의 경우 돈을 번 시점으로 약 3년 안에 갑자기 없어지는 경우를 너무나도 많이 봤습니다. 요즘 생각이 든 것이 성공의 정의를 다시 내리고 그것에 대해 깊은 고민을 한 사람만이 장기적으로 살아남는다는 결론을 내렸습니다. 성공의 정의란 나만의 본질을 찾아가는 과정입니다. 스마트 스토어에 대해서 배우러 왔다가 나에 대해서 파악하고 여러 점을 찍으니 물건을 파는 적성이 아니라 누군가를 가르치거나 남에게 기여하는 게 적성일 수도 있습니다. 그리고 자기가 진정으로 원하는 것은 시시때때로 변합니다.

 저만 하더라도 비전이 계속 변경됐습니다. 예전에는 컨설팅 대표님들이 월천을 50%를 넘기는 것이 목표였다가 이게 근접하게 다다르니 다시 변경해서 나를 목숨을 걸고 도와주는 100명의 대표님을 만들자는 것이 목적이 되었습니다. 하지만 우선 성공의 1단계는 자기를 개발해 나가는 과정과 주변의 것들을 내 뜻대로 컨트롤하는 것이 1단계이며 인간 심리를 심도 깊게 공부하고 적응해 나가면서 남과의 관계성에서 얼마나 주도성을 가지고 활동하는가가 가장 중요한 요소입니다.

다시 목적과 목표로 돌아가서 위에서 말했듯이 목적을 세우고 목표를 세우는 것이 가장 장기적으로 성공하고 행복하게 살 수 있는 지름길입니다. 목적 없이 목표를 이룬다면 서울대를 목표로 했던 사람이 서울대를 들어가고 한강뷰 아파트를 갖고 값비싼 외제차를 뽑는 목표를 이루고 나면 허무해져서 삶의 의미를 잃어버릴 수도 있고 사는 재미가 없어질지도 모릅니다. 하지만 목적이 나의 성공을 목숨 걸고 도와주는 사람 100명을 만드는 것이 목적이고 목표가 현금 100억이라면 목표를 이루었을 때 목적이 확대되어 성공을 목숨 걸고 도와주는 사람을 천 명을 만드는 게 목적이 될 수도 있습니다.

목적은 삶에 살고 사업을 할 때 의미와 행복감을 만들어주며 결국 목표만 있는 사람은 목적이 있는 사람을 이길 수가 없는 형국으로 치닫게 되는 것입니다. 결국 지금 당장 더 많이 벌고 덜 받는 게 중요한 게임이 아니라 누가 더 얼마나 오래도록 사람들로부터 인정 받고 존중 및 존경을 받으면서 살아남느냐가 중요한 세상으로 변모할 것입니다. 대표님들의 목적과 목표는 무엇이십니까?

아시다시피 저는 에이그라운드라는 네이버카페도 운영하고, 클래스유 등 다양한 곳에서 강의를 합니다. 그때마다 조심해서 다루는 부분 중 하나 입니다. 지식의 저주를 극복하는 방법! 피라미드의 상위 20%만 타깃하면서 복합 컨설팅만 하던 시절이 있습니다. 그래서 이번 시간에는 저의 실패 사례를 들어서 대표님들은 절대 저와 같은 실패를 겪게 하지 않기 위해서 제가 놓친 하위 80%의 고객 집단을 장악하는 방법에 대해서 이야기해보도록 하겠습니다.

현재 제가 운영하는 카페 사업 구조는 상위 20%의 셀러 및 지식 창업자를 위해 설계되었습니다. 가격 또한 굉장히 고가로 1,000만 원 이상을 호가합니다. 그런데 제가 놓친 부분이 있더라고요. 저는 늘 남 탓을 하고 있었습니다. 지식의 저주를 극복할 생각을 합리화하면서 곪아서 터지고 나서야 깨달았습니다.

어느 순간부터 무료 강의에 참여하는 대중분들과 소통이 되지 않았습니다. 그런 순간마다 "대중들이 진실을 몰라보네, 답답하다."라고 생각했습니다. 청중을 무시한 것입니다. 왜냐면 상위 20%에 속하는 분들께서 인정해줬다는 자부심, 지금 돌이켜보면 오만에서 오는 자만감이었던 거 같습니다. 상위 20%에 속하는 사람들이 제 말을 진실이라고 칭찬해줬고, 실제로 저의 파이프라인 사업들이 잘 돌아가고 있었으니 말입니다. 그러던 중 오랜만에 지식 플랫폼 강의를 하나 듣게 됩니다. 두 명의 강사분이 공통적으로 말하는 주제가 있었습니다. 바로 '지식의 저주'였습니다. 뒤통수를 세게 맞은 듯 정신이 어찌나 얼얼하던지 모릅니다. 그리고 깨닫게 되었습니다.

진짜 별거 아닌 지식으로 수익을 창출하는 게 죄가 아니라 내가 대중을 무시하고 콘텐츠를 어렵게 만든 게 죄구나! 제가 5년 전 사업 초보일 때 생각을 못 하고 크게 대중들에게 죄를 지었구나!

어려운 용어를 남발해 가면서 '이 정도는 알아야지, 이것도 모르면서 사업을 한다고?' 이런 미친 생각을 하고 있었습니다. 대중분을 저보다 한수 아래로 낮게 얕잡아 보고 있던 것입니다. 이 깨달음 이후로는 저는 어렵게 써진 칼럼들을 유튜브에서 초딩도 알아듣기 쉬운 용어로 다시 작업을 하면서 '사업코치 김서한'이라는 새 채널을 만들었습니다.

유튜브를 보다가 몇 개의 채널을 보고 그 채널들의 주제와 대본을 보는데 아니 웬 걸! 구독자가 많은 유튜버일수록 대본까지 레이아웃이 같으며 대중은 이것을 구분을 못 하고 있습니다. '이론의 이름만 바꾸고 내 경험으로 채우면 그냥 내 콘텐츠구나, 대중은 이것을 좋아하는구나.'라고 큰 깨달음이 나왔습니다.

제가 두 가지 채널의 독서법에 대해서 한번 분석을 해본 일이 있었습니다. 두 가지 채널의 독서법의 대본이 거의 흡사하다 못해 똑같았습니다. 그들이 덧붙인 스토리텔링만이 달랐습니다. 심지어 다른 채널은 이 베끼기 형식으로 유튜브를 변경한 후에 조회수가 떡상을 해서 약 10만 구독자까지 올라가는 것입니다. 그래서 저도 따라 하기로 했습니다. 대본 작성하는 건 너무 쉽습니다. 수백 가지의 경험이 있기 때문입니다. 그저 대본을 자연스럽게 읽고 바이브를 연습하기만 하면 됩니다. 실제 제가 지키고 있는 운동 채널도 가장 잘 나가는 유튜브 영상을 벤치 마킹하고 여러 요소를 넣어서 엄청난 결과를 해내고 말았습니다. 등잔 밑이 어두웠던 것입니다.

약 80%의 고객들이 문제가 무엇인지도 모르며 문제 인지도 안 되고 진실이 무엇인지조차도 모릅니다. 따라서 80%의 고객들은 초등학생도 알기 쉬운 말로 교육을 하고, 육성해서 위에 20%인 고객으로 만들어낼 생각을 못하고 고객 탓을 하고 있었습니다. 이제부터 지식의 저주를 탈출하기 위한 방법을 알려드리겠습니다. 자신이 지식의 저주에 걸렸다는 증거는 자신이 자신의 지식을 상대방에게 전달할 때 쉬운 말로 전달하느냐 어려운 말로 전달하느냐입니다. 무의식 중에 우리는 지식을 뽐내고 싶은 욕구가 올라와서 그 본능이 무의식에 스며들어 알아채지 못합니다. 저처럼 초보들과 말이 안 통한다 이런 것이 느껴지면 100% 지식의 저주가 왔다고 보시면 됩니다.

이것을 극복하기 위해서 제가 지금 하는 것은 저의 강의를 대본화하고 초등학생이 들어도 이해하기 쉽게 풀어서 설명하기를 목표로 연습하고 있습니다. 그리고 똥꼬집으로 안 했던 문단 나누기, 문장 짧게 쓰기, 쉽게 쓰기 작업들을 계속 해서 연습하고 있습니다. 나 자신을 깎아가는 겁니다. 이 과정을 반복하시면 점점 바뀌어 가는 것을 확인하실 수 있을 겁니다. 인간의 본능은 복잡하고 어려운 것을 싫어합니다.

마지막으로 대중 공감 능력을 키우는 것을 연습해야 합니다. 해당 타깃에 유튜브 댓글 카페 지식인 답변을 보면서 이 사람들이 궁금해하는 거 위주의 콘텐츠를 만들어야 합니다. 내가 해오던 일이나 경험했던 것이라면 5년 전, 3년 전 초보로 과거로 돌아가서 내가 되어보는 연습을 꾸준히 해야 합니다. 그때는 불편한 감정을 떠올리면 이해가 가고 내가 우월하다는 관점에서 빠져나올 수 있게 되었습니다. 그래서 하위 80%에 해당하는 대표님들을 위해서 클래스 유에서 온라인 과정을 세팅해 놓은 것입니다.

다음으로 저의 영혼을 베껴 가는 분이 만드는 기적에 대해서 이야기해 드리도록 하겠습니다. 거의 5~6년간 사업을 하면서 처음으로 제가 울음을 터뜨린 전설적인 강의를 소개해 드리려고 강의를 합니다. 제가 650여 명을 컨설팅하고 수천만 원을 벌어주고 그냥 나는 돈을 받았으니까 당연한 거지라고 하면서 "저처럼 고생길을 택하지 말고 대표님의 길을 가세요."라고 했었습니다. 그런데 그런 제 말을 어기고 고생길을 택해버린 이상한 분이 나타나시게 됩니다. 이분은 처음 저에게 왔을 때 빚을 지고 사무실 보증금을 빼서 오신 분입니다.

거의 몇 달을 내가 하라는 것을 그대로 200% 이상 실행했고 안 써지는 글 하나를 붙잡고서 10시간 동안 쓰는 노력을 아끼지 않으셨고, 저에게 검사를 받아가면서 제가 간 그 어려운 길을 굳이 따라 하신 분이었습니다. 저도 저의 방식에 확신을 가지지 못해 고생시키기 싫어서 하지 말라는 것을 그대로 벤치마킹하시고 저의 복제품을 만드시고 자기 혼자 잘났다고 할 수 있고 그게 잘못된 것도 아닌 데 항상 저를 세워주시는 말도 안 되는 행동을 하시는 분입니다. 이분이 강의를 듣고 5,000만 원의 수익을 보고 명확한 사실을 발견한 것을 공유드리고자 합니다.

대표님들이 가장 빠르게 돈을 벌 수 있는 방법 한 개만 알려달라고 하시면 멘토를 정하시는 겁니다. 그리고 멘토의 말투까지 베끼세요. 어이가 없는 게 제 말투가 그때 그분의 강의에 있습니다. 중간중간 반말을 섞는 것은 그분이 하십니다.

이건 신념과 영원히 통하지 않으면 할 수가 없는 일입니다. 5명의 저와 같은 영혼을 가진 사람만 있다면 우리는 어쩔 수 없이 경제적으로 정신적으로 가장 행복한 상태에 이를 수 있겠다는 확신이 생겼습니다. 그리고 수백 번 포기하고 싶었던 이 컨설팅을 제가 포기하지 않고 여러분께 내 영혼을 느껴질 때까지 포기하지 않아야 하는 이유가 명확해졌습니다.

다음으로 전혀 이해하지 못할 이야기를 한 가지 해드리려고 합니다. 지금부터 말하는 생각과 행동은 엄청 성공한 사람들이 교훈처럼 하는 말일 뿐일 테니까요. 제가 지식 창업을 컨설팅 대표님들에게 시키면서 반복적으로 하는 말이 있습니다. 그냥 그 사람을 위해 존재하세요. 계산하지 마세요. 언제든 당신이 베푼다면 그건 언제나 돌아올 것입니다. 여러분에게 있는 힘껏 남들에게 베푸세요. 이 말이 저를 감동시켰고 저는 힘들 때마다 이 영상을 수백 번 돌려보면서 동기부여를 스스로에게 해줬습니다. 가지고 있어서 그런 거 아니야? 반문이 드실지도 모르겠습니다. 그러나 중요한 사실이 있습니다.

철저히 기브앤테이크입니다. 저 또한 저를 진심으로 도와주시고 감동을 주신 대표님들에게만 특별히 더 많이 상상 이상으로 도와줍니다. 즉 토니 로빈스는 성공한 다음에 베푸는 것이 아니라 자신에게 감동을 준 사람에게 베풀어서 성공한 것입니다. 아직 베풀 단계가 아니라서요. 이렇게 말하신다면 말이 안 맞습니다. 즉 나는 성공하기 싫어요. 이 말하고 똑같습니다. 어느 정도까지는 성공이 가능해도 그 위에는 절대 못 가실 겁니다.

지식 창업을 하시는 분 중에 이 가치를 진짜로 실천하는 분이 몇 명이나 되실 거라 생각하십니까? 주변에 한번 물어보세요. 고객에게 진심으로 관심이 있나요? 또한 티몬의 창업자 신현성 의장의 강의를 제가 들은 적이 있었습니다. 이 강의의 처음과 끝은 모두 인재 이야기입니다. 신현성 의장은 인재를 채용하고 그 사람을 데려오기 위해 삼고초려를 하고 그 사람의 마음을 사기 위해 가족까지 챙기는 등 몇 년을 보고 신뢰를 쌓아서 데려온다고 합니다.

그리고 그 사람이 회사를 나갈 때 정말 축하해 주며 퇴사 이후에 긴밀한 관계를 유지하고 서로 파트너 관계를 유지한다고 합니다. 그래서 팀원 출신의 능력 있는 사업가들이 많고 그 카르텔이 생기는 것 같습니다. 혹시 이 강의를 보시는 사업하시는 분들 위의 것으로 생각이 바뀌고 행동이 바뀌지 않으면 절대 일정 수준 이상 성공할 수 없을 것입니다.

다음으로 제가 억지로 끌어올린 월 수입 5,000만 원이라는 주제로 장기적 탐욕과 단기적 탐욕의 차이에 대해서 이야기해 보도록 하겠습니다. 모든 자영업자가 개인 사업자가 보통으로 갈 수 있는 것은 월 순익 3,000만 원이 마지막 구간이라고 합니다. 여기서 더 나아가기 위해서 더 다른 차원을 보기 위해서는 이미 다른 차원으로 간 사람을 알고 있고 그 방법을 배웠다는 것이라고 합니다.

저는 그 뒤에 다른 차원으로 간 사람을 찾아다니느라고 요즘 굉장히 힘듭니다. 월 3,000 버는 사람과 월 5,000 버는 사람의 머릿속의 생각과 차원은 완벽하게 차이가 난다고 합니다. 저의 경우는 생각과 차원은 월 3천이 되고나서 억지로 5,000과 7,000을 찍은 케이스입니다. 주 7일을 저의 몸을 혹사해서 갈아 넣었습니다. 그 결과 몸과 마음이 피폐해지고 돈을 버는데 행복하지가 않았습니다.

그런데 이 멘토님을 만난 건 딱 1년 전입니다. 저는 그때 두 가지 조언을 받았습니다. 대표님이 돈을 벌게 되면 투자 제안이 많이 오게 됩니다.

첫 번째, 수입의 30%를 장기적 투자만 하세요. 절대 투기를 하지 마세요.

거짓말처럼 제가 돈을 벌게 되자 땅 투자 코인 투자 주식 투자 등 정말 많은 제안을 받았습니다.

두 번째 조언은 어차피 100억을 찍으실 것입니다. 그런데 사업을 시스템화하는 것이 더 좋습니다.

저는 이 부분을 지키지 못하고 밀려드는 컨설팅에 억지로 월 순수익을 1억을 집어버리는 실수를 범했습니다. 월 3,000에서 5,000으로 가는 분들은 가만히 생각해 봐야 합니다. 내가 지금 억지로 끌어올리는 것인지 깨달음을 얻고 자연스럽게 올라가는 것인지 저는 억지로 끌어올렸고 깨달음을 얻기 위해 지금 고군분투 중입니다. 그다음 단계로 가기 위해서는 지금 수입이 일시적으로 바닥을 치더라도 다음 차원을 보고 새로운 깨달음을 얻는 공부와 사람들의 만남의 시간을 써야 한다고 합니다.

다른 차원으로 가기 위해서는 총 세 가지 경우가 있습니다.

첫 번째로 매우 큰 위기를 경험했을 경우 저는 사업 초기에 2억의 빚을 지는 위기를 극복한 이후에 위기가 그렇게 없었습니다. 계속 승승장구했습니다. 그런데 요즘 위기가 다시 필요하다는 촉이 왔습니다.

두 번째로 월 순수익 1억 이상 버는 사람을 아는 경우 월 1억 이상 버는 사람을 알고 교류를 하게 된다면 분명히 월 순수익 1억 이상 버는 노하우를 나도 모르게 습득하게 될 것이고 좀 더 빠르게 도달할 수 있을 것입니다.

세 번째로 내 목표가 일반인들이 보기에 비정상적인 경우 저는 650명의 멤버십이 월 순수익 1,000만 원을 넘기는 것이 목표이고 제 목표는 월 순수익을 정하지는 않았습니다. 이 부분에서 목표를 다시 설정한 때 월 순수익 2억을 넘기는 목표를 다시 끌어와봤습니다. 또한 장기적 탐욕과 장기적 탐욕 중에 장기적 탐욕을 선택해야 합니다. 사업에 돈을 투자할 때 장기적 손해가 나더라도 장기적으로 투자를 해야 재구매가 일어나고 그것을 견디게 되면 브랜드의 자산 가치가 높아지는 것과 같은 원리입니다. 그리고 다음과 같은 행위를 하면 장기적으로 운을 져야 한다고 합니다.

중요한 정보를 얻기만 하고 주지 않는 행위
어려운 사람의 요청을 거절하고 나만 하는 행위
너무 비싼 자동차나 시계를 이른 시기에 구입하는 행위
물건을 빌리고 돌려주지 않는 행위
실패해서 괴로운 사람을 무시하는 행위

이런 행위가 있다면 운을 높이지 못할 겁니다.

2부

1인 기업가의
생존 전략

1 ≫

'절대로' 듣지 말아야 할 창업 강의

'퇴사 후 창업하려는 데 어디서부터 시작해야 할지 막막하네. 유튜브, 인스타 보고 여러 가지 정보는 모으는데 나는 어떻게 해야 하지? 사업 멘토가 있었으면 좋겠는데 어디서 찾아야 하지? 어떤 사람이 좋을까?' 이런 생각을 하신 분들이 많을 것입니다. 퇴사하고 싶어서 창업 강의와 컨설팅 수강을 했는데 자칫 잘못 선택했다가는, 시간은 시간대로 버립니다.

10년 동안 방황하시는 분도 보았습니다. 돈은 돈대로 버리는 일이 생기곤 합니다. 퇴사 후 창업에 성공하길 바라는 마음에서 제가 3억을 써가며 강의를 들으면서 알아낸 강의 혹은 컨설팅을 고르는 기준에 대해서 알려드리겠습니다. 3분만 집중하신다면 7년 그리고 3억가량 쓰면서 시행착오를 겪은 제 노하우를 모조리 흡수하실 수 있습니다.

1. 단순 지식만 배포하는 강의는 절대 금물

단순한 지식만 배포하는 강의는 종말했습니다. 솔직히 말해서 ○○하는 법에 대한 노하우는 유튜브 구글 서치를 열심히 하면 아마 대부분은 보실 수 있을지도 모릅니다. 하지만 사업, 창업에서 중요한 건 지식이 아닙니다.

개인 각각이 겪는 문제에 대한 해결책과 전략 세팅입니다. 단순히 주입식 강의만 하는 곳들은 과감하게 거르시길 바랍니다. 인생에 전혀 하등의 도움이 되지 않습니다. 코칭이라는 건 개인 사정, 환경, 살아온 것, 성격 등등이 파악이 되어야 정확한 방향타와 전략이 나옵니다.

무의식과 신념에서 나오는 전략이 자신의 전략이 되고 결국 스스로 자신의 방향성과 전략을 도출할 수 있는 상태까지 가야 합니다. 각 개인의 무의식과 성향을 찐한 소통을 통해서 각 사람에게 맞는 방향성을 제시하는 강의를 들어야 합니다. 상담사가 개개인의 성향과 환경 그리고 성격을 고려해서 전략을 세팅할 줄 알아야 합니다. 개개인의 코칭을 할 수 있는 역량을 살펴보는 것이 중요합니다.

2. 정형화된 수익화 방법 = 한 철 장사
"내가 이러한 방법으로 돈을 벌었으니 너희도 똑같은 방법으로 돈을 벌어라."

이런 강사, 강의를 많이 보셨을 것입니다. 이러한 사례에서는 처음은 편할지 모릅니다. 그러나 사람들이 점점 몰려 포화 시장이 돼버립니다. 그 후에는 고객이 피로감을 느끼게 되고, 믿고 거르는 패턴이 생깁니다. 이로 인해 수익화 방식이 죽어버리는 것입니다. 스마트 스토어가 그 예시가 될 수 있겠죠. 1~2년 반짝하다가 사라지곤 맙니다. 사실 세상에 돈 벌 방법 수백, 수천 가지입니다. 누군가는 커뮤니티로 돈을 법니다. 누군가는 중개업으로, 누군가는 세일즈로 돈을 법니다. 절대로 방법은 1가지로 정형화될 수 없습니다. 자신에게 맞는 방식을 찾는 것 외에는 정답이 없습니다.

지속적 수익화를 추구한다면 정형화된 방식을 주입하는 것은 최악의 방법입니다. 자신에게 맞는 사업을 기획해주는 곳에서 컨설팅을 받는 것이 장기적으로 합리적인 선택입니다.

2 》

사기꾼을 피하고 사업에서 살아남는 법

사업을 하면서 느낀 우리나라에서 사업하는 사람들의 특성에 관해 이야기하고, 우리나라에서 사업하면 100% 망하는 호구들이 살아남는 방법에 대해 알아보겠습니다. 제가 사업을 시작한 건 2년 전입니다. 아무것도 모르고 사업을 시작했던 저는 사기꾼들의 먹잇감이었고, 큰 피해를 보았습니다. 그리고 사기꾼들이 잘 먹고 잘 살게 만드는 것은 멍청한 대중입니다.

우리나라에서는 사기가 만연해 있습니다. 이는 대중이 만든 결과입니다. 사기의 단계는 여러 가지가 있습니다.

첫 번째: 광고업자들의 사기 수법

스마트 스토어를 개설하면 초보 사업자들이 당하기 쉬운 사기 수법이 있습니다. 수많은 광고 업체에서 연락이 옵니다. 그들은 "스마트 스토어 상위 노출해주겠다.", "스마트 스토어를 꾸며주겠다."라는 식으로 접근합니다. 그중 가장 많이 쓰는 방법은 하루에 1,000원만 투자하라는 것입니다. 1년 관리 비용으로 100만 원 정도를 요구합니다. 이 단계의 광고업자들은 실력이 바닥입니다. 초보자만을 표적으로 하며, 스마트 스토어 세팅조차 할 줄 모르는 사람들이 세팅을 해주겠다고 나섭니다. 스마트 스토어를 개설 후 걸려오는 전화는 믿고 거르시기 바랍니다. 100% 실력 없는 광고 업체입니다.

유튜브에서 자수성가한 사람들이 왜 광고 업체 대표가 되었을까요? 유통에서 돈을 버는 사람은 광고 업체라는 사실이 드러납니다. 아무것도 모르는 소상공인들이 그들의 먹잇감입니다. 광고 업체가 가장 잘하는 것은 영업과 마케팅입니다. 그 마케팅을 고객의 상품을 파는 것보다 더 많은 사업자 고객을 모으는 데 사용합니다.

두 번째: 유통업자들의 사기 수법
식품 유통을 하고 있지만 신뢰할 수 없는 유통업자들의 행동을 피해야 합니다. 개인적인 기준을 알려드리겠습니다.

- 카톡 프로필에 고급 차량의 열쇠가 보이거나
- 차가 보이게 프로필을 보여 주는 경우
- 전문가인 척하며 매출이 높다고 자랑하는 경우

이 셋 중 하나라도 걸리면 믿고 거르십시오. 실제로 그런 사람 중 80%는 신용불량자이며 실력도 없는 경우가 많습니다. 그 많은 매출도 언제 무너질지 모르는 모래성인 경우가 많습니다. 마케팅을 가르치는 학원에서도 위의 3가지를 해야 사람들이 모인다고 가르치기도 합니다.

30억 매출을 한다고, 100억 매출을 한다고 주장하는 사람들의 말을 믿지 마십시오. 설령 그게 진짜라고 해도, 실력 없는 사람이 돈으로 밀어붙이는 경우가 많습니다. 우리나라 대중들은 비정상인 것을 정상으로 착각하고 있습니다. 사기꾼들이 위와 같은 행동을 하는 이유는 투자자와 대중들이 그들에게 끌리기 때문입니다. 나라가 혼란스럽습니다. 대중이 멍청하기 때문입니다. 사기 공화국이자 호구 공화국입니다.

호구들이 당하지 않는 방법

이제 평범한 호구들이 당하지 않는 방법을 알려드리겠습니다. 앞의 기준 중 하나라도 있는 사람이 "눈앞에서 돈을 벌어주겠다.", "수익을 보장하겠다."라고 이야기하면 믿고 거르십시오. 양심적인 사람은 수익 보장을 절대 이야기하지 않습니다. 수익은 자신이 내공을 쌓았을 때만 보장이 됩니다.

사기꾼들을 잘 피하고 내공을 쌓았다면, 이제 오지랖을 멈추십시오. 제가 쓴 방법은 돈을 받고 마음껏 도와주는 방식이었습니다. 천성이 호구인 사람들이 있습니다. 남을 도와주기 좋아하는 사람들이죠. 하지만 한국에서는 남을 도와주는 사람들이 당하기 쉽습니다. 비정상이 정상이 되는 나라에서 말입니다.

조용히 실력을 쌓고 내공을 쌓으세요. 사기꾼들이 포함된 대중이 도와달라고 할 때는 절대 돈을 받고 도와주십시오. 그리고 돈을 주고 배우세요. 정확한 정보와 내공을 가진 사람에게 배우는 데 아끼지 마십시오. 배우는 것을 아끼는 사람들은 사기꾼에게 당할 확률이 높습니다.

정당한 대가를 요구하지 않고 꼼수나 돈 자랑으로 심리조정을 시도하는 사람들에게는 철저한 원칙을 들이대십시오. 친구에게도 돈을 받으십시오. 무조건 선입금 후 도움입니다. 당신에게 돈을 주지 않는 사람과는 상종하지 마십시오. 이렇게 되면 남만 도와주던 호구는 다른 사람이 됩니다. 사기꾼들이 들어올 틈이 없습니다.

내공을 갖추었기 때문에 사기꾼들이 주변에서 사라집니다. 사기꾼들이 가장 싫어하는 사람은 실력 있는 사람입니다. 또한, 철저히 원칙을 지키는 사람들과만 대화하고 도움을 주기 때문에 질 좋은 사람들이 모이게 됩니다. 이러한 내공 있고 실력 있는 호구들이 우리나라에 많이 생기길 바랍니다. 정상적인 사람들이 정상적으로 당연히 대접받아야 합니다.

3 》

비즈니스에서 혼란을 다루는 3가지 비법

비즈니스를 할 때 단 3가지 사실만 알고 계시면 혼란의 상태를 제어할 수 있습니다.

첫 번째는 엔트로피입니다

엔트로피는 열역학 제2법칙으로서 물질과 에너지는 한 방향으로만 흐른다는 이론입니다. 에너지는 유용한 상태에서 무용한 상태로, 획득 가능한 상태에서 획득 불가능한 상태로, 질서 있는 상태에서 무질서 상태로 흐를 수밖에 없습니다.

우주 안에 있는 모든 것은 일정한 구조와 가치로 시작해서 무질서한 혼돈과 낭비의 상태로 나아가며 이 방향을 거꾸로 돌리는 것은 불가능합니다. 질서를 창조하기 위해서는 더 큰 무질서를 만들어내야만 합니다.

사회가 잘못되고 있다면 이유는 하나뿐입니다. 우주를 지배하는 자연의 법칙을 사회가 따르지 않았기 때문입니다. 노화는 엔트로피이고 자동차가 부식되는 것도 엔트로피입니다. 무엇이든지 엔트로피가 증가하는 즉 무질서 상태를 향해 우리는 흘러갈 수밖에 없습니다.

두 번째는 초기 조건입니다

기본적으로 다양한 사업이 만들어졌을 때 초기 단계에서 가졌던 경험입니다. 회사가 올바르게 설립이 되었을 때 초기 조건을 알고 있으므로 초기 조건일 때 문화, 원칙 등이 결국 강화될 뿐입니다.

초기 구성원들이 결합할 때 형성하는 원칙과 사명이죠. 인간으로서 초기 조건에서 당신이 좋아하는 성향의 사람들, 신념 등이죠. 에이그라운드에서는 신념을 물어볼 때 어떤 성향의 사람들과 있으면 행복한지를 물어봅니다. 저는 베풀고 감사함을 아는 사람들과 있으면 너무 행복합니다. 그게 초기 조건이면 베풀고 감사함을 아는 사람들이 늘어가고 강화되는 것입니다.

페이스북을 살펴보면 초기 하버드에서 마커 저커버그는 기숙사의 비공개 정보를 해킹해서 페이스북에 나타냈습니다. 하버드에서 쫓겨날 뻔하죠, 그것은 개인 보안 문제며, 현재까지도 페이스북을 괴롭히는 것은 개인 프라이버시입니다. 결국, 초기의 개인 보안 문제는 하버드에서만 되다가 전 세계로 문제가 확대되었습니다. 이 초기 상태의 신념, 원칙은 더 극단적으로 옳아지므로 우리는 초기 상태를 어떻게 올바르게 만들 것 인가에 집중해야 합니다.

구글의 초기 단계를 살펴보면 소규모일 때 하는 행동을 살펴보면 됩니다. 구글은 이력서 10,000개에서 1명만 고용했으며 최고의 인재만 고용했습니다. 처음에는 고용하는 것이 고통스러울 정도로 느렸지만 이제 구글에서 보는 것은 세계최대의 최고의 인재만 몰려 있는 거대 집단이 됐습니다. 아마도 세계에서 가장 똑똑한 사람 중 일부가 구글에서 일할 겁니다.

구글의 10만 명이 넘는 직원들은 가장 최고의 연봉을 받습니다. 구글은 어떻게 그렇게 자기복제능력을 갖춘 인재를 10만 명이나 보유할 수 있었을까요? 1만 명의 이력서 중 최고의 1명만 뽑는 원칙이 준수해서입니다.

첫 번째 법칙은 엔트로피에 대한 강한 끌림이 있으므로 사업을 할 때 우리는 항상 엔트로피와 싸워야 합니다. 노화를 늦추기 위해 운동하고 좋은 음식을 먹고, 좋은 생각을 하는 것과 비슷합니다. 비즈니스에는 노화를 방지하기 위한 전략 몇 가지가 있습니다. 끊임없이 모든 것의 기준을 높이세요. 제품을 출시할 때마다 기준을 높여야 하며, 직원을 추가 채용할 때마다 기준을 높여야 합니다.

에이그라운드에서는 샘플로 테스트 업무를 시켜보고, 3개월 동안 지켜봅니다. 심지어 사명에 진심으로 무의식적으로까지 동의하는지, 내 생각을 말하기 전 같은 생각을 뱉는가까지 보며 사내 기업가를 선발합니다.

페이스북 광고의 예를 들어보면 1년 전 최고의 효율을 냈던 광고는 시간이 지날수록 점점 쓰레기가 됩니다. 계속 변화하고 다른 콘텐츠를 실험하고 대중이 예측하지 못하는 요구가 변할 때마다 광고는 변해야 합니다.

광고의 초기 조건이 너무 양호하고 청중도 양호하더라도 우리는 여전히 엔트로피와 싸우고 있으므로 혼돈으로 이끌 것이며 자연법칙에 의해서 여전히 죽음으로 이끌 겁니다. 초기 조건이 최상이라도 1년 이상 가지 않으며 최악은 4~5일도 가지 않습니다.

세 번째, 피드백의 중요성입니다

피드백은 가장 중요합니다. 피드백이 작동하는 방식은 input → process → output입니다. 인풋에서는 '목표는 무엇인지, 가치는, 원칙은' 등등이며, 프로세스에서는 일상적인 상호작용과 컴바인 등이 이루어지고 아웃풋에서는 고객이 얼마인지, 매출은 얼마인지 등등의 결과가 나옵니다. 대부분 시스템에서는 출력값과 입력값을 볼 수 있는데 한 가지가 인간을 혼란스럽게 합니다.

우리는 인풋을 해서 시간에 따른 결과를 얻는데 누군가는 더 많은 고객을 확보하고 더 많은 돈을 버는데, 누군가는 시간이 지나도 결과가 나오지 않습니다. 대부분 사람은 선형적인 결과만 나오고 극소수만 예외로 지수함수를 그립니다. 제이커브라고 불리며, 하키 스틱 같은 모양입니다.

도대체 이런 현상이 왜 일어날까요? 지금부터 이 제이커브 현상이 일어나는 대부분 사람이 모르는 원인에 관해서 이야기 드리겠습니다. 제이커브를 그리는 사람들은 극소수이며 극소수는 매번 피드백이 일어난다는 겁니다. 피드백이 없다면 하루 일하면 10만 원 벌고 하루 일하면 10만 원 버는 반복적인 과정이 일어납니다.

하지만 피드백이 있다면 출력으로 나온 결과를 다시 피드백해서 인풋에 개선해서 다른 입력값을 넣습니다. 이것을 반복하는 것뿐입니다. 피드백 시스템은 1을 넣어서 2를 만들고 2를 넣어서 4를 만들고 4를 넣어서 16을 만드는 것처럼 투입한 것보다 많은 것을 얻습니다.

사업을 시작하고 1,000을 벌었을 때 다시 피드백하고 3천을 벌었고 피드백을 해서 5,000을 벌고 피드백해서 1억을 벌었습니다. 피드백을 재정의하면 시행착오를 줄이는 것입니다. 주식투자로 치면 워런 버핏도 이런 피드백시스템을 주식에 넣어서 엄청난 부를 이루었습니다.

'아웃풋 결과를 어떻게 하면 더 좋게 할 수 있을까?'라는 물음이 피드백을 만들어내고 다음 결과를 더 좋게 만드는 것입니다. 결론적으로 엔트로피라는 개념 즉 세상은 계속 무질서로 흐른다는 자연법칙 안에서 사업을 반 엔트로피를 하는 방향으로 계속 변화시키고 두 번째, 초기 조건을 가장 최상으로 만들고 세 번째, 피드백 즉 결과를 어떻게 하면 더 좋게 만들까도 피드백을 반복적으로 하면 사업을 반드시 성공시키는 조건을 만족하게 됩니다.

4 》

대표인지 직원인지 헷갈리면 죽는다

장교 생활 3년 반, 제일제당 7년, 사업 7년을 하면서 느낀 직원과 대표의 차이점에 대해서 적어보겠습니다. '대표이지만, 직원 마인드를 가지고 있는가?'에 대해서 상기해서 읽어 보시면 행동 변화에 도움이 됩니다.

우선 대표와 직원의 차이에 대해서 17가지로 정리를 해보면서 에이그라운드 사내 기업가는 어떤 것이 이점인지에 대해서 추가로 정리해봤습니다.

1. 연봉

회사가 돈을 많이 벌면 직원은 연봉이 10% 정도 오르지만, 대표는 100% 1,000%까지도 올라갑니다. 사내 기업가는 회사가 돈을 많이 벌면 대표와 똑같이 50%, 100%까지도 올라갑니다.

2. 투자

회사가 망하면 직원은 잘리고 월급이 없어지고, 사장은 회사와 함께 인생도 망합니다. 가족에게까지 피해가 갑니다. 사내 기업가는 대표같이 인생이 망하지는 않습니다. 자신이 투자한 게 없으니까요. 수익만 없어지겠죠.

3. 시간과 연봉 그래프

직원은 완만한 우상향, 대표는 사이코사인그래프입니다. 더 중요한 것은 데스밸리처럼 마이너스할 수 있습니다. 사내 기업가도 사인 코사인 그래프이나 대표처럼 마이너스할 수가 없습니다. 들어간 돈이 없으니까요.

4. 선택지

직원은 퇴사 아니면 최대한 버티기 아니면 이직이고 대표는 생존밖에 없습니다. 그래서 목숨 걸고 할 수밖에 없는 겁니다. 사내 기업가는 생존이라고 생각하고 목숨을 걸어야 합니다. 그런데 대표 보다는 생존의 문제는 심각하지 않습니다.

5. 책임의 유무

직원은 자기 일만 책임이고 대표는 "내가 안 했는데요?" 이런 말을 할 수조차 없습니다. 사내 기업가도 내가 안 했는데요? 할 수 없습니다. 함께 사업을 하는 거니까요.

6. 업무 범위

직원은 타인에게 전가할 수 있지만, 대표는 업무를 전가할 곳이 없습니다. 사내 기업가도 업무 범위를 전가할 곳이 없습니다.

7. 방향성

직원의 경우 대표가 정한 방향으로 어떻게 하면 잘 갈 수 있을지 결정하고 대표는 그 방향을 결정합니다. 사내 기업가는 큰 방향에 자신의 사업의 방향은 자신이 결정해야 합니다.

8. 의사결정의 책임

직원은 의견을 내고 설득해야 하지만 대표는 결국 자기 맘대로 하는 겁니다. 사내 기업가는 의견을 내고 설득은 하지만 결국 자기 맘대로 합니다. 그걸 대표는 존중할 수밖에 없습니다.

9. 효율성

직원은 빨리 집에 가기 위한 것이지만, 대표는 빨리 끝나고 다른 일을 위해서 효율성을 가집니다.

10. 휴일

직원은 휴일이 적다고 느끼고, 대표는 휴일이 많다고 느낍니다. 사내 기업가가 휴일이 적다고 느끼면 직원처럼 된 거라 바로 하면 안 됩니다. 대표처럼 휴일이 많다고 느끼는 게 정상입니다.

11. 기다림

직원은 퇴근을 기다리고, 대표는 출근을 기다립니다. 사내 기업가도 출근을 기다리지 않고 퇴근을 기다리거나 바로 하면 안 됩니다.

12. 워라벨

직원은 일이 끝나면 삶이 시작되고, 대표는 작업이 삶입니다. 사내 기업가도 작업이 삶이죠. 혹시 일 끝나고 삶을 사신다면 직원이 맞아요.

13. 성과

직원은 자신의 목표 달성이 중요하지만, 대표는 회사 전체의 목표가 중요합니다. 사내 기업가는 자신의 목표 달성과 전체의 목표 달성을 함께 신경 써야 합니다.

14. 월급날

직원은 월급날이 신나고, 대표는 월급날이 가장 무섭습니다. 사내 기업가는 월급날이 가장 신납니다.

15. 일정 관리

직원은 개별로 일정을 관리해야 하지만, 대표는 5~10년의 큰 그림을 봐야 합니다. 사내 기업가는 1년, 5년의 큰 그림을 봐야 합니다.

16. 전문성

직원은 한 가지 일에 대한 전문성만 있으면 되지만, 대표는 산업 전반에 대한 전문성이 중요합니다. 사내 기업가는 한 가지 일에 대한 전문성과 산업 전반의 이해도가 필요합니다.

17. 사고가 터졌을 때

직원은 누구의 잘못인지가 중요합니다. 대표는 중요한 게 원인이 무엇이고 재발 방지하려면 무엇을 해야 하는지가 중요합니다. 사내 기업가도 원인과 재발 방지에만 신경 써야 합니다.

직원과 대표, 그리고 사내 기업가의 차이점을 명확히 이해할 수 있습니다. 각자의 역할과 책임이 다르므로, 차이를 인식하는 것이 중요합니다. 직원들은 개인의 목표와 안정성을 중시하지만, 대표와 사내 기업가는 회사의 생존과 성장을 위해 끊임없이 결단해야 합니다.

대표는 사업의 방향을 설정하고, 모든 결정에 대한 책임을 지며, 장기적인 비전을 가지고 업무를 수행해야 합니다. 반면 사내 기업가는 대표와 비슷한 책임감을 느끼지만, 자산과 투자 위험이 적어 다소 유연성을 가질 수 있습니다.

각자의 차이를 인식하고, 각자의 역할에 맞는 마인드를 유지하는 것이 중요합니다. 만약 대표가 직원처럼 행동하거나, 반대로 직원이 대표처럼 생각한다면, 이는 조직의 위기를 초래할 수 있습니다. 그러므로 각자의 위치에서 최선을 다하며, 책임을 다하는 것이 필요합니다. 자신이 어떤 역할을 맡고 있는지를 명확히 인식하고 그에 따른 행동을 취하는 것이 조직의 성공과 개인의 발전을 위한 필수 조건임을 잊지 말아야 합니다.

5 》

사업 초기 단계 네트워킹

사업을 운영하는 데 있어 네트워킹은 매우 중요한 요소입니다. 사람들과의 연결은 새로운 기회를 창출하고, 정보를 공유하며, 협력의 가능성을 열어줍니다. 하지만 초기 단계에서의 네트워킹은 많은 위험을 동반할 수 있습니다. 특히, 사업의 기초가 다져지기 전에는 더욱 신중해야 합니다.

네트워킹의 중요성

네트워킹은 단순히 인맥을 쌓는 것을 넘어, 신뢰를 구축하고 서로의 가치를 높이는 과정입니다. 초기 사업가들은 종종 여러 사람과의 관계를 맺으려 하며, 이를 통해 더 많은 기회를 얻고자 합니다. 그러나 이 과정에서 놓치는 것이 있습니다. 바로 자신의 내공과 경험입니다.

저희 컨설팅 프로그램을 통해 무의식과 신념이 세팅되면, 많은 사람이 함께하고 싶어 하는 경우가 많습니다. 사업의 성장에 긍정적인 영향을 미칠 수 있지만, 내공이 부족한 상태에서의 네트워킹은 오히려 독이 될 수 있습니다. 신뢰할 수 있는 사람들과의 관계를 맺는 것은 중요하지만, 그 전에 자신의 기반을 확고히 해야 합니다.

초기 단계의 위험

제가 사업을 시작한 지 3개월 만에 월 2,000만 원의 매출을 올렸던 경험이 있습니다. 하지만 그 과정에서 여러 곳에서 사기꾼에게 당하는 아픔을 겪기도 했습니다. 빠른 성공이 항상 긍정적인 결과를 가져오지 않는다는 것을 보여줍니다. 초기 단계에서의 네트워킹은 신중하게 접근해야 하며, 무조건 많은 사람과의 관계를 맺으려는 태도는 피해야 합니다.

『조인트 사고』라는 책에서는 원자가 네트워킹을 할 경우, 자기중심의 끌어당김이 아닌, 핵이 빨려 들어가는 위험한 상황이 발생한다고 경고합니다. 사업에서의 관계가 잘못될 경우, 자신이 원하지 않는 방향으로 나아갈 수 있음을 의미합니다. 따라서 초기 단계에서는 핵이 되기 위한 준비가 우선되어야 합니다.

핵이 되기 위한 준비

저희 에이그라운드에서는 재능이 있다면 먼저 핵이 되는 연습을 통해 무료로 스터디를 진행합니다. 이를 통해 핵을 강화하는 시스템을 마련했습니다. 핵이 되는 연습은 단순히 지식을 쌓는 것이 아니라, 자신의 리더십과 비전을 명확히 하는 과정입니다.

커뮤니티 내에서는 솔직한 소통을 중요시하며, 뒷담화가 없는 건강한 관계를 유지하고 있습니다. 매주 무의식과 리더십 훈련을 통해 안전한 네트워킹을 할 수 있도록 지원하고 있습니다. 이러한 환경은 개인의 성장뿐만 아니라, 전체 커뮤니티의 발전에도 크게 기여합니다.

안전한 네트워킹을 위한 조건

사업 네트워킹을 할 때는 반드시 대표가 핵이 되어 원자를 끌어당기는 방식으로 진행해야 긍정적인 결과를 얻을 수 있습니다. 이 과정에서 대표님의 직감이 매우 중요합니다. 의심스러운 행동이나 사람에게 연루되지 않도록 항상 주의해야 합니다.

특히, 지식 창업이나 사업을 가르치는 사람 중에는 자기애가 강한 경우가 많습니다. 이들과의 관계는 특히 조심해야 합니다. 그들은 종종 자신의 이익을 우선시하여, 다른 사람의 발전을 방해할 가능성이 있습니다. 따라서 사업 상대나 멘토를 선택할 때는 철저한 검토가 필요합니다.

커뮤니티의 중요성

에이그라운드는 이러한 위험을 줄이기 위해 커뮤니티 구성원을 지속해서 검토하고, 비공식적으로 결이 맞는 사람들만을 받아들입니다. 이는 시행착오를 줄이고 안정적인 환경을 조성하기 위함입니다. 건강한 커뮤니티는 서로의 성공을 지원하고, 협력의 기회를 제공합니다.

또한, 커뮤니티 내에서의 상호작용은 개인의 내공을 쌓는 데 큰 도움이 됩니다. 서로의 경험을 공유하고, 다양한 관점을 배울 기회를 제공합니다. 이러한 환경에서 성장한 개인은 더 큰 비즈니스 성공을 이룰 가능성이 큽니다.

사업 네트워킹은 신중하게 접근해야 하며, 자신의 내공을 쌓고 올바른 사람들과의 관계를 통해 성장해 나가는 것이 중요합니다. 네트워킹의 힘을 올바르게 활용하면, 성공적인 비즈니스를 이룰 수 있습니다.

사업의 초기 단계에서 네트워킹을 통해 얻는 기회는 많지만, 그 기회를 효과적으로 활용하기 위해서는 먼저 자신을 강화하고 준비해야 합니다. 네트워킹을 통해 얻은 인맥은 소중한 자원이지만, 그 자원을 잘 관리하고 활용하는 것이 더욱 중요합니다.

사업에서의 성공은 단순히 많은 사람과의 관계를 맺는 것이 아니라, 깊이 있는 관계를 형성하고, 서로의 발전을 도모하는 데 있습니다. 따라서 초기 단계에서는 신중하게 접근하여, 내공을 쌓고, 올바른 방향으로 나아가기를 바랍니다.

3부

성공을 위한
마인드셋

1 》

의심·두려움·판단을 극복하는 비법

우리가 일을 미루는 것, 의심하는 것, 두려운 것, 판단하는 것에서 자유로울 때 일어나는 기적에 대해 이야기해 보려고 합니다. 이런 것들은 우주에서 당신의 목표 달성을 막으려는 악의적이고 끔찍한 힘이 있다는 것을 알아야 합니다. 문제는 '이 힘이 무엇이며, 어디서 오는가?'입니다. 왜냐하면, 우리가 적을 이해하지 못한다면 그리고 그것이 보이지도 않는다면 적을 이길 수가 없습니다.

미루는 것, 의심하는 것, 두려운 것, 판단하는 것을 통합해서 저항이라고 칭하겠습니다. 당신이 저항을 이해하지 못한다면 당신은 이 문제를 영원히 고칠 수가 없을 것이고, 당신은 항상 당신 옆에 있을 저항이라는 것을 결코 이길 수가 없습니다. 자기파괴, 자기혐오의 악순환에서 1시간이나 2시간 앉아서 글조차 읽을 수가 없고, 유익한 강의도 볼 수가 없을 겁니다.

우선, 저항이 무엇인지에 대해서 설명해 드리겠습니다. 저항은 자신이 성공하는 것을 막기 위해 만들어내는 힘입니다. 우리 자신의 정체성의 산물입니다. 우주에는 모든 종류의 모든 것에 저항이 존재합니다. 우리에게 인식으로 들어오는 모든 것이 결국 신념체계로 자리 잡습니다.

신념체계가 형성되는 방식은 다음과 같습니다. 본질에서 기둥과 같은 지지대가 있고 이 기둥 옆에는 이분법적인 사고가 존재합니다. '좋다/나쁘다'입니다. 이것이 기본적인 신념체계를 이루는 근본입니다. 요즘 지식 업에 동영상을 올리면 '강의 팔이다,' 등의 말이 횡횡하게 도는데, 이것도 누군가가 신념체계를 교란해 이것은 나쁘다는 인식을 심어 버린 겁니다. 다단계가 뉴스에서 안 좋은 보도가 나오면 신념체계를 교란해 다단계는 나쁜 것이다. 라고 생각하게 되는 것이죠.

5~6년여간 지식 사업을 하면서 지속해서 콘텐츠를 발행하고 유튜브를 하고 칼럼을 쓰는 것을 멈추지 않은 것도 신념체계에 '좋다'를 강화한 것이라고도 할 수 있습니다. 결국, 어떤 사물이 좋은지 나쁜지 나타내는 것이 수십, 수백 개가 돌아가는 것이 신념체계입니다.

돈과 나쁜 비즈니스에 대한 부정적인 경험만 했다면 그렇게 믿는다면 그렇게 됩니다. 10개 중 9개의 사업이 실패하면 세상이 나쁘게 돌아가고 있다고 믿게 됩니다. 돈이 나무에서 자라지 않는다고 생각합니다. 돈을 벌 수 없다는 부정적인 믿음 체계를 가지기 마련입니다. 나는 똑똑하지 않습니다. 이런 것들이 점점 쌓여서 당신의 정체성의 바다를 이루고 신념체계를 강화합니다.

신념체계가 형성되는 방법은 오감을 통해서 형성됩니다. 외부자극은 오감을 통해 두뇌에 등록되고 거기에 감정이 부여됩니다. 따라서 감정은 기본적으로 부정적이든 긍정적이든 둘 중 하나를 의미합니다. 이것은 확증편향입니다. 자신이 좋아하는 정치인에 대해서 좀 더 긍정적인 감정을 갖고 그것을 강화합니다.

기본적으로 정체성은 이 모든 좋고 나쁨의 합입니다. 신념체계가 좋은 점은 바뀔 수가 있고 깨질 수도 있습니다. 에이그라운드에서는 신념체계를 깨뜨리고 대치시키고 다른 감정을 품게 만듭니다. 그 감정을 강화하는 방법으로 코칭을 합니다. 이 작업은 정말 오래 걸리기도 하고 사람마다 다르므로 까다롭기도 하죠.

우리는 목표를 정할 때 다른 정체성을 가지는 것을 목표를 주로 합니다. 예를 들면 돈을 많이 벌고 싶다. 아침에 일어나고 싶다. 건강한 음식을 먹고 싶다. 등등 새로운 목표로 정하죠. 목표는 당신이 지금 가지고 있지는 않지만 원하는 것을 나타내며 이 지점에서 갈등이 일어납니다. 목표를 이루기 위해서는 현재 가지고 있는 좋고 나쁨을 수십 개 변화시켜야 하고 현재의 신념체계를 다 깨야 합니다. 현재 방식으로는 절대 성공을 할 수가 없습니다.

시스템과 자신을 운영하는 방식은 목표 달성에 도움이 되지 않습니다. 예를 들어 성공적인 회사를 만들고 성공적인 비즈니스를 구축하려는 경우 현재 자신의 정체성은 규율도 못 지키고 책을 읽고 실행조차도 못하고 정신을 예리하게 유지하기 위해 건강한 음식을 먹지도 않고 주의력이 당신을 망쳤을 것입니다.

한쪽에는 목표를 이룰 거라는 천사가 있고 한쪽에는 절대 목표를 이루지 못하게 하는 악마가 있는 것과 같습니다. 이 순환을 깨고 본질에서 목표를 이루지 못하게 하는 악마를 제거하는 방법을 배워야 합니다.

현재의 자아 감각과 현재의 신념체계 그리고 세상에서 자신이 지향하는 방식과 긍정적이거나 부정적이라고 믿는 것이 무엇인지를 알도록 노력하십시오. 목표를 향해 싸우는 것처럼 목표를 위해 싸워야 합니다. 전쟁을 치러야 한다는 결심을 하지 않으면 절대 아무 일이 일어나지 않습니다.

저의 코칭에서는 대신 그 자아와 제가 싸우는 역할을 담당하기도 합니다. 소리를 지르기도 하고 정신 차리라고도 하고 코칭을 더 안 하겠다고도 선언하면서 당신의 자아와 대신 싸워주는 겁니다. 그러나 제가 싸우는 것은 한계가 있습니다. 결국, 자신이 자신과 싸워서 이기는 것을 도와주는 역할일 뿐입니다.

정체성을 우리는 감각이 있는 동물로 보고 다뤄야 합니다. 이 동물은 기생충처럼 여러분 몸에 붙어 있습니다. 여러분은 숙주고 이것은 기생충입니다. 이 기생충을 제거하지 않고 목표를 이루는 것은 불가능합니다.

가끔 어떤 분들은 코칭을 할 때 사업을 하는 전략이나 돈을 벌 방법을 물어보지만 저는 못 들은 척 딴소리를 합니다. 다이어트를 하고 오라고 합니다. 그런데 이 사람의 정체성에는 다이어트를 할 생각이 없습니다. 혼자 해보겠다고 하고 딴소리를 합니다. 갑자기 이상한 사업도 가지고 옵니다. 그냥 정체성의 노예가 되어 벗어날 수가 없는 겁니다.

정체성은 세상의 모든 감각 경험과 모든 기억을 통해 복합적으로 형성됩니다. 현재 자신의 정체성과 기술과 특성은 당신으로는 당신이 달성하고자 하는 것 이룰 수 없습니다. 여러분이 목표를 달성하고 싶다면 현재 버전의 정체성으로는 절대 달성하지 못합니다. 결국, 다른 정체성이 전제조건이 되어야만 목표를 달성할 수 있는 겁니다.

5년 전부터 사내 기업가를 키우고 싶어 했습니다. 나와 같은 생각을 가지고 행동도 같은 소울 메이트가 있을까? 그 목표를 이루기 위해 저의 정체성은 터무니없이 맞지 않았습니다. 600여 명을 코칭하고 거기에서 골랐던 여러 사내 기업가들은 뒤통수를 치기도 하고 저의 무능력으로 떠나보내기도 하면서 정체성을 바꾸어 내는 것을 포기하지 않았습니다. 그래도 정체성은 힘듭니다. 아직도 게으르고 타인에게 약속을 지키지 못하기도 하며, 상처를 주기도 합니다. 그러나 이 전투를 저는 끝내지 않았습니다.

사내 기업가들 한 명 한 명이 저와 함께하고 있습니다. 뒤에서 여론을 만들며 에이그라운드 사내 기업가를 하지 말라고 했던 사람들은 찍소리도 못하고 있습니다. 수년간 사내 기업가를 실패하면서 내부에서 조롱들, 가끔 와서 안부를 가장한 염탐하는 부류들을 아무런 영향을 받지 않은 듯이 견뎌야 했습니다. 저의 정체성과 전쟁을 4~5년을 한 겁니다.

그동안에 사내 기업가에 돈을 쏟았다가 제가 책임지고 물러난 것들 등등 수십 개의 정체성과 싸워가며 전쟁을 현재도 치르고 있습니다. 이런 일을 겪으면 사람 자체를 믿지 못하는 신념체계가 잡힐 수 있습니다. 그것이 자리 잡히는 것을 기생충처럼 목격했습니다. 심지어 제가 명예훼손 고소를 했던 사건에 경찰이 카카오의 요청해서 익명의 특정인이 지목됐는데 경쟁사의 대표 멘토 스승이라는 강사이기도 했죠. 생각보다 주변에 돌아이가 많습니다. 수강생인 척 수강생 여론몰이하다가 딱 걸린 거죠. 형사 처벌받고 민사까지 갑니다. 이정도면 신념체계가 인감 혐오와 믿을 수 없다는 것으로 흘러갈 수 있는데 목숨을 걸고 전쟁을 치른 겁니다.

여러분의 잠재의식은 생각보다 영리하고 지능적입니다. 이것이 존재한다는 것을 아는 한 잠재의식은 여러분이 눈치 채지 못하게 논리적으로 여러분을 공격할 것입니다. 틀린 말이 하나도 없습니다. 여러분의 잠재의식을 공격하기 위해서 외부에서는 저런 구설수나, 빚 등으로 여러분은 나약하게 할 것입니다. 여러분은 눕히고 발뒤꿈치를 띄지 못하게 잡아끕니다. 두렵게 합니다. 자기혐오를 일으키게 하죠, 그런데 위에서 보듯이 실체를 맞서 싸우면 정말 어이가 없는 상황입니다.

의심과 두려움은 목표가 진실이 아니라고 확신시키는 데 목숨을 겁니다. 그것은 지금 하는 행위가 사기라고 할 것이고 안전하지 않다고 합리적으로 접근할 것입니다. 우리는 여기서 편안함을 느끼죠, 남 탓이 가장 편안합니다. 그래서 우리는 그 말을 뱉는지도 모르게 뱉고 있습니다. 사기당했다고 한 사람의 인생과 그것에 영향 받지 않는 인생의 차이입니다.

자신에게 정직해야 하고 그 정체성이 무엇인지 스스로 물어봐야 합니다. 싸우고 이기셔야 합니다. 당신은 30~40년간의 신념기반 조건화를 취소해야 합니다. 아마도 이런 기생충들이 여러분의 정체성을 왜곡시키고 세상을 왜곡시킬 것이기 때문입니다. 신념체계를 뒤집지 않는 한 어떤 강의를 들어도 어떤 책을 읽어도 어떤 멘토의 도움을 받아도 전혀 효과가 없습니다.

2 》

자부심을 통제하는 비법

자부심은 『데이비드 호킨스의 의식혁명』이라는 책에서 나오는 개념입니다. 비즈니스를 할 때 약이 되기도 하지만 장기적으로는 독이 되는 개념입니다. 우선 책의 개념을 학습해 보시죠.

자존감 상승은 낮은 의식 수준에서 경험되는 모든 고통에 대한 진통제이다. 자부심은 좋아 보이며 그리고 그렇다는 것을 안다. 자부심은 삶의 퍼레이드에서 자신이 가진 것을 뽐낸다. 자부심 안에서는 중독에서 회복되는 것이 불가능한데, 왜냐하면 자부심은 감정상의 문제나 성격 결함을 부정하기 때문이다.

코칭을 할 때, 여러 부류의 사람들이 옵니다. 특히 자부심의 영역은 다루기가 정말 어렵습니다. 자부심은 자신이 살아가는 이유가 되기 때문입니다. 자부심을 놓지 않고 돈을 주고 코칭을 받으러 오면서, 오히려 자신이 코칭을 하려는 어처구니없는 행동을 하는 경우가 많습니다. 이러한 사람들의 특징은 자신의 과거를 설득력 있게 포장하여 무언가를 깨달은 듯하지만, 실상 자신에게 문제가 없다고 주장하는 것입니다.

주로 제 말을 듣지 않습니다.(왜 오는 걸까요?) 자기 생각대로 사업을 벌이고, 그 결과를 물어봅니다. 자부심을 확인받고 싶은 것이죠. 저는 이렇게 답합니다. "너무 좋습니다." 그리고 끝입니다. 컨설팅을 받으러 와서 자신의 자부심 이야기만 하고 가는 겁니다. '우리가 친구인가? 차라리 오지 말지.'라는 생각을 하게 됩니다. 자부심은 너무 깨기 어려워서 현실에서 계속 긁히면 수치심이나 열등감으로 변하게 됩니다. 더 진퇴양난에 빠지게 됩니다.

자부심의 형태 3가지

첫 번째, 백마 탄 왕자님형

나는 가만히 있으면 누가 도와준다고 생각합니다. 주로 여성분들에게 많이 나타나는 형태입니다. 이들은 외모가 어느 정도 뛰어나고, 언변이 화려하며, 고상하고 우아하거나 매력적입니다. 이 사람들은 가만히 있으면 사회에서 기회가 많이 오기 때문에 매우 유리한 위치에 있습니다. 이들의 성공 방정식은 "나는 가만히 있으면 누군가 해준다."입니다.

하지만 이 유리한 위치에서 벗어나 자신의 인생에 책임질 것은 자신밖에 없다는 진실을 받아들여야 합니다. 그렇지만, 절대 이 자부심을 내려놓지 않습니다. 주로 50대가 넘어가면 이미 그 매력 자본은 끝났는데, 옛날이야기만 하고 있죠. 이때부터 코칭이 불가능한 상태가 됩니다. 말이 들어가지 않아요.

두 번째, 빈민가에서 자수성가형

이 사람들은 자신만의 방식대로 성공했고 사회적 증거도 있는 상태입니다. 그러나 이제는 성공방식이 더는 통하지 않습니다. 성공한 그 방식에서 향수를 잊을 수가 없습니다. 문제가 있어서 코칭을 받으러 오면 자신이 코칭을 하려고 합니다. 누군가의 말을 듣지 않습니다. 제 생각에는 혼자 그렇게 사는 게 나아요.

세 번째, 인정욕구형

자존감은 낮지만, 컨트롤은 쉽습니다. 이들은 계속 인정욕구를 위해 인생을 살아왔고, 돈도 인정욕구로 벌었기 때문에 돈을 벌수록 행복하지 않습니다. 그러나 이 인정욕구가 너무 달콤하여 행복해지고 싶다고 하면서도 계속 불행한 인정욕구의 먹잇감만 주는 행위를 반복합니다. 계속 악순환이 이어집니다. 부모님에게도, 직원에게도, 협업자에게도 인정받아야 하니, 안 피곤할까요?

제가 위의 사례들을 깎아내리듯이 언급한 이유가 있습니다. 이 자부심의 형태들은 너무 거머리처럼 악랄하여, 웬만하면 여러분이 이 글을 읽는다고 해서 쉽게 떼어낼 수 있는 존재들이 아닙니다. 의식의 수준에서 가장 높아 보이는 형태이며, 사회적으로 인정받는 형태이기 때문입니다. 누군가의 자수성가 이야기에 항상 이 자부심의 영역이 기생충처럼 붙어 있거든요.

코칭에서 이러한 자부심의 상태가 발견되면 즉시 그 자부심에 충격을 주어야 합니다. 무시를 하죠. 그러면 두 가지 중 하나가 일어납니다. 자부심이 놀라서 없어지고 수용, 중립, 사랑의 상태로 가서 정말 행복하게 돈을 벌거나, 자부심이 긁혀서 절대 다시는 오지 않거나요. 여러 가지 방법을 써봤지만, 자부심의 영역은 충격 요법이 가장 효과적이었습니다.

결론

당신의 자부심을 놓아버리겠습니까? 그 자부심과 함께 행복한 것 같은 가짜 인생을 살겠습니까? 선택은 여러분이 하는 겁니다. 이거 하나만 기억하세요. 자부심의 그늘은 오만함과 부정성입니다.

3 》

우리는 왜 열정 없이 무기력할까?

1인 기업가의 삶은 복잡합니다. 코칭을 하다 보면 1년이 지나도 2년이 지나도 작은 시도조차 못 하는 분들이 많고 무기력증에 시달리고 정신과까지 가면서도 우울증에 시달리는 분들이 많습니다. "왜 우리는 열정을 잃고 무기력해지는가?" 그리고 "어떻게 하면 그 열정을 다시 찾을 수 있을까?" 이러한 질문에 대한 답을 찾기 위해 저는 지난 6년간 코칭을 통해 수많은 사례를 연구해왔습니다.

많은 사람이 자신의 꿈을 이루기 위해 노력하지만, 실제로는 작은 시도조차 하지 못하는 경우가 많습니다. 그 이유는 종종 '될놈될'이라는 말로 치부되곤 합니다. 실패를 두려워하는 마음, 그리고 그로 인한 무기력감은 우리를 가두고 있습니다. 실제로 코칭을 받는 분 중에는 우울증을 겪는 경우도 많고, 이는 단순한 개인의 문제가 아니라 사회적인 현상으로 볼 수 있습니다.

초반 코칭 때 가장 답답한 것이 왜 이 사람들은 나처럼 실패해도 계속 시도하지 않는가? 그리고 실패 자체를 왜 두려워하는가? 이었습니다. 그 답을 찾기 위해 6여 년간은 14시간씩 코칭하면서 연구해왔습니다. 여러 가지 시도를 해보던 중에 깨달음이 왔습니다.

제가 발견한 중요한 사실은, 열정은 반드시 작은 성공이 반복될 때만 생긴다는 것입니다. 즉, 성공의 각이 보일 때까지 지원해주어야 합니다. 작은 성공이란 단순히 목표를 달성하는 것이 아니라, 그 과정에서 얻는 자기 효능감과 정체성을 포함합니다. 성공의 각이 보이면 이 사람은 작은 실패 성공이 반복되면서 큰 성공의 모멘텀이 생깁니다.

작은 성공의 중요성
(1) 자기 효능감
작은 성공을 경험하게 되면, "하니까 되는구나!"라는 자기 효능감이 생깁니다. 이는 자신이 무엇인가를 해낼 수 있다는 믿음을 줍니다. 예를 들어, 아래의 릴스 대행사 사례처럼 처음 작은 목표를 설정하고 이를 달성하는 경험을 통해 자신감을 얻을 수 있습니다.

(2) 정체성 확립
이후에는 "나는 하면 되는 인간이다."라는 정체성이 형성됩니다. 이는 단순한 자기 확신이 아니라, 자신의 능력을 믿고 도전할 수 있는 기반이 됩니다. 제가 코칭한 사례에서도, 작은 성공들이 누적되면서 그분은 자신의 정체성을 확립하게 되었고, 이는 사업을 시작하는 원동력이 되었습니다.

(3) 라포 형성

마지막으로, "왠지 이 코치와 함께하면 될 것 같아."라는 강력한 라포가 형성됩니다. 코치와의 신뢰 관계는 성공의 중요한 요소입니다. 제가 코칭한 분이 저와의 관계를 통해 긍정적인 영향을 받으면서, 그분은 자신의 꿈을 실현할 수 있는 길을 찾게 되었습니다.

이 3가지가 형성되면서 비로소 사업을 자기 자신이 시작할 수 있게 된다는 겁니다.

예를 들어보자면 릴스 대행사를 사내 기업가로 키운 것을 사례로 들어보겠습니다. 이 사람은 1년여간 저의 잡일부터 시작해서 커뮤니티를 맡아서 키워보기도 하고 여러 가지를 계속 시도하게 시켜봤습니다.

여러 가지 방법을 찾다가, 또래 사업가들과 친하게 지내게 만들었는데 환경이 바뀌니까 '월 1,000만 원을 버는 것이 또래에게도 가능하구나!'라는 인지가 왔습니다. 20대라서 20대 친구인 릴스해커 대표님의 강의를 듣게 하고 자극을 받게 한 후에 저의 릴스 계정을 주어서 제가 적극적으로 옆에서 도와주며 키우게 했습니다.

100만 조회 수를 기록하게 하고 '하니까 되는구나!'를 1번째로 심어 주었습니다. 다음으로 제가 직접 영업을 해서 250만 원의 릴스 대행을 따주었고 그 첫 번째 고객을 3.7만 인플루언서로 만들고 300만 조회 수를 기록하게 하고 나니 '나는 하면 되는 인간이다.' 정체성이 심어졌습니다. 고가 대행만 이어서 5개 정도를 진행하면서 고객들은 지속해서 재구매를 하길 원하고 있습니다.

3번째로 나와 함께하면 되는 구나를 심어줘서 강력한 라포를 형성하고 이제는 릴스 코칭, 강의까지 영역을 확대하고 드디어 자신이 직접 유튜브, 인스타를 시작하는 단계까지 왔습니다.

작은 성공 → 자기 효능감 → 자기 확신

열정이 생기려면, 아주 쉬운 작은 성공을 과대 포장하여 많이 경험하게 해야 합니다. 이러한 경험은 자기 효능감으로 이어지고, 궁극적으로 자기 확신으로 확장되어 큰 결과를 이루게 됩니다. 각자의 성공의 각을 발견하고, 열정을 되찾을 수 있습니다. 이 과정이 반복되면, 다시는 무기력하게 지내지 않고, 자신의 꿈을 향해 나아갈 힘을 얻게 될 것입니다.

4 》

변화에 적응하는 성공 방정식

사업의 방법에는 정말 다양한 성공 방식이 있습니다. 누군가는 프랜차이즈, 온라인 지식 창업, 제조업, 유통업, 세일즈 등 다양한 경로를 선택합니다. 최근에는 부동산에도 관심을 두고 있습니다. 월세 부동산, 갭 투자, 경매, 신탁, 공매 등 각자의 스타일에 맞는 방법을 찾으려면 여러 가지를 잘 알아야 하고, 그것들을 연결하는 능력이 뛰어나야만 빠르게 변화하는 세상에 적응할 수 있습니다.

가장 행복하고 조급하지 않은 삶을 살기 위해서는 우선 돈을 없애야 합니다. 돈을 보지 않고 공부와 실행에 집중해야 합니다. 공부하고 실행한 후, 실패하면 수정하고 그에 따라 다시 실행하는 과정을 반복하면 됩니다. 사람마다 노력이 보상받는 시기는 다양하지만, 많은 사람들이 이 진리를 보지 못하거나 외면합니다.

12주 과정 이후에 1년 코칭을 하는 이유는, 그 사람이 돈을 벌 준비가 되는 시기를 앞당겨 주기 위해서입니다. 그 시기에 더 큰 폭발을 일으키기 위함입니다. 내가 들인 노력의 기준이 모호한데, 노력했는데도 결과가 나오지 않으면 바로 포기하는 경우가 많습니다. 돈이 벌리면 잘한 거고, 못 벌리면 못한 거라고 자책을 하거나 남 탓을 합니다. 이렇게 되면 수십 배의 보상이 기다리고 있음에도 불구하고 포기합니다. 너무 많은 가치관과 각각 다른 우선순위로 살아가고 있습니다.

저를 가르쳐주신 분에게 들은 말이 있습니다. "삶의 우선순위를 정하지 못하니 거절을 못 한다."라고 하셨습니다. 생각해보니, 우선순위를 목숨처럼 여기지 않았던 것이 저의 시간을 좀먹고 있었습니다. 그래서 사람들도 우선순위를 정하고, 계속 오는 제안도 거절하는 방식으로 시스템을 변경했습니다.

『종의 기원』에는 "강한 종이 살아남는 것이 아니라 변화에 가장 잘 적응한 종이 살아남는다."는 말이 나오는데, 이는 사업에도 정확히 맞아떨어지는 진리입니다. 변화에 적응하지 못한 사업가는 사라지기 마련입니다. 챗 GPT가 윈도우를 대체하는 시간이 얼마 남지 않았다는 생각이 듭니다. 릴스에 대한 인사이트도 있습니다. 제가 릴스가 유행한다는 것을 인지한 것은 1년 전이었습니다. 그 당시 릴스해커 대표님은 1년간 그것만 집중했습니다. 현재 릴스를 하지 않는 것은 통화량을 만들지 않겠다는 것과 같습니다. 그런데도 여전히 페이스북 광고만 돌리는 사람들이 많습니다.

깨달은 것은, 트렌드가 보이면 "이걸 해야 할까?"라는 생각이 들 때, 역으로 빨리 들어가야 한다는 점입니다. 내가 믿기지 않는다면 그것이 기회

이기 때문입니다. 인스타그램에서 가끔 보는 말이 있습니다. "정부 지원 사업을 챗GPT가 써준다."고요. 말도 안 되는 소리입니다. 인간은 대체할 수 없습니다. 이 말이 나왔다는 것은 예전 "무슨 컴퓨터가 개인화되나?"라는 질문과 다르지 않습니다.

사업 기획도 챗GPT가 다 할 것입니다. 코딩을 배우는 것도, 영어를 배우는 것도 마찬가지입니다. 또한 세상의 모든 것에는 환경의 문제가 있습니다. 국가의 예를 들어보겠습니다.

축복받은 산유국 사우디 vs. 노르웨이

사우디가 부자라고 생각하죠? 아랍의 두바이도 부자입니다. 그런데 선진국 상위 10위에 있나요? 없습니다. 노르웨이는 국민 평균 재산이 10억 원 수준이라는 말도 안 되는 상황입니다. 결국, 차이점은 환경에 있습니다.

열대 지방이나 사막지대는 환경이 좋지 않아 질병에 노출되고, 너무 더워서 일을 할 수 없는 경우가 많습니다. 그래서 선진국이 될 수 없는 것입니다. 두바이에는 버리기 귀찮아서 슈퍼카가 사막에 버려져 있습니다. 이는 우리가 라이프스타일을 즐기면서 생각 없이 돈 쓰는 것과 차이가 있습니다.

반면, 노르웨이는 석유가 나오는 산유국이면서 석유 기술을 개발하고, 석유로 번 돈을 의회가 공정하게 나누어 국민 전체가 부자가 되는 구조를 만들었습니다. 이는 단순히 환경이 좋아서 가능한 일이 아닙니다.

국가의 예를 들었지만, 우리는 어떨까요? 기업도 사우디처럼 번 돈을 다 쓰면 자산 없이 바로 날아갑니다. 사우디와 아랍의 경우, 버는 돈이 많을수록 타락할 확률이 높습니다. 개인으로서 모든 것이 가능하다고 믿고, 수단과 방법을 가리지 않고 타인을 성공으로 돕는 에이그라운드 네트워크 환경으로 목숨 걸고 들어가야 합니다. 이제는 혼자서 혹은 나와 맞지 않는 사업 환경에서는 절대 살아남을 수 없습니다.

세상의 모든 사업에는 사이클이 있습니다. 사이클을 이해하지 못하면 절대 사업에서 살아남을 수 없습니다. 예를 들어 DVD 사업을 하는 업체가 OTT의 급격한 발전으로 사업이 사라진다면, 그 사업은 폐업해야 합니다. 하지만 OTT 시장은 도입기나 코로나 때 급성장하다가 이후 성장을 멈춘 상태입니다.

자금이 너무 많이 들어간다고 했을 때 아예 이종 업종인 푸드 트럭으로 전환할 수도 있습니다. 그걸 기반으로 프랜차이즈화도 가능하겠죠. 그러나 온라인 마케팅에서는 상승세가 계속되고 있습니다. 이러한 상황에서 '릴스를 해야 한다'는 것이 이제 당연해졌습니다. 이 시점에서 성숙기와 쇠퇴기를 준비해야 합니다. 상승할 때 돈을 벌었다고 풀어버리면, 뒤쫓아오는 사람들은 끝물에서 놀 확률이 높습니다.

정리하자면, 세상에는 성공 방정식이 다양합니다. 따라서 공부하고 실행하며, 실패하면 수정하고 다시 실행하는 과정을 반복해야 합니다. 세상은 너무 빨리 변화한다. 이를 따라잡으려면 "설마 이게 시기상조야?" 할 때 따라가야 합니다. 환경은 매우 중요합니다. 결이 맞고 좋은 사람들이 있는 곳으로 무조건 들어가야 합니다.

5 》

인지의 차이가 모든 행동과 결과의 차이

2017년부터 더 성공하는 방법과 대표들을 코칭하면서 더 높은 수준에서 기능하는 방법을 계속 배우고 가르치고 반복해온 지 7년이 되었습니다. 여기에는 항상 원인과 결과가 존재하며, 사람들이 인생에서 취한 행동은 우연의 결과로 일어난 것이 아니라 특정 행동을 취했기 때문에 일어났다는 사실이 있습니다. 수백 명의 행동을 어떻게 끌어낼까를 연구하고 분석하며 시행착오를 겪었습니다.

수강생이 행동 자체를 1년 동안 하지 않는 모습을 지켜보면서 여러 가지 시도를 하던 중 발견한 것은 몰입 커뮤니티의 힘이었습니다. 혼자서 1:1로 해도 안 되던 것이 커뮤니티의 강한 영향력으로 변화되었고, 이 글을 보게 되며 희망을 느꼈습니다. 계속 말을 해도 안 되던 것이 일주일 만에 인식의 변화가 일어난 것입니다.

사람의 왜곡된 인지를 변화시키는 작업은 고난도입니다. 포기하지 않고 연구하고 분석하며 여러 가지 시도를 해본 끝에, 아주 바람직한 에너지를 지닌 5~10명의 그룹을 형성하면 마이너스 에너지를 가진 사람도 동화되어 변화한다는 것을 알게 되었습니다. 사업뿐만 아니라 음악가, 군대, 직장에서도 모두 작용합니다. 우리는 하이퍼포머들이 왜 보통 사람보다 더 명확하게 사물을 보고 더 나은 결정을 내리는지 연구해야 합니다.

한 사람을 데려와 그들에게 어떤 정보를 접촉하게 하고, 다른 사람을 한 명 더 데려와 똑같은 정보를 접촉하게 합니다. 두 명의 서로 다른 사람이지만 같은 정보를 줍니다. 한 사람은 성공적으로 그 정보를 돈으로 바꿔내고, 다른 사람은 그 정보로 아무것도 하지 못합니다. 제가 제자 과정의 사람에게 한 일이 바로 이 현상을 목격하는 것이었습니다. 그 사람이 들은 강의를 제가 직접 결제하고 듣고, 이를 바로 돈으로 바꾸는 과정을 지켜보았습니다. 저는 듣고 올바른 인지를 하고, 실패에도 불구하고 성공할 때까지 계속 행동하는 차이를 경험했습니다.

더 깊이 분석해보면, 도대체 왜 결과가 다를까요?

여기서 진짜 차이는 인간의 마음의 상태에 달려있습니다. 사람들은 대부분 온라인 강의의 괜찮다고 생각하는 정보 측면만 순수하게 본다는 것입니다. 같은 정보를 보고도 서로 다른 해석을 유발하는 이유는 사람마다 인지가 다양하기 때문입니다. 결국, 인간의 결과를 바꾸기 위해서는 그 사람의 무의식 속에 있는 근원과 원천을 이해하고, 이를 해체하여 올바른 인지로 변화시켜야 합니다.

모든 인간의 마음과 두뇌에는 여러 층이 있습니다. 흥미로운 점은 우리가 특정 기술을 배우러 갈 때 그것이 페이스북 광고를 잘하는 방법과 같은 도구와 기술은 프로세스의 일부분일 뿐이라는 것입니다.

그 계층을 다 해부해 본다면

1. 정확한 자기 인식: 무의식

2. 돈에 대한 무의식

3. 신념

4. 사명

5. 비즈니스 원칙

6. 비즈니스 기획

7. 비즈니스 프로세스(예: 페이스북 광고하는 법)

8. 비즈니스 네트워크(인맥 연결)

이런 단계를 거쳐야 하는데, 아무리 이야기해도 사람들은 여전히 페이스북 광고를 배우고 있습니다. 마스터 마인드 과정의 대표님 역시 제가 1년간 계속 강조했음에도 불구하고 몇천만 원을 비즈니스 프로세스를 배우는 데 썼습니다. 배운 내용을 목록으로 가져오라고 했더니 이렇게 목록을 작성했습니다: 페이스북 광고, 블로그 광고, 블로그 로직. 이는 아주 작은 벽돌 하나에 불과합니다. 기술을 습득하고 있지만, 기저에 있는 벽돌이 다 무너진 상태에서 마인드, 신념, 원칙, 기획을 세우지 않고 벽돌을 다른 곳에 쌓고 있는 것입니다.

컴퓨터를 예로 들면, 옛날 하드웨어를 가져와 최신 소프트웨어를 애플 컴퓨터에 설치하려고 하면 절대 설치되지 않습니다. 결국, 하드웨어는 무의식, 신념, 사명, 원칙이며 소프트웨어는 사업 기획, 사업 프로세스, 인맥 연결입니다. 하드웨어가 좋아야 좋은 소프트웨어를 설치할 수 있습니다.

1년 뒤에 와서 사명을 다시 찾고 신념을 다시 찾고 무의식을 다시 찾아주는 것은 솔직히 힘이 듭니다. 1년 전 분명히 이야기한 것을 절대 수용하지 않고 빙빙 돌아다니기 때문입니다. 하지만 진실은 3년 이상, 길면 10년 이상 걸린다는 것을 인정하면 이런 바보 같은 짓은 하지 않을 것입니다. 사람들은 최신 기술은 목숨을 걸고 배우려고 하지만, 그들의 마음의 기초는 전혀 신경 쓰지 않습니다.

자기 자신이 무엇을 원하는지 모르고, 자신을 모르니 신념도 없고, 신념이 없으니 원칙도 없고, 원칙이 없으니 사명도 없으며 업의 본질도 모르는 상태에서 페이스북 광고, 쇼핑몰을 배우고 있는 것입니다. 그리고 그 단기적 매출에 환호합니다. 정신적 인지력도 부족한 상태에서 페이스북 광고를 실행하는 것을 배우고 있습니다. 이런 일이 발생하면 모래 위에 집을 짓는 것과 같습니다.

가장 화려한 디자인과 모든 것을 갖춘 수백만 달러짜리 집처럼 되어도 의미가 없습니다. 모래 위에 집을 지으면 완전히 쓸모가 없어지고, 사람들은 그 아래에 있는 신념과 사명을 보지 않고 사업을 전개합니다. 그리고 아래 계층에서 작동하지 않으니 왜 페이스북 광고가 작동하지 않는지 페이스북만 보면서 고민하게 됩니다. 이것이 바로 두 명의 사람이 같은 정보에 접촉하더라도 같은 결과를 얻을 수 없는 이유입니다.

결국, 결과의 차이는 페이스북 광고 기술에 있는 것이 아니라, 예리한 인식과 자신의 본질을 아는 무의식의 발견, 신념, 사명, 비즈니스 원칙의 차이에 있습니다. 실제로 비즈니스의 본질과 원칙을 잘 아는 사람은 완전히 다른 방식으로 정보를 배우고 인식합니다.

완벽한 예를 들어보겠습니다. 여러분이 아는 사람이 훨씬 더 자신의 본질을 잘 알고 있고, 더 나은 문제 해결 능력과 비판적 사고, 다양한 경험을 가지고 있으며, 신념이 명확하고 업의 본질도 분명하다면, 그들이 어떻게 사업을 운영할 것인지에 대한 확고한 패러다임과 이데올로기를 가지고 있습니다. 또한 회계를 이해하고 세금을 이해하며, 판매를 위한 USP, 마케팅, 제품 개발을 이해한 상태에서 사람들과 많은 협업을 통해 팀워크를 이해하고 있다면, 그들은 페이스북 광고를 통해 여러 가지 연결을 통해 가장 정확한 광고를 진행할 것입니다. 이 사람은 모든 계층 사이의 연결을 통합하고 융합하여 서로 다른 점들을 연결하기 시작합니다.

반면, 위에 언급한 벽돌을 차곡차곡 쌓지 않고 페이스북 광고, 마케팅만 공부했다면 기본적인 기초가 없으므로 지속 가능한 성과를 낼 수 없습니다. 이는 당연한 일입니다. 그런데 그 당연한 일을 페이스북 광고 강의에서는 말해주지 않고, 말해줘도 건너뛰기 일쑤입니다. 보는 사람이 억만장자 심리를 가진 사람은 다양한 상호 연결을 볼 수 있고, 이 정보들을 취합하여 통합 융합하며 모든 다른 요소들 사이에 적용한 다음 작동하는 비즈니스로 연결합니다. 그리고 알고 있는 대로 올바른 인지 상태에서 실행할 수 있는 정말 견고한 기반을 갖추고 있는 것입니다.

이런 계층을 차곡차곡 쌓지 않은 사람은 페이스북 광고를 돌릴 때 이미 손실이 나고 이익이 나지 않으니 정신적으로 무너지고 중지하게 됩니다. 심지어는 90%가 실행조차 하지 않습니다. 화면 앞에 앉아서 오랫동안 페이스북 광고조차 쓸 수 없게 되는 것이죠. 이는 정신적 인지 능력 자체가 부족하기 때문입니다. 문제가 발생하면 문제를 해결할 능력도 없게 됩니다.

보장할 수 있는 한 가지는 사업을 하면 매일매일 끊임없이 문제가 발생한다는 것입니다. 문제를 해결하고 비판적으로 생각하는 데 능숙하다면, 페이스북 광고를 배우더라도 실제로 효과가 없다는 것을 알게 될 것입니다. 요즘 사람들이 기술을 가르치고 있는 것처럼, 한국에서는 누구에게도 실제로 가르치지 않습니다. 그들은 특정 기술과 프로세스만 가르칩니다. 그저 그것을 배우고, 아무것도 모르고 하게 됩니다. 그 과정에서 아래에 있는 무의식, 신념, 사명은 절대 보려고도 하지 않습니다. 1년 후에 다시 와도 중요하다고 머리로만 생각하고, 가슴에 확신이 없으니 계속 악순환만 반복하게 됩니다.

제가 말하는 것이 헛소리나 사기라고 생각할 수도 있겠지만, 혹시나 운이 좋아 무슨 일이 일어나더라도 그것은 운일 것이고 지속적이지 않을 확률이 100%입니다. 여러분은 바닥에 무의식, 신념, 사명이 없으므로 문제에 봉착하면 사업을 접게 될 것입니다.

6 》

인생이 달라지는 독서 전략

혹시 여러분은 책을 몇 권 정도 읽어야 인생이 바뀐다고 생각하시나요? YES24나 다른 서점에서 구매한 책을 포함하면 1,000권은 훨씬 넘을 것 같습니다. 알라딘에서만 인증된 책은 873권입니다. 저는 100권을 읽으면 인생이 달라질 수 있다고 믿어서 현재 1,000권까지 읽었습니다.

워런 버핏이나 성공한 사람들은 책을 읽어야 성공할 수 있다고 이야기합니다. 그렇게 많은 책을 읽고도 2018년에 빚이 2억 원까지 늘어났고, 개인회생까지 진행했습니다. 여러 가지 시도를 해봤지만 성과는 없었습니다. 오히려 '책을 읽어야 한다.'는 마음 때문에 제자리도 아닌 뒤로 퇴보하고 있었습니다. 왜 책을 읽고도 성공하지 못했는가에 대한 연구를 4년 동안 한 결과, 그 이유를 찾게 되었습니다.

바로 책을 읽는 방법이 틀렸다는 것입니다. 똑같이 책을 읽는데, 누구는 책을 읽고 더 나은 삶을 살게 되었다고 성공 사례를 이야기합니다. 이런 말을 믿고 2016년부터 책을 읽기 시작했지만, 평범한 공장 직원이었던 저도 많은 책을 읽으면 인생이 달라지지 않을까 궁금했습니다. 무언가 배운 것 같긴 했지만, 인생이 절대 달라지지 않았습니다.

결과부터 말씀드리면, 제가 이 3가지를 적용하기 전에는 긍정적인 마인드에만 도움이 되었습니다. 이 3가지를 책 읽기에 적용할 때 폭발적인 성장을 경험했습니다. 책 읽기는 마인드에만 도움이 될 뿐, 유튜브에서 보이는 "두 달 만에 천만 원 벌었어요." 같은 이야기는 절대 일어나지 않습니다. 오히려 반대로 책을 읽지 않은 사람들은 경력을 쌓아 돈을 잘 벌며 주변 사람들과의 격차가 벌어져 갑니다.

당장 주변에서 달려 나가는 모습을 보면 조급한 마음이 들 수밖에 없습니다. 조급하지만, 이를 발견하기 위해 3년 정도를 삽질한 끝에 이 3가지를 발견했습니다. 이후로는 강의조차 볼 필요가 없고, 책만 읽으면 되는 상태가 되었습니다.

거의 4년이 지나고 나서야 제가 어떤 실수를 해서 독서를 통해 변화하지 못했던 건지 깨달았습니다. 제가 긴 시간과 많은 기회를 날려가며 배운 것을 여러분과 공유하면, 여러분은 조금은 실패를 줄일 수 있지 않을까 하는 마음으로 딱 3가지만 빠르게 말씀드리겠습니다.

첫 번째, 타인이 추천하는 책을 무조건 읽지 마라. 읽어야 할 책은 내가 필요한 상태일 때 고르고, 책을 사면 그날 바로 읽어야 합니다. 여러분은 아플 때 병원을 어떻게 선택하시나요? 모든 사람이 내 병을 치료해 줄 수 있는 병원을 선택할 것입니다. 코가 막히면 이비인후과에 가고, 뼈가 부러지면 정형외과에 갑니다. 반대로 병원을 고르고 내가 어디가 아픈지 찾아보는 사람은 없을 것입니다. 그런데 제가 책을 읽을 때는 이런 당연한 것을 놓치고 있었습니다.

병원은 유명한 사람이 추천해 준 것으로 생각하고, 유명한 사람이 추천한 책을 읽는 이상한 행동을 했던 것입니다. 내가 어떤 문제를 가지고 있고, 그 문제를 해결해줄 책을 찾는 것이 더 빠르게 성장하는 방법인데, 그 중요한 사실을 놓치고 있었습니다.

예를 들어 여러분이 유튜브의 섬네일 카피라이팅을 공부해야 한다고 생각할 때, 『캐시버타이징』 같은 좋은 책을 서점에서 고를 수 있습니다. 그러나 대부분의 사람은 유튜버가 추천하는 베스트셀러를 삽니다. 그 책 100권 중에서 여러분이 정말 필요한 지식이 있는 책은 10권도 안 되고, 그 10권 안에도 실천사항이 몇 개 없을 것입니다. 결국, 100권을 읽어서 10개의 실천사항을 얻는 것이죠. 굉장히 비효율적입니다. 책은 한 권씩 사고, 구입한 당일 바로 읽기 시작해야 합니다. 읽지도 않은 채 책장에 꽂힌 책들은 하나같이 한꺼번에 산 것들이거나, 구입한 당일 읽지 않은 책들입니다.

두 번째, 책 한 권당 1개의 실천을 한다. 책을 읽는 게 재미를 위해서라면 이런 방법을 찾지 않았을 것입니다. 제가 변화하지 못한 이유는 단 한 가지, 실천하지 않기 때문입니다.

예를 들어 사람들이 운전면허 학원에 다니는 이유는 확실한 목표가 있기 때문입니다. 그러므로 시험에 떨어질지 몰라도 운전면허 시험을 치르게 됩니다. 결국, 우리가 하는 독서도 이와 같아야 한다는 발상입니다. 책을 읽었다면 시험을 쳐야 합니다. 그 시험은 바로 실행입니다. 독서의 이유가 각각 다르지만, 공통적으로 성장을 위해서라면 성공하든 실패하든 여러분만의 시험을 자발적으로 쳐야 합니다.

책을 계속 보니 이미 알고 있다고 착각이 일어납니다. 당연히 실천을 안하니 인생이 극적으로 변화되지 않는 것입니다. 저도 뒤늦게 실천해야 한다는 것을 깨닫고, 사소한 것들에 도전해봤습니다. 독서를 많이 해본 분들은 '이 말, 똑같은 거 어디서 봤는데 또 뻔한 이야기 하네?'라고 생각할 수 있지만, 정작 자신은 그 뻔한 이야기를 실천하지 못합니다.

아침형 인간이 되어야 한다고 하는데, 아침 10시에 일어나도 알람을 끄고 다시 잠들기 바쁩니다. 책에서는 절약하라고 하는데 통장이 텅장이 되기도 하죠. 이런 과정이 성장통이라는 것을 깨닫고, 책을 하나 읽고 1개만 실천하고 포스트잇에 붙여놓습니다. 책을 2권 사던 것을 1권만 사는 것을 실천했고, 아침형 인간이 되라는 것을 보고 오전 7시에 일어나 수영 갔다가 9시에 출근하는 행위를 한 달째 하고 있으며, 지금은 1시간 업무, 10분 휴식의 패턴을 유지하고 있습니다.

책 한 권에 실천력을 더하면 6년 동안 많이 실행할 수 있지만, 여러분은 여기서 책을 사면 바로 읽기 이거 하나만 실천하셔도 부담이 적을 것입니다. 레벨이 올라가면 책을 읽다가 사업이 기획되기도 합니다.

세 번째, 읽은 책을 마인드맵으로 정리하거나 타인에게 가르친다. 읽은 책의 내용을 마인드맵으로 정리하는 것은 매우 효과적인 방법입니다. 마인드맵을 활용하면 책의 핵심 아이디어와 주제를 시각적으로 정리할 수 있어, 기억에 남고 이해하는 데 큰 도움이 됩니다. 이렇게 정리된 내용을 바탕으로 타인에게 가르치거나 혼자 영상을 찍어 셀프 강의를 진행합니다. 유튜브에 올리면 더 좋습니다.

제가 현재 5년째 매주 1회 읽은 책을 정리하여 강의하고 있는 이유는, 다른 사람에게 가르치는 과정에서 제 자신도 더 깊이 이해하고 깨달음을 얻기 때문입니다. 가르치는 과정은 단순한 지식 전달을 넘어, 자신의 인지 구조를 재정립하고 더 나은 통찰을 얻는 기회가 됩니다. 타인에게 설명할 때는 자신의 이해도를 점검하게 되고, 그 과정에서 새로운 질문이 생기기도 합니다.

에이그라운드의 무료 강의들은 바로 이런 방식으로 진행됩니다. 읽은 내용을 정리하고, 이를 바탕으로 다른 사람에게 전달하는 과정에서 나 자신도 성장하는 것을 느낍니다. 이처럼 다른 사람과 지식을 공유하는 것은 나의 배움뿐만 아니라, 더 나아가 공동체의 발전에도 기여할 수 있습니다.

타인에게 가르치거나 영상을 찍어 공유하는 것은 책임감을 부여합니다. 내가 배운 내용을 다른 사람과 나누겠다는 마음가짐이 생기면, 더 깊이 공부하고 실천하려는 동기가 부여됩니다. 이러한 과정은 나의 성장뿐만 아니라, 다른 사람에게도 긍정적인 영향을 미칠 수 있습니다.

인생이 진정으로 변화하고 싶다면 읽은 책을 단순히 소비하는 것이 아니라, 그것을 정리하고 다른 사람에게 가르치는 과정을 거쳐야 합니다. 이렇게 행동으로 옮기면 책에서 배운 지식이 나의 삶에 실제로 적용되고, 더 나은 인생을 만들어낼 수 있습니다.

7 ≫

목숨 걸고 본질을 싫어하는 이유

의대 증원과 관련한 사회 이슈를 통해 우리는 이 문제로 어떻게 사업을 창출할 수 있는지에 대한 인사이트를 제공하고자 합니다. 현재 의대 증원은 1,500여 명에 달하고, 수시 비율은 68%에 육박하고 있습니다. 이러한 상황에서는 누가 가장 많은 혜택을 받을까요? 바로 수험생이 아닌 중고등 사교육 시장입니다. 사교육 시장 중 가장 큰 회사인 메가스터디도 이로 인해 상당한 이익을 얻고 있습니다.

그런데 이 상황이 이상하게 느껴집니다. 메가스터디 손주은 회장이 유튜브에서 언급한 내용을 살펴보면, 그는 "의대 몰빵은 사교육의 마지막 불꽃이며, 곧 엄청나게 꺾일 것."이라고 말합니다. 그는 또한 "비트코인이 상한가일 때 바로 떨어지는 것과 같다."라며, 교육은 AI 선생님 쪽으로 갈 것으로 예측합니다. 의사라는 직업 또한 수술이 로봇으로 대체될 것이라는 주장도 덧붙였습니다. 역사적으로 인서울에서 의대 몰빵으로 가는 현상은 사교육의 끝물이라는 것입니다. 의대 몰빵은 초등학생들 사이에서도 나타나고 있습니다.

메가스터디 회장은 의대의 의미가 없다고 하면서도 의대와 관련하여 수익을 미친 듯이 올리고 있습니다. 여기에서 도출할 수 있는 인사이트는 아무리 본질을 설명해도 대중은 관심이 없다는 것입니다. 이것이 바로 본질입니다. 본질을 알려줘도 대중은 관심을 두지 않는다는 사실이 본질입니다.

그렇다면 여기서 돈을 어떻게 벌 수 있을까요? 위의 통계에 따르면 의대 수시 비중이 68%입니다. 그렇다면 누가 가장 많은 돈을 벌까요? 바로 생활기록부 사교육 시장입니다. 실제로 이 분야의 컨설팅 대표 두 명은 이로 인해 막대한 수익을 올리고 있습니다.

의대에 학생들이 몰리면 서울대와 연고대에는 학생들이 빠지게 됩니다. 이를 보완하기 위해 편입학 시장이 활발해질 것입니다. 편입학 시장 또한 수익을 창출할 것입니다. 성인 교육 시장으로 시선을 옮겨보면, 유튜브와 칼럼에서 본질에 대해 지속해서 이야기하고 있지만, 대중은 아마도 관심을 두지 않을 것입니다.

종의 기원과 업의 본질을 이야기한다고 해서 무슨 의미가 있을까요? 대중은 관심이 없습니다. 초기 트래픽을 유도하기 위해 강조해야 하는 것은 '3개월 안에 한 달 만에 돈 버는 방법'입니다. 이는 딜레마입니다. 심지어 제가 운영하는 마스터 마인드에 참여해도 1~3년 동안 본질을 반복적으로 이야기해야 1년 뒤에야 이해하게 됩니다. 1년 동안은 뒷담화를 하다가, 1년 뒤에 정신을 차리면 다행인 상황입니다.

결국, 본질에 반응하는 사람을 대다수로 만들겠다는 생각 자체가 자연법칙에 어긋난다는 사실을 깨달았습니다. 또 한 번 본질이 확인되는 인사이트입니다. 사람은 절대 변하지 않는다는 것을 인정할 때, 그나마 사람을 변화시킬 수 있습니다. 손쉽게 돈을 벌 수 있다는 비본질을 팔 때, 돈이 버는 기현상이 발생하는 것입니다.

8 》

무의식의 이해와 비즈니스 원칙

1단계, 정신적 무의식의 해부

1단계는 정신적 무의식을 해부해야 합니다. 자신의 진짜 의식은 무의식 속에 있습니다. 이를 '메타인지'라고도 합니다. 당신의 생각, 행동, 습관, 경향, 그리고 알고 있는 것처럼 보이는 패턴과 지속해서 반복되는 행동이 여기에 해당합니다. 이는 단순한 생각이 아닌 자기 생각의 패턴을 발견하는 능력입니다. 관찰자의 관점에서 자신을 바라볼 수 있는 능력입니다.

당신 자신과의 상호작용을 스스로 갇히는 대신, 관찰자의 시각에서 바라볼 수 있는 능력이 필요합니다. 따라서 올바른 자기 인식을 위해서는 자신에 대한 탐구가 필요합니다. 에이그라운드에서는 과거 유아기, 청소년기, 성인기로 나누어 무의식을 탐구합니다. 이 과정을 거치는 목적은 왜곡된 셀프 이미지를 올바른 이미지로 대치시키기 위함입니다.

예를 들어, 유아기에 아버지가 "너는 아이가 아니야."라고 계속 말했다면, "나는 어린아이 같은 행동을 하면 안 되고, 나 혼자 모든 걸 해내야 한다."라는 무의식이 형성됩니다. 성인이 되어 비즈니스를 할 때 절대 협업이

나 동업을 하지 않을 것입니다. 과거로 돌아가 아이에게 "넌 아이다, 아버지는 네가 걱정돼서 그런 말을 한 것뿐이다. 인간은 남의 도움을 받지 않으면 크게 성장할 수 없어."라고 말해주고, 상황의 인식을 변화시킬 수 있습니다.

이러한 무의식은 당신이 믿어왔던 것이고, 사실이 아닙니다. 많은 사람이 '돈은 악한 것' 또는 '돈을 버는 것은 나쁜 것'이라는 의식을 가지고 있습니다. 이는 돈에 대한 무의식입니다. 돈을 버는 것은 행복이라는 긍정적인 인식으로 대치할 필요가 있습니다. 만약 돈을 악한 것으로 생각한다면, 돈을 벌수록 악해지므로 결국 돈을 다른 곳에 쓰게 됩니다.

왜곡된 의식은 컴퓨터에 바이러스가 있는 것과 같습니다. 바이러스를 제거하지 않은 채 고급 소프트웨어를 설치하는 것과 같습니다.

2단계, 정신적 인지
정신적 인지는 문제 해결 능력과 비판적 사고의 습관을 포함합니다. 다양한 것들의 우선순위를 정하는 것이 이 단계의 핵심입니다. 어떤 일이 얼마나 중요한지 순위를 매기고, 행동해야 하는 것이 생존에 유리하다면 지금 실행해야 합니다. 중요하지 않은 일은 뒤로 밀리게 됩니다. 첫 번째 단계에서 자신의 파악이 없다면, 두 번째 단계에서 중요하지 않은 것만 하는 이상한 행동을 유발할 수 있습니다.

이 단계는 수많은 경험과 실패, 성공 경험이 중첩되었을 때 통찰력으로 나타납니다. 성공 DNA를 가진 사람은 직관적으로 무엇을 먼저 해야 하는지 받아냅니다. 이들은 정보를 처리하기도 전에 이미 완료되었음을 알 수 있습니다. 일의 우선순위를 직관적으로 정하고, 하지 말아야 할 일을 거부할 수 있습니다. 이런 능력을 갖추게 된 것은 저의 수백 개의 의사결정 실수와 타인의 의사결정 실수를 수천 번 빅데이터로 학습한 결과입니다.

3단계, 비즈니스의 원칙 세우기

비즈니스의 원칙은 신념과 업의 사명을 포함합니다. 에이그라운드의 신념은 "베풀고 감사함을 아는 사람들이 세상을 이롭게 변화시킨다."라는 것이며, 업의 사명은 '사명을 찾아주고 유지하며 발전시켜주는 존재'입니다. 에이그라운드의 첫 번째 원칙은 업의 사명과 신념에 공명하는 사람들을 양성하고, 그들과 함께 행복한 삶과 경제적, 정신적, 신체적 자유를 추구하는 것입니다.

두 번째 원칙은 마스터 마인드 과정의 사명과 공명 정도가 높은 사람들을 5명 만드는 것입니다. 이들과 함께 기업을 운영하며, 이들은 다른 사업에 집중하지 않겠다고 약속하고 1년 단위로 계약을 맺습니다. 서로 신뢰 관계를 가장 솔직한 부분까지 오픈하며, 사명을 찾고 유지하고 발전시키는 사명에 어긋나면 의사결정을 하지 않습니다. 우리와 결이 맞지 않는 사람은 배타적으로 대하되 다양성을 인정합니다. 이 사명에서 나온 전략이 몰입 커뮤니티이며 비즈니스 커넥션입니다. 사내 기업가 시스템이기도 합니다.

원칙을 가진다는 것은 일종의 세계관이며, 많은 대중이 동의하지 않을 수도 있습니다. 본질에 가까우며 대중은 그것을 원할지도 모릅니다.

4단계, 다양한 조각들의 조합

재무, 마케팅, 조직 관리, 제품 생산, 유튜브, 페이스북 광고, 블로그, 릴스, 인스타그램 등의 조각들을 조합하는 것입니다. 여러분이 4단계부터 배우기 때문에 문제가 발생합니다. 페이스북 광고를 가르치는 사람이 사명을 가르칠 리가 없고, 회계를 가르치는 사람이 비즈니스의 원칙을 가르치지 않습니다. 무조건 떡상과 조회수 올리기에 열광하기 때문입니다.

하지만 여러분이 1~4단계의 성벽을 차곡차곡 쌓는다면 배우고 연결하며 상호작용을 이해하고 우선순위를 잘 판단하고 비판적으로 사고하는 습관을 들일 수 있습니다. 그렇게 될 때 비로소 억만장자가 사고하는 것을 그대로 할 수 있게 됩니다.

4단계만 가르치는 사람들은 당신의 비즈니스를 볼 때 당신의 개인사, 무의식, 여자친구 문제, 신념, 사명, 원칙 등 내면에서 원하는 것이 무엇인지 전혀 관심이 없습니다. 한 명의 인간을 10번 이상 만나도 다 파악할 수 없습니다. 그리고는 3~4번 아니면 1번 만나서 무슨 무당처럼 이렇게 하라고 합니다.

여러분에게 어리석은 조언을 하고는 뻔뻔합니다. 여러분이 이 사람들을 정말로 믿을 수 없고 그에게 의지할 수 없다는 것을 의미합니다. 코칭 컨설팅 과정이 1년, 2년, 3년 심지어 5년 이상 되는 과정인 곳은 한국에 전혀 없습니다. 진실을 그대로 전달하는 것뿐입니다. 수십 번 만나고 여자친구 관계, 이혼 관계, 내면에서 진짜 원하는 것, 진짜 신념이 무엇인지, 사명이 무엇인지, 돈에 대한 무의식은 어떻게 되어 있는지 등은 한 번에 알아차릴 수 없습니다. 그래서 수십 번씩 계속 복습 커뮤니티를 만들어야만 비즈니스 코칭이 가능합니다.

7년간 20억을 잃었고 4억을 교육비에 투자했으며 모든 시행착오를 겪은 결과를 진실로 말하는 것입니다. 모든 일을 스스로 깨지면서 배웠기 때문에 알려드릴 수 있습니다. 실제 진실은 성공하는 사람들은 다양한 모든 분야의 폭넓은 지식을 가지고 있지만 한 분야에 집중하는 사람들입니다. 특정한 일에 극도의 집착 방식으로 사업을 영위하는 것입니다. 결론적으로 한 가지 분야만 배우고 세상에 나가서 아무것도 할 수 없습니다. 가치를 창출할 수 없습니다. 최소 단계를 지키면서 3년, 보통 5년 전문가가 되기 위해서는 10년이 걸립니다.

왜냐하면 비즈니스는 사람들을 위해 가치를 창출하는 것이기 때문입니다. 서로 다른 분야가 연결되어 있습니다. 사람은 다양합니다. 따라서 사업을 시작하려면 서로 다른 부분들을 알아야 하고, 그것을 경험해야 하며, 그것이 어떻게 상호작용되는지를 현실로 경험해야 합니다.

9 》

성공적인 비즈니스를 위한 두 가지 습관

1년여간 지인 소개로 500만 원에서 1,000만 원을 벌어오신 디자인 에이전시를 운영하시는 분을 코칭하게 되었습니다. 코칭을 하다가 "어? 이상하다. 대표님, 혹시 대표님이 맡은 대행의 과정이나 개인적인 고뇌, 깨달음을 카페나 블로그에 비하인드 스토리로, 또는 유튜브와 인스타그램에 지속해서 공유하셨나요?"라고 물어봤습니다. 그에 대한 답은 거의 하지 않았다는 겁니다.

성공적인 비즈니스를 위한 두 가지 습관에 대해 알려드리겠습니다.

1. 매일 창조하는 것
2. 작품의 비하인드 스토리 보여주기

위의 2개만 3개월 정도 지속하시면 습관이 형성됩니다. 매일 하시는 겁니다. 여러 퍼스널이나 제품 브랜딩에 성공한 사람들의 공통점은 아주 단순하게도 저 두 개를 지속해서 행위를 반복한 것밖에 없습니다. 어처구니가 없지 않나요? 이걸 매일 하신다면 비즈니스 수익은 문제가 없습니다.

19년에 처음 글을 쓰기 시작했습니다. 2024년까지 총 250~300여 개 칼럼만 기준으로 유튜브 콘텐츠까지 하면 100여 개 매주 수요일 스터디 한 것까지 하면 1년이 52주니 6년으로 보면 312개의 강의 등등 셀 수 없이 콘텐츠를 꾸준히 생산했습니다. 그리고 이걸 깨달은 다음부터 저는 유튜브를 주 3~4회를 올리고 있고 카페에 칼럼은 주 3~4회를 올리고 있죠.

재가공해서 스레드도 시작했습니다. 약속을 걸려고요. 매일 스레드 글쓰기, 인스타 게시물 주 3회 올리기 등 여러 약속을 걸었습니다. 엄청난 통찰이 오고 깨달은 다음엔 행동은 자연스럽게 나옵니다. 제가 마스터 마인드 코칭을 할 때 "대표님, 메뉴판 팔 테니 글 써보세요."라고 100명에게 시키면 5명도 안 합니다. 글 3개 넘기기가 힘들어요. 여기에서 차이가 난 겁니다. 너무 간단해요. 이걸 하면 끝입니다.

이런 말을 하면 "아니, 배워서 하려고 하는데 시작을 해야 배울 수 있어요." 제가 이것을 제대로 깨달은 다음에 글을 올리는 빈도가 5배 이상 늘었습니다. 인스타그램 피드도 멈춰 있었는데, 다시 주 3회 올리려고 합니다. 이렇듯이 정말 중요한 통찰이 오면 현실에서 행동의 변화가 미친 듯이 일어납니다.

4부

지속 가능한
비즈니스 성공 법칙

1 》

단기적 관점과 장기적 관점을 연결하는 법

장기적 관점을 갖기 위해서는 몇 가지 전제조건이 필요합니다. 실리콘밸리의 투자자 네발은 비즈니스에서 성공하기 위해서는 명확하고 침착하며 차분한 마음가짐이 필수적이라고 강조합니다. 워런 버핏 또한 지속적인 산책을 통해 복잡한 정보의 수집을 피하고, 사소한 일에 신경 쓰지 않는 태도를 유지합니다.

현재 우리는 무한 레버리지 시대에 살고 있으며, 결과물은 방송, 자본, 노동 코드 등을 통해 수천 배로 부풀려질 수 있습니다. 장기적 관점을 형성하기 위한 첫 번째 전제조건은 침착하고 명확한 마음 상태입니다. 이러한 마음가짐은 장기적 관점을 극대화하는 데 도움을 줍니다.

명확한 마음은 더 나은 판단으로 이어지고, 이는 결국 더 나은 결과를 가져옵니다. 행복하고, 침착하며, 평화로운 사람만이 진정한 장기적 관점을 가질 수 있습니다. 중요한 문제가 발생했을 때, 우리는 끊임없이 정보를 수집하거나 사소한 일에 신경 쓰기보다는 밖에 나가 산책하는 것이 필요합니다.

머리가 복잡할 때, 사무실 근처의 한강이나 홍대에서 자전거를 타거나 산책을 하며 문제를 해결하는 기적을 여러 번 경험했습니다. 이렇게 장기적 관점을 유지하기 위한 전제조건이 완성됩니다.

장기적 관점의 본질

그렇다면 장기적 관점이란 무엇일까요? 회사의 가치를 살펴보면, 기업은 빠르게 성장할수록 무너지기까지 걸리는 시간도 짧아집니다. 훌륭한 비즈니스가 8년, 9년, 10년 걸려 만들어졌다면, 그만큼 무너지기도 8년, 9년, 10년이 걸립니다. 자본을 축적하는 가장 좋은 방법은 해결하기 어려운 실질적인 문제를 똑똑하고 유용하게, 천천히 그리고 체계적으로 접근하는 것입니다.

장기적 관점을 유지하기 위해서는 뇌를 재구성해야 합니다. 예를 들어, 저는 약 6~7년 동안 직원 없이 1인 기업가들과 협력하며 일할 수 있을지를 고민해왔습니다. 인간은 왜 행동하지 않을까요? 사업을 하면서 사명과 신념을 유지하고 발전시킬 수 있을까요? 비교의식이 없는 자부심 없는 사람들을 만들어낼 수 있을까요? 인간의 이기심을 활용해 이타심을 창출할 수 있을까요? 이러한 질문들을 지속해서 연구하고 실험하며, 검증하고 실패하는 과정을 겪고 있습니다.

누군가가 "어떻게 되고 있나요?"라고 물으면, "어렵습니다. 아직 해결하지 못했어요."라고 솔직하게 답합니다. 이런 태도를 통해 천천히 성장하고 복리를 쌓는 것이 중요합니다. 100억 원을 버는 것이 목표가 아니라, 그 과정이 목표가 되어야 합니다.

우리는 종종 "1천만 원 벌었어.", "1억 벌었어.", "내 자산은 20억이야."라는 말에 혹합니다. 이러한 카피라이팅은 단기적 수익을 추구하게 만들고, 장기적 관점에 해로운 영향을 미칠 수 있습니다. 대신, 복리의 효과로 1년에 15%씩 성장하는 것을 목표로 삼는다면, 천천히 복리의 효과가 적용되어 제이커브를 그릴 수 있습니다. 그러므로 느리고 꾸준하게 어려운 문제를 해결해야 합니다. SNS를 끊고 뇌에 휴식을 주는 것부터 시작하고, 머리가 복잡하면 산책하며 에너지를 회복해야 합니다.

우리의 뇌는 단 하나입니다. SNS 소비에 많은 에너지를 쓰면, 결국 어떤 일도 수행할 수 없게 됩니다. SNS는 뇌의 심리적, 생리적 구조를 변화시키며, 그 똑같은 뇌로 생산성을 높여야 합니다. 계속 단기적으로 생각하면, 같은 행동을 반복하게 됩니다. 스티브 잡스가 SNS를 반대했던 이유도 이러한 맥락에서 이해할 수 있습니다. 샘 알트먼도 이렇게 말했습니다. "비즈니스에서 가장 큰 경쟁 우위는 장기적으로 생각하는 것이다. 거의 아무도 이런 관점을 취하지 않는 세상에서 장기적 관점을 갖는 것만으로도 당신은 차별화된 강점을 갖게 된다."

단기적 관점과 장기적 관점을 연결하는 방법
그렇다면 단기적 관점과 장기적 관점을 연결하는 방법은 무엇일까요?

저는 지속적 코칭을 통해 이 문제에 접근하고 있습니다. 단기적 관점으로 지속적 코칭을 해왔지만, 그 과정에서 서로의 이익을 연결 짓는 작업이 부족했습니다. 이는 장기적 관점에서 서로의 이익에 반하는 행동이었습니다.

장기적 코칭을 통해 서로의 이익을 연결하는 협업 시스템을 발전시키는 것이 중요합니다. 이를 위해 3명의 코칭 대표님들과 협업 시스템을 구축했습니다. 한 명의 지식 창업자가 교육을 통해 레버리지를 활용하기 위해 유튜브 기술이 있는 창업자에게 수당을 지급하려 했습니다. 하지만 시간이 지나면서 두 사업체 모두 제대로 돌아가지 않게 되는 상황이 발생했습니다. 이는 단기적 시각에 갇혀 일을 그르친 예입니다.

3명의 지식 창업자를 융합하여 큰 그림, 신념, 사명을 엮고, 하부의 수익 분배를 명확히 하였습니다. 각자의 능력을 결합하여 서로의 파이를 키우는 구조를 만들었습니다. 문서 계약으로 심리적 신뢰를 구축하고, 매주 1회 몰입 커뮤니티를 통해 서로의 소통을 강화했습니다. 이렇게 개인적인 이야기까지 나누며 본질적인 목표를 명확히 하여, 같은 방향으로 나아가는 시스템을 구축했습니다.

단기적인 시각에 갇히지 않도록 하고, 서로의 목표를 장기적 관점으로 전환하기 위한 매일의 노력이 단기적 시각과 장기적 시각의 균형을 이루는 데 중요합니다.

2 》

성공을 위한 5가지 프로세스

1단계	정보가 없는 낙관주의
2단계	정보가 있는 비관주의
3단계	절망의 계곡
4단계	낙관론
5단계	성취와 성공

1단계, 정보가 없는 낙관주의

성공을 달성하기 위한 5가지 프로세스 중 1단계 정보가 없는 낙관주의에 대해서 살펴보겠습니다. 진실은 당신은 1년에 1억을 벌 수 없다는 겁니다. 진실을 인정할 때만이 그 이상을 벌 수 있습니다.

이 글을 읽고 있는 당신도 정상이 아니라는 것도 인정해야 합니다. 기존 사회시스템에서 10년, 20년, 30년 걸렸던 것이 단 몇 번의 짧은 기간으로 단축하는 방법을 찾았는데 위의 진실을 인정할 때만이 가능합니다.

전통적인 사회시스템 경로에서 벗어나 성공할 기회입니다. 7년간의 사업 기간 이 시스템의 경로를 벗어나는 것만 연구했고 그게 쉽지 않다는 것을 발견했고 알아도 우리의 무의식 때문에 못 하는 부분도 많다는 것을 발견했습니다.

7년의 기간을 낭비했지만, 여러분은 기회 앞에서 잠재력을 낭비하지 않도록 연구를 지속해서 했습니다. 이제 점점 완성 단계에 이르고 있습니다. 제가 겪은 시행착오를 그대로 겪는 것을 보는 게 고통스럽기 때문에 계속할 수 있었습니다. 시도할 수 있는 모든 온라인 오프라인비즈니스를 계속 시도했고 실패하고 성공도 했습니다.

오프라인 카페, 에어비앤비, 식품 제조, 다이어트 식품 브랜드, 위탁판매, 대량 등록, 마케팅 대행사, 릴스 대행사, 마케팅 컨설팅, 유튜브 에이전시, 필라테스 강사 마케팅, 한의사 마케팅, 취업 컨설팅 등등 다 나열하기도 힘듭니다. 작업에 투입한 이 모든 다양한 비즈니스 모델을 조사했지만 실패하는 때도 많았습니다.

실패한 모든 방법의 진실을 밝혀내고 설명하겠습니다. 매우 논리적인 방식으로 다 시행착오 속에서 밝혀낸 진실에 단계적 계획이 있음에도 성공할 수 없을 것처럼 보이는 이유와 가장 중요한 것은 '이 실패 사이클에서 벗어나기 위해 해야 할 일이 무엇인가?'입니다.

행동심리학에서 변화의 감정 주기라는 불리는 개념을 여러분에게 알려드리겠습니다. 예전 고대 시대부터 이 감정 주기는 학생과 성공 코치가 일대일로 작업을 할 때 사용하는 최고의 연습 중 하나이며 이 주기를 이해하는 것이 성공에 매우 중요합니다.

개인적인 여정에서 겪게 될 것이며, 가장 중요한 것은 이 개념이 왜 95%의 사람이 어떤 사업을 시도하든지 실패하는지, 왜 대부분 사람이 시도한 후에도 항상 실패의 순환에 갇혀 있는지 설명합니다.

이 모델은 인생에서 무엇을 하든지 간에 성공을 달성하기 위한 5단계 프로세스이므로 가장 중요합니다. 5단계로 구성된 내부 여정 1단계는 정보가 없는 낙관주의, 2단계는 정보가 있는 비관주의, 3단계는 절망의 계곡, 4단계는 낙관주의, 5단계는 성공과 성취단계입니다.

대부분 창업자는 1단계 정보가 없는 낙관주의에서 나도 모르게 월 1,000만 원 버는 법, 부업을 하는 법을 검색하다가 정보가 없는 낙관주의로 잘못된 강의를 선택하거나 잘못된 무리한 재정을 태우는 창업으로 시작을 하게됩니다. 에이그라운드에 오는 사람들은 1단계 정보가 없는 낙관주의자는거의 없습니다. 거의 2단계나 3단계에서 깨달은 사람들만 옵니다.

이 글의 목표는 단 하나입니다. 근본적인 수준에서 사업을 이해하고 이단계들이 성공을 성취하는데 당연하게 필요한 여정의 일부라는 것을 깨닫게 하고 이 여정이 성공의 여정의 일부라는 것을 인정하게 하는 것입니다.

많은 경우 창업자들은 실제로 이런 여정이 있다는 것조차 인정하지 않으며 이것을 겪고 나서야 깨닫습니다. 그런데 그냥 지금 깨닫고 인정하면 그것의 단계가 도래했을 때 받아들이고 전진할 힘을 가지게 됩니다. 5단계를 설명할지라도 1, 2단계 사람들은 이해하지 못합니다. 비로소 3단계 절망의 계곡에서야 깨닫게 되죠.

1단계는 정보가 없는 낙관주의입니다. 성공을 위한 5가지 프로세스의 시작점입니다. 인생에서 새로운 일을 결정할 때마다 그것이 새로운 사업이든, 대학을 입학하든 취직을 하든 운동을 배우든 여기가 시작입니다. 문제는 여기서 과대광고를 하는 사람들에게 부딪힙니다. 처음 아무것도 모르는 정보가 없는 상태에서 노력을 시작한 처음의 이유이며 이것이 최고의 낙관주의 상태입니다.

무식한 낙관주의라고 부르는 이유는 낙관주의 정점에 있어서 이상적인 상상만 강화하고 있기 때문입니다. 이 상태에서는 자신이 무엇을 하고 있는지 알지 못하며 그 속에서 성공을 거두는데 실제로 무엇이 진실인지 알지 못하기 때문에 다음 칼럼에 설명했듯이 파충류의 뇌, 침팬지 같은 단기간에 무언가를 얻을 수 있다고 심각한 착각을 하게 됩니다.

딜레마는 이것을 가르치는 사람들조차도 1단계에서 단기간에 무언가를 얻을 수 있다는 것을 자극해야만 1단계의 무식한 낙관주의자들이 반응하기 때문에 과대광고를 할 수밖에 없는 이상한 딜레마를 겪게 됩니다.

2단계, 정보가 있는 비관주의

1단계에서 정보가 없는 낙관주의에서 다뤘습니다. 2단계는 정보가 있는 비관주의입니다. 이번 단계에서는 엄청난 이상주의적 발상이 생성됩니다.

썸네일 카피만 보고 "자기도 우연히 돈 벌게 됐으면서."라고 생각하고 들어왔다가 너무 좋은 내용 보고 가네요. 종의 기원에 대해 더 말해주면 재밌을 거 같습니다. 근데 조회수는 안 나오겠지만요.

이 영상에 위의 댓글을 단 분이 정보가 있는 비관주의 예시입니다. 이 단계에서 여러분의 현실이 시작됩니다. 사업을 조사하기 시작하고 깊이 연구하기 시작합니다.

1단계 낙관주의일 때 생각하고는 전혀 다릅니다. 처음에 생각했던 그거보다 조금 더 어려울 수도 있습니다. 시작할 때 인식했던 것보다 성공하는데 더 많은 세부사항과 문제가 있다는 것을 알게 됩니다. 자신이 모르는 것을 알게 되므로 정보에 입각한 비관주의라고 부릅니다.

2단계일 때 대부분 사람은 자신이 모르는 것에 대한 양에 압도당하기 시작하고 성공하기 위해 배워야 하므로 비관주의 수준이 높아지게 됩니다. 대부분 사람은 자신의 능력에 의문을 제기하던지, 아니면 기회 자체에 의문을 제기하기 시작합니다. 성공을 이야기할 때 사람들은 뭔가를 숨기고 있는 게 있거나, 빠뜨리고 있는 게 있다고 생각하며 남의 성공에 의문을 제기합니다.

3단계, 절망의 계곡

절망은 우리의 비관주의가 절정에 달하는 순간입니다. 실제로 내면의 감정적 여정에 바닥을 드러내는 때입니다. 이때 사람의 본성이 다 나옵니다. 단톡방에 자기가 피해를 봤다며 피해자 흉내까지도 합니다.

이때 감정을 묘사해보면 당신의 마음은 왜 성공하려고 했는지 고민하기 시작하고, 주변 사람들은 전혀 그런 사람이 없습니다. 결국, 환경이 좋지 않은 것이죠. 친구나 가족을 보면 모두 평범한 직업을 가지고 살아갑니다. 그들 중 누구도 성공하지 못했습니다. 치명적인 환경은 당신이 진실을 받아들이고 미래의 행동을 창조하는데 가장 취약합니다.

주변 환경을 바꾸지 않고, 2단계와 3단계를 극복하는 것은 미친 짓입니다. 그래서 몰입 커뮤니티를 기획했습니다. 2~3단계를 넘어가려면 철저하게 부모, 여자친구, 주변 친구들과의 단절이 필요합니다. 주변을 다 성공을 하고 싶은 사람, 이미 성공한 사람들로 채워야 합니다.

그렇게 안 한다면 왜 당신이 성공하지 못하는지에 대한 비난한 일과 비난할 사람을 찾으려고 노력하기 시작하고 결국 결코 성공하지 못할 것이라고 스스로 확신하기 위해 머릿속에 시나리오를 만들기 시작합니다. 이 시점에서 여러 가지를 시도했지만 되지 않습니다. 무엇을 해야 할지 확신이 없고 포기 직전에 있습니다. 여기에서 실패할 경우 영원히 실패하게 됩니다.

7년간 코칭한 수백 명의 사람 중 3단계에 나가떨어지는 사람을 수백 명 봤으며 그 탓을 저에게 돌리거나 자책하고, 1~3년 뒤에 다시 찾아오는 기이한 현상도 봤습니다. 4억 원을 강의에 썼지만, 다시 돌아가는 강의는 없던 것으로 보아서 저에게는 1년에 수십 명이 다시 돌아온다면 이유가 있습니다.

1~3단계를 겪지 않겠다는 것은 어불성설이며 강도를 줄여주는 역할밖에는 못 합니다. 전제조건은 저와 접촉 빈도를 높이는 방법뿐입니다. 당신의 마음이 그릇이 되는 사람인지 테스트할 것이기 때문에 올바른 사고방식을 가져야 합니다. 포기하라고 말하는, 셀프1의 거슬리는 생각을 가지게 될 것입니다. 95%의 사람들이 경험하는 것입니다. 그들은 1~3단계의 실패주기에 갇혀 있습니다.

올바른 사고방식은 1~3단계가 자신을 위한 것이고 위기는 기회이며 그것이 그들이 시도한 다른 어떤 것보다 낫다고 스스로 확신합니다. 한두 가지 시도했다고 일이 처음 예상했던 그거보다 쉽지 않다는 것을 알게 되고 일이 예상대로 풀리지 않아 좌절하기 시작합니다. 남 탓을 하고 포기하게 됩니다. 다시 1단계 다른 기회를 찾고 그것에 대해 과대평가하는 끝없는 악순환을 하게 됩니다. 다음 일도 생각보다 어렵다는 것을 깨닫고 다른 일을 찾습니다. 무한 루프 1~3단계를 몇 번을 반복하고 끝없이 반복합니다.

95%는 평생 1~3단계의 순환에 갇혀서 생활합니다. 95%의 사람들은 인생에서 아무리 좋은 기회가 와도 인생에서 절대 성공할 수가 없습니다. 하지만 5%의 사람들은 이 진리를 알고 있습니다.

어떤 일을 하든 간에 고난에 직면하게 될 것이고, 절망의 계곡을 건너야 할 것이며, 그것이 당연하다고 믿는 것입니다. 그 악순환을 깨고·방해하는 생각을 제어할 수 있는 인간이 되는 것입니다. 이 단순한 말이 심장에 꽂힌 사람만이 다음 단계를 넘어갈 수 있습니다.

절망의 계곡을 넘어갈 수 있는 유일한 방법은 실패한 시도의 증상이 아니라 오히려 절망이 성공의 향한 필수단계라고 인식하는 겁니다. 대부분 사람이 3단계에서 실패하는 이유는 자신이 2단계라는 것을 깨닫지 못하거나 지금까지 말한 개념조차 인식하지 못하기 때문입니다.

마스터 마인드과정을 하다 보면 8~12주 차에 3단계에 올라갑니다. 이때 위의 사실만 기억하면 됩니다. 1~3년 장기간 코칭하는 이유는 사람마다 받아들이는 시기가 달라서입니다. 12 주안에 50% 이상 3단계를 넘어가게 도와주는 것뿐입니다. 나머지 50%는 6개월이 될지, 1년이 될지, 그 이상의 기간이 될지는 모릅니다. 문제를 정상적이라는 것으로 인식하는 것만이 실제 문제를 개선하고 고치기 시작하는 행동을 유발합니다. 사고방식 하나가 고통을 견디고 나올 수 있는 충분한 인센티브를 제공합니다.

이러한 진실을 전혀 믿지 않기 때문에 마스터 마인드 내부 과정에 무의식과 사명 세팅 단계가 있습니다. 전체 지도를 보게 하고, 학습법을 학습하게 하여 거미줄처럼 누적적 복습을 하게 만들어 놓았습니다. 95%가 1~3단계에서 실패하기 때문에 많은 장치를 심어 놓은 이유입니다.

무의식을 하고 돈 무의식을 한 이유는 대부분 사람은 진정한 힘을 가지기 위한 사고방식이 부족하기 때문입니다. 사람은 정말로 절대로 바뀌기 쉽지 않다는 것을 인정할 때만 사람을 바꿔낼 수 있습니다. 개별코치 이외에는 절대 얻어낼 수 없습니다. 이 여정에서 필연적으로 절망의 계곡이 오겠지만 걱정하지는 마십시오. 마스터 마인드의 무의식과 돈 무의식 그리고 사명 세팅 시스템은 당신이 인생에서 성공하는데 필요한 탄력성과 방탄 정신을 당신에게 부여할 것이기 때문입니다.

4단계, 낙관론

3단계인 절망의 계곡에서 빠져나온 소수의 사람은 낙관주의에 입각한 4단계는 절망의 계곡을 통과합니다. 첫 번째 작은 것을 얻는다면 승리의 일면을 보게 되고 작은 성공 경험을 하면서 이제 다시 낙천주의자가 되기 시작합니다.

마스터 마인드 코칭을 할 때 집중하는 것이 있습니다. 주로 1~3단계를 순환하면서 절망에 빠진 사람들이 대부분 오기 때문에 이때는 무의식과 사명 세팅을 다시 합니다. 도출된 사명을 가지고 아주 작은 성공 경험을 계속하도록 제가 가진 인맥과 자원 정보를 총동원해서 지원하기 시작합니다. 10만 원을 벌던 50만 원을 벌던 작은 아이디어를 실행했던 사람을 엄청난 인정과 칭찬을 시작합니다.

4단계(낙관론)와 1단계(정보가 없는 낙관주의)의 차이점은 잘못된 자신감이나 비현실적인 기대에서 비롯되는 것이 아니라 오히려 이에 대한 지식을 얻은 자신의 경험을 통해서 나온다는 것입니다. 점점 당신의 기대와 현실이 조금씩 일치되기 시작하는 지점입니다. 그리고 하룻밤 사이에 부자가 될 수 없다는 것을 받아들입니다. 시간이 좀 걸리겠지만 자신이 성공을 위해서 무엇을 달성해야 할지 알고 있고 무엇을 해야 하는지 정확히 알게 되는 단계입니다.

예를 들면 1~3단계를 3~4번 정도 거친 코칭 수강생이 성공의 단계에서

2가지를 빠뜨린 것이 발견됐습니다.

1. 매일 창조하는 것: 매일 영상 게시하는 것

2. 작품의 비하인드 스토리를 보여주기

이 2가지를 1~2년 동안 하지 않고, 말을 안 듣고 안 하다가, 이제 깨닫고 4단계로 갈 준비가 되었습니다.

필요한 기술을 개발하거나 매일 콘텐츠를 창조하고, 작품의 비하인드 스토리를 공개하는 것은 어려운 일입니다. 하지만 90일의 법칙이 있습니다. 90일 동안 참고 계속하시다 보면 습관화가 되고 편해집니다. 이러한 내면의 좋은 감정 상태는 여러분의 비즈니스에 반영되어 5단계로 인도합니다.

5단계, 성취와 성공의 단계

5단계에서는 성취와 성공을 얻게 됩니다. 첫 클라이언트와 자신의 존재급만큼의 수당을 받으며 일하게 됩니다. 계약이 시작되고 돈이 입금되고 고객과 신뢰 관계가 두터워집니다.

코칭 사례를 예로 들겠습니다. 1년여간 1~3단계를 계속 반복하고 사기 당하고 자기 확신이 없다가. 마케팅대행사를 준비하게 됐었습니다. 영업을 통해 노무사와 계약을 따낸 사례가 있었습니다. 이분은 약 300만 원의 계약금을 받고 성취를 거두었습니다.

신념과 사명이 명확하지 않아 서로 존중하고 수용력이 있는 사람들이 세상을 이롭게 변화시킨다고 믿고, 그들의 잠재력을 세상이 알아보도록 드러나게 해주는 존재라는 신념 사명을 세팅하고 노무사 유튜브, 릴스까지 추가로 계약을 따내게 코칭을 하였습니다.

　5단계에서는 규모를 확장할 수 있게 되고 수행하는 작업이 간단하게 작동되어 성공적인 사업을 운영하는 지점에 이르게 됩니다.

3≫

고부가가치 인간이 되기 위한 5가지 조건

1조건, 목발을 빼라

상위 1%의 삶은 현대 사회에서 그 어느 때보다 나아졌지만, 나머지 99%의 삶은 그 어느 때보다 더 우울합니다. 사업을 영위할 때 처음 레벨 0에서 시작하고, 레벨을 올리기 위해 노력해야 하는 게임과 같습니다. 요즘 '디비전'이라는 게임을 하고 있는데, 5번 이상 했음에도 아직 레벨 8입니다. 레벨 38이 되어야 장착할 수 있는 무기가 많습니다.

지금부터 하는 말은 여러분에게 거북할 수도 있고 기분이 나쁠 수도 있습니다. 당신들이 듣기에 매우 어려울 것입니다. 지금 당장 상상해 보세요. 당신이 꿈꾸는 배우자나 남자친구, 여자친구는 어떤 모습일까요? 그 사람은 미래의 아이들에게 어떤 멋진 엄마, 아빠일까요? 그가 또는 그녀가 당신 옆에 있다는 것이 얼마나 자랑스러울까요? 자, 이후에는 그 또는 그녀가 다른 이성과 함께 있는 모습을 상상해 보세요. 그 모습은 아프고 고통스럽습니다. 미래의 배우자를 잃었고, 미래 자녀의 부모를 다른 이성에게 잃었기 때문입니다.

다른 사람들은 매일 한 발을 앞으로 내밀고 레벨을 올리는데, 당신은 뒤에 남겨져 있습니다. 이것이 우리에게는 춥고 가혹한 현실입니다. 가치가 높은 인간이 무엇인지에 대한 큰 오해가 있습니다. 앞의 상황에서도 아무런 정신적 타격을 받지 않는 것이 실제로 가치가 높은 인간의 모습입니다.

실제로 이런 광경을 보는 사람들이 가치가 높은 인간이 된다는 것이 무엇을 의미하는지 모르거나, 단순히 가치가 높은 인간이 된 적이 없으므로 왜곡된 이미지를 상상하는 것입니다.

자신을 고가치 인간이라고 부르려면 지금부터 5가지 기준이 여러분에게 사실이어야 합니다. 이러한 기준들은 3주 안에 또는 6개월 안에 완성할 수 있는 것이 아닙니다. 그래서 여러 강의에서 '3개월 완성', '8주 완성' 같은 말은 허황된 이야기입니다.

첫 번째 단계는 목발을 빼라는 것입니다. 부자여야 하고 이성이 많아야 한다는 것이 목발이라면, 그런 목발을 사용한다면 절대로 높은 가치를 가질 수 없습니다. 저는 2019년부터 칼럼을 남겼고, 3년 전부터 유튜브를 시작했습니다. 제가 겪은 모든 과정, 성과, 실패, 그리고 처절한 우울한 감정을 여과 없이 공개했습니다. '무슨 저런 말까지 공개적으로 해, 약점 잡히냐.'라는 비판도 받았습니다.

하지만 7년의 사업 기간 중 1년 전, 아니면 6개월 전부터 결혼 이후 높은 가치를 느꼈습니다. 시서스 가루로 2억 매출을 냈을 때, 컨설팅으로 5,000에서 1억 수익을 냈을 때, 되돌아보면 높은 가치인 것 같지만 사실은 전혀 그렇지 않았습니다. 무의식을 탐구하면서 내면의 아이와 상처를 마주하고, 그 아이를 위로하면서 내면의 아이를 다 몰아낸 것은 결혼 이후의 일입니다. 불안감을 직면하지 않는다면, 여러분 안에 아이를 내버려두고 "나 1억 벌어, 매출 얼마야." 이러고 다닌다면 절대 고부가가치 인간이 아닙니다.

이것을 깨달으려면 5~7년의 여정이 필요합니다. 성취하고 노력하며 내면의 아이를 계속 만나고 직면하고, "나는 아무것도 아니다."라는 겸허한 감정을 지속해서 경험해야 합니다. 실제로 매출이나 이익은 그런 사람으로 보이게 할 뿐, 내면의 아이와의 대면을 소홀히 한다면 마음속 깊은 곳에서 가치가 높은 인간이 아니라는 신호만 받게 될 것입니다.

2조건, 타임라인을 다시 상상하라

고부가가치 인간이 되기 위한 5가지 조건 중 두 번째 조건인 타임라인을 다시 상상하라는 것에 대해 알아보겠습니다. 대부분의 사람들, 특히 한국에서는 1~2년 안에, 심지어 3개월 안에 한 달 만에 높은 가치의 인간이 될 것이라고 착각하고 있습니다. 이것은 유튜브나 미디어의 영향도 큽니다. 죄송하지만 그런 일은 절대로 일어나지 않을 겁니다. 저는 5년도 안 되어 그런 일이 일어나는 것을 전혀 본 적이 없습니다.

처음에 언급한 것처럼, 내부 작업이 너무 많아서 이러한 변화는 5~10년

이 걸립니다. 저도 아직 그 길에 있다고 느끼고, 이 사실을 깨닫는 데 7년이 걸렸습니다. 제가 사업을 시작한 2017년부터 현재 2024년까지 엄청나게 많은 시행착오를 겪었습니다. 빚 2억 원, 직원의 배신, 잘못된 투자, 잘못된 교육, 과도한 광고비 지출, 자존심을 꺾지 못하는 문제, 아버지와의 과거를 완결하지 못한 것, 신념을 잘못 설정한 것 등 수십, 수백 개의 경험을 통해 깨달았습니다.

2024년 초중반에 최근에서야 증명할 필요가 없다는 것, 아무것도 의미가 없다는 것을 체득했습니다. 여러분이 얼마나 자존감이 높은지, 자신감이 있는지는 단지 그 사람의 태도와 에너지를 느끼는 것입니다. 보이는 매출이나 외모로 설명하기는 어렵습니다. 저는 7년이 걸렸고, 아마 2~3년은 더 걸릴 것 같고, 때로는 10년, 15년이 걸리기도 합니다. 하지만 다른 선택은 없습니다.

이렇게 긴 과정이라는 것을 예상할 수 있죠. 그런데 그 예상조차 부정하고 미래 삶을 빨리 앞당길 수 있다고 착각해 자신의 삶을 갉아 먹습니다. 이런 단기적인 행동을 반복하는 이유는 여러분의 불안감에 직면하기를 거부하기 때문입니다. 과거의 트라우마, 대부분 사람이 실제로 이야기하지 않는 것들이 자신을 고부가가치로 가는 데 장애물이 됩니다.

정말로 가치가 있는 사람들은 여러분이 과거의 트라우마에서 벗어나지 못하고, 불안함을 두려워하며, 그들에게 잘 보이고 싶어 하고, 매출로 자신을 포장하려는 것을 바로바로 느낍니다. 그들은 당신을 꿰뚫어 볼 것입니다. 비록 당신이 가치가 높아 보여도, 여전히 어른아이일 뿐이며, 그것을 유지한다면 인생에서 원하는 사람들을 결코 끌어들일 수 없습니다.

제가 과거에 끌어들인 사람들은 모두 저를 이용하려고 하는 사람이었고, 이는 최근까지도 반복되었습니다. 그 결과는 모두 제가 초래한 것이죠. 나 자신에게 진실해야 하며, 진정성이 있어야 하고, 자신을 속이지 말고 겸허함을 알아야 합니다. 내가 모른다는 것을 진심으로 인정하고, 시간이 오래 걸릴 것이라는 사실을 내면에서 받아들일 때 비로소 고부가가치 인간이 되기 위한 조건이 성립됩니다.

3조건, 궁극적인 진정한 자유를 갖는 것

높은 가치의 인간이 되기 위한 세 번째 조건은 궁극적인 진정한 자유를 가지는 것입니다. 이는 재정적, 신체적, 정신적 자유의 3위일체를 의미합니다. 진정한 자유는 단지 지금 당장 돈을 많이 버는 것만을 의미하지 않습니다. 제가 작년에는 외형상 매우 커 보였습니다. 사옥이 있고 직원이 15명이었죠. 그런데 그런 것을 이루고 나서 작년 여름에 갑자기 병에 걸려 한 끼도 못 먹는 상황이 발생했습니다. 직원 한 명 한 명을 돌보는 것도 벅찼습니다.

하지만 지금은 직원이 1~2명이며, 매출도 작년과 비슷해졌습니다. 수익은 더 많아졌고, 관리할 사람도 더 적습니다. 여러분은 1년에 10억을 벌면서 사무실에 갇혀 있을 것인지, 아니면 1년에 1억을 벌면서 전 세계 어디서나 자유롭게 일할 것인지를 자신의 성향에 맞게 선택해야 합니다. 저는 두 가지를 다 경험하고 자유를 선택했습니다. 그리고 그 자유를 더 확대하는 전략에 집중하고 있습니다.

정신적 자유란 세 가지 감정을 제어할 수 있어야 가능합니다. 그것은 비교의식, 인정욕구, 옳고 그름입니다. 신체적 자유란 몸에 들어가는 음식을 좋은 것만 먹고 매일 운동하는 것입니다. 작년에 제가 신체적 자유를 잃어버려 한 달 동안 밥도 못 먹었습니다. 이런 일이 발생하더라도 아무 의미가 없어집니다. 내년에는 모든 컨설팅을 시스템화하여 전 세계 어디서든지 컨설팅 대표님들과 여행하며 돈을 버는 시스템을 기획하고 있습니다.

4조건, 역경을 사랑하는 것

초등학교를 제외하고 중학교 때 대치동으로 이사를 가서 반에서 5등을 하다가, 뒤에서 2등을 하고 고등학교에서도 겉돌다가 결국 수능에서 186점을 받고 강원도의 한 학교에 갔습니다. 20대 전체를 재수와 편입으로 보내고, 27세에 아주대에 편입한 후에도 의약수의대를 간다고 목적 없는 공부만 하다가 27세에 해병대 장교가 되었습니다. 그 과정에서 인격 모독과 인간 이하의 취급을 받으며 장교 생활에 적응하지 못했습니다.

우연히 소대장 생활을 잘하지 못해 상황 장교로 차출되었고, 해병대만 뽑는 CJ제일제당 전형에서 경쟁자가 없어 합격하게 되었습니다. 그러나 대기업 안에서도 적응을 못 하고 구타를 당하거나 대리 진급을 하지 못한 채 7년을 보내며 34세까지 제대로 일이 풀리지 않는 사회 부적응자였습니다. 이러한 역경들은 저를 화나게 만들고 일이 안 풀리게 했습니다. 그래서 그것을 사랑하는 작업이 필요했습니다.

저는 10대, 20대, 30대까지 세상에 화가 나 있었기 때문에 이러한 역경들에는 특정한 도전이 있었습니다. 가장 안타까운 일은 한 사람이 어려움을 겪으면서 한 단계 더 나아지지 못하고 자신의 힘을 발휘하지 못한 채 죽어버리는 것입니다. 도전에 직면하고 그것을 극복해 나가는 인간이 되어야 합니다. 아침에 일어나서 혹은 자기 전에 자신을 바라보고 이런 행위를 하는 것도 좋습니다.

10대의 서한아, 너는 기죽을 필요가 없어. 반에서 35등 해도 돼. 1등 해봤자 서울대나 연고대에 가겠지. 서한아, 네가 30대 후반이 되면 서울대와 연고대 나온 사람들이 너의 도움을 받아 줄 서서 기다릴 거야. 너는 1등 할 필요 없고, 35등에 기죽을 필요 없어. 20대의 서한아, 너는 학벌에 목매는 행위를 할 필요가 없어. 너는 20대에 놀아도 되고, 굳이 네가 원하지 않는 공부를 하며 보내지 않아도 돼. 심지어 그 공부를 하면서 보내도 되고, 공부한 것도 다 도움이 될 거야. 굳이 거기에 집착하지 않아도 행복할 수 있어. 어차피 너는 40대가 되면 네가 그렇게 부러워했던 약대와 수의대 합격한 친구들이 연락을 할 거야. "어떻게 돈을 벌 수 있냐?"라고 물어볼 거야. 웃기지 않니? 네가 그렇게 되고 싶었던 그 직업이 사실은 아무것도 아니었어.

30대의 서한아, 네가 대기업에 가서 팀장님이 하는 일을 사수가 알려주는 거, 이상하게 머리에 안 들어오지? 하는 일마다 실수를 하고 대리 진급은 동기 중에 가장 늦게 했잖아. 그게 왜 그런지 알아? 너는 원래 더 큰 존재라서 어떤 회사의 쳇바퀴 안에서는 절대 너의 잠재력을 발휘할 수 없기 때문이야. 그러니까 아저씨에게 술 먹고 왜 맞았는지 모르겠지? 그분이 너를 정신 차리라고 빨리 그만두라고 때려주신 가장 감사한 분이야. 그리고 투잡 할 때 빚진 거, 초반에 2억 빚을 져서 얼마나 다행이야. 네가 40억 빚을 지면 소생도 안 돼. 너는 무엇을 하던 다 잘한 것이었어. 그러니 자책 말고 용기를 가져.

이런 식으로 자신을 위로하거나 유머로 승화시키면서 과거의 자신에게 자존감을 높여주세요. 10대, 20대, 30대의 역경은 오늘날의 저를 형성했으며, 그 구간마다 자책과 자존감 하락을 사이코사이버네틱스 방식으로 대치시켜 거울을 보면서 자존감을 회복하는 작업을 했다면, 그 역경을 극복한 10대, 20대, 30대의 자신을 마주할 수 있을 것입니다. 잘 해내왔기 때문에 현재 이 글을 보고 계신 겁니다.

고난을 겪지 않은 인간은 어떤 누구에게도 존경받을 수 없으며, 전쟁에 참여하는 인간이 될 수 없습니다. 왜냐하면, 고난을 극복할 때만이 사람이 업그레이드되기 때문입니다. 가끔 컨설팅에 오시는 분 중 고난을 겪어보지 않은 분이 오시면, 저는 "지금부터 고난을 줄게요. 그것을 극복하든지 포기하든지 하세요."라고 하며 혹독하게 훈련하기도 합니다.

5조건, 이미 그것을 성취한 사람들을 만나는 것

지금까지 4가지 조건에 관해 이야기했는데, 이 마지막 조건은 4가지 조건들보다는 약하지만, 마지막 퍼즐이기도 한 조건입니다. 많은 사람들이 이런 여정을 시작할 때 네트워킹에 집착하는 경향을 보입니다. 저는 처음에 반드시 무의식이 완결될 때까지, 사명이 설정되기 전까지는 절대 외부 네트워킹을 하지 말고 안전한 네트워킹만 하라고 강조합니다.

핵의 에너지를 갖추기 전에 5번의 행동을 하면 안 된다는 이야기입니다. 결국, 원자는 네트워킹해봤자 힘이 없습니다. 이미 성취한 사람들에게는 네트워크를 형성하려고 애쓰지 말고, 그저 존중을 보내는 일만 하면 됩니다. 그렇게 되면 그들이 저에게 연락하거나 우리를 동등한 동료로서 소개해 줄 것입니다.

네트워킹으로 해결할 수 있는 문제들이 많습니다. 저는 약 6~7년 동안 제가 베푸는 행동을 지속해 왔고, 그 사람들에게 존중을 보냈기 때문에 이런 일이 생기기도 합니다. 제가 건조 과일 프랜차이즈 납품을 하다가, 맛밤을 수입해달라는 유통사의 요청을 받았고, 컨설팅을 받으신 분 2명에게 의뢰했습니다. 그런데 1명은 CJ 독점이라 안 된다고 했고, 나머지 1명은 어떻게 했는지 모르겠지만 다른 공장을 뚫어서 현재 한국에 샘플까지 도착해 일이 추진되고 있습니다.

또 하나의 사례는 다음 후기 주인공의 사례인데, 2년 동안 혹독하게 1~4번을 실천한 결과 릴스 대행사를 차렸고, 그 전에는 관심도 없었던 수십 명의 파트너가 나타나서 릴스 대행을 의뢰하고, 그 안에서 네트워킹이 강화되고 있습니다.

이 다섯 번째 요점은 4가지 조건의 맨 위의 체리를 따르는 것입니다. 실제로 이 다섯 번째 요점에 도달하면, 강력하고 영향력 있는 사람이 될 수 있습니다. 문제가 무엇이든 당신을 위해 직접 일하고, 당신에게 빚진 문제 해결사들이 신속하고 전문적으로 당신의 문제를 해결해줄 것입니다. 이것이 당신이 고부가가치 인간이 되는 다섯 가지 방법입니다.

높은 가치의 남자라고 착각하는 행동은 하지 마세요. 돈을 많이 벌고 외제 차를 끌고 클럽에 가서 비싼 술을 사고 그런 행동을 해도 괜찮습니다. 1년에 1~2번쯤은요. 하지만 그것은 클럽에서 친구들과 돈을 쓰는 것 이상이하도 아닙니다. 그것이 고부가가치를 만들어내는 것은 아닙니다.

4 》

사명을 사업의 전략과 도구로 만드는 비법

사명을 사업의 전략과 도구로 체화시키는 여러 가지 사례에 대해서 알아보도록 하겠습니다. 얼마 전 코칭한 분의 이야기를 들려드리겠습니다. 기타를 치고 싶은데 기타가 돈이 안 돼서 그 분야에 들어가지 못하는 분이 있었습니다. 그런데 이렇게 한번 생각해보시죠, 기타는 엔터테인먼트 사업의 일종이죠, 밴드나 연습실 같은 사업이 될 수도 있고, 음악을 가르치는 코치 관련 사업이 될 수도 있으며, 연기를 가르치는 것에 대한 것도 될 수도 있습니다. 이런 식으로 생각을 확장하는 겁니다.

취미밴드에 가서 40~50대 대상으로 그 사람들이 음악을 회사에 다니면서도 안 놓는 결정적인 이유를 찾고 그 문제를 해결해주면 자신의 문제를 해결하고 타인의 문제까지 해결하는 겁니다. 이렇게 할 수도 있죠, 부동산을 월세로 임대합니다. 연습실로 쓴 곳이에요. 그것을 댄스 연습실로 임대하고 돈을 벌면 합주실도 임대해요, 합주 후 뒤풀이할 연회장도 구획으로 나눠요,

우리는 주 1회 쓰고 주 5~6일은 임대하면 수익이 발생하네요. 이분들은

회사 다니기 때문에 기본적인 마케팅을 해놓고 1호점의 성공을 증명하고 프랜차이즈를 내줘요. 그럼 음악도 하고 부동산도 하고 사업수익도 내는 이상적인 형태가 됐네요. 엔터테인먼트 산업론이라는 어려운 책을 쥐여 드리고 고민하라고 하고 보냈습니다.

기타코치와 강사의 예를 들어보면 그들과 이야기를 나누고 문제를 발견하고 그들의 가장 고통스러운 문제가 무엇인지, 밤새우며 계속 고민하는 그 문제가 무엇인지 알아내기만 하면 됩니다. 그리고 그 문제를 해결하면 사업이 되는 겁니다. 요약하자면 계속 탄식처럼 도는 분야 틈새시장을 찾고 그 사람들과 이야기해서 진짜 밤새워 고민하는 것을 듣고 그 문제를 해결해주면 비즈니스가 되는 겁니다. 또한, 문제와 해결책 사이의 부산물은 가치입니다. 가치를 창출하면 돈이 산출됩니다. 본격적으로 다음은 무엇일까요? 완벽함을 추구하는 것입니다. 이것은 비즈니스에서 완벽한 상태는 무엇인지 상상하는 겁니다.

바로 사명선언문을 작성하는 겁니다. 구글을 예로 들어보겠습니다. 구글의 사명선언문은 세계의 모든 정보를 정리하고 보편적으로 접근할 수 있게 하며 유용하게 만드는 것입니다. 이것이 왜 중요할까요? 이것은 회사에서 여러분이 실제로 하는 행동, 전략에 엄청난 무기가 되며, 현존하는 경영의 도구 중 가장 강력한 도구입니다. 다시 강조합니다. 사명은 현존하는 경영의 도구 중 가장 강력한 도구입니다. 여러분이 생각하는 블로그 상위노출, 쇼핑 상위노출이 도구가 아닙니다. 모르는 사람들은 이것이 단순 단어의 묶음으로밖에 안 보일 겁니다.

우리는 이 사명을 달성하기 위해 이 목표를 달성하기 위해 집중하고 개선해야 합니다.

우리는 세계의 모든 정보를 어떻게 하면 잘 정리할 수 있을까요? 우리는 세계의 모든 정보를 어떻게 보편적으로 접근을 가능하게 만들 수 있을까요? 우리는 세계의 모든 정보를 어떻게 유용하게 만들 수 있을까요? 정보는 기본적으로 웹페이지, 이미지, 책, 동영상, 지리정보, 이메일 등으로 나뉩니다. 실제로 구글은 유튜브가 어리석은 아이디어라고 모두가 생각할 때 초기에 수십억 달러에 유튜브를 인수했습니다. 사명에 필요했기 때문입니다. 또한, 지도가 필요해서 구글 맵을 샀고, 구글 어스도 샀습니다.

다음으로 모든 정보를 유용하게 만들기 위해 언어가 필요했습니다. 이 정보를 제공하는 언어가 많아질수록 유용해지기 때문이죠. 지구상의 더 많은 사람이 실제로 접근 할 수 있으므로 다양한 언어가 필요합니다. 또한, 정보를 유용하게 만들려면 모바일이 필요하며, 음성도 필요하죠, AI 기술도 필요합니다. 구글은 이 사명을 실현하기 위해 안드로이드도 인수했습니다. 안드로이드 휴대전화를 생산했고 지구상에 안드로이드 체계를 채택하는 사람들이 많아졌습니다. 이처럼 구글은 사명선언문이 얼마나 명확한지 그들이 완벽함을 향해 나아가는 정확한 경영의 도구를 사용하는 방법을 알고 있다는 것입니다.

사업 초창기에 이런 사명선언문이 존재하는지도 몰랐고 아무리 돈을 긁어도 그 강사들은 가르쳐 주지 않았으며 수천 권의 책을 읽고 수억의 강의를 듣고 실전 사업을 하면서 하나하나 조립을 하다가 발견한 것입니다. 심지어는 우리나라에서는 이것을 종합적으로 알려주는 곳이 별로 없고 있어도 강의에서 끝나기 때문에 지속해서 습관화해야 하는데 방법이 없습니다. 그래서 에이그라운드의 사명은 사명을 찾고 유지하고 발전시켜주는 존재로 정했고 구체화하고 있습니다.

첫 번째로 사명을 어떻게 찾아줄 것인가?

이 고민을 하다가 영성 쪽에 무의식 분야를 가져왔습니다. 결국, 나에 대해서 분석하고 진정으로 파악한 자만이 사명을 찾을 수 있겠죠. 그래서 과거부터 무의식을 파기 시작합니다. 유년기, 청소년기, 성인기, 가족관계 등을 다 뒤지고 제약을 가진 생각을 사이코사이버네틱스 방법으로 대치시킵니다. 그리고 사명과 신념을 찾는 여러 가지 방법을 적용합니다. 최근에는 이키가이도 적용을 해보고 있습니다.

두 번째로 사명을 어떻게 유지시킬 것인가?

이것의 아이디어가 몰입 커뮤니티와 사명이 공명했고 매일 아침 사명을 말하고 사명을 어떻게 사업에 적용할지 말하고 그것을 행동할 수밖에 없는 환경에 넣는 몰입 커뮤니티입니다. 사명이 공명해서 서로 같은 목표를 보고 이런 미친 행동을 함께하게 됩니다.

세 번째로 사명을 어떻게 발전시킬 것인가?

제가 아는 사업기획 방법을 월 2회 이상 지속적 코칭을 하고 비즈니스 커넥팅 시스템으로 적합한 연결과 안전한 네트워크를 제공하자, 그리고 스탠퍼드 챌린지를 합니다. 빠른 행동의 습관만이 조그만 사명의 증거들을 발견해나갈 수 있기 때문입니다.

마이크로소프트의 사명 선언문을 살펴보겠습니다. 사명 선언문은 "모든 컴퓨터를 전 세계의 모든 가정에 두겠다."입니다. 이 사명을 설정했을 당시 컴퓨터는 한 채의 집보다 컸고, 컴퓨터를 옮기려면 트럭과 크레인이 필요했습니다. 심지어 사용은 과학자들만 할 수 있었죠. 이때 빌 게이츠는 미친 취급을 받았고, 정신병이 있다고도 했습니다.

사명선언문을 분해해 보겠습니다. "컴퓨터를 한 칩에 한 개를 넣어야 한다."는 것입니다. 그렇다면 디스크는 매우 작아야 합니다. 그러나 컴퓨터는 집만 한 크기였으니, 어떻게 해야 할까요? 더 가볍고 싸야 하며, 책상에 들어가야 합니다. 과학자가 아닌 일반인, 주부도 사용 가능해야 합니다. 전원도 가정용이어야 하고, 크기는 책상보다 작아야 하며, 가격은 더 싸야 합니다. 유용성은 아주 커야 하고, 개인적인 문제까지 해결해야 합니다.

예를 들어, 마우스와 키보드, 윈도우의 실용성을 고려하며, 사람들이 집에서 편지를 쓰는 것을 좋아하니 타자기로 사람에게 우편을 보내듯 이메일이 나왔고, 예산 관리는 엑셀로 해결되었습니다. 이러한 과정을 통해 마이크로소프트 사무실이 탄생한 것입니다. 빌 게이츠가 처음 말했을 때 미친 소리라고 여겨졌지만, 현재는 그 말이 그대로 실현되었습니다. 모든 도구와 기술이 만들어지면서 사명이 정의된 것이죠.

너무 큰 회사라서 와닿지 않는다면, 미국의 샘 오븐이 운영하는 컨설팅 펌의 미션을 소개하겠습니다.

사명선언문: "지구상의 모든 인간을 교육하는 것."

미친 이야기처럼 들리지만, 한 개의 회사가 지구상의 모든 인간을 교육할 수 있습니다. 역사를 돌아보면 교육 덕분에 우리는 진화해왔습니다.

'모든 인간'이라는 표현은 모든 언어로 교육을 제공해야 한다는 의미입니다. 서로 다른 필요와 사용 사례, 문화적 차이 등 장벽이 많습니다. 아프리카에는 인터넷도 없죠. 그러나 이것이 멋진 부분입니다. 크게 생각할 수 있고 문제를 해결하려고 노력할 가치가 있기 때문입니다. 우리가 매일 겪고 있는 일이기도 하죠.

설문 조사를 진행하다 보면 이런 답변이 나옵니다. "정확한 정보가 분류돼서 내 머리에 칩이 있어서 자동으로 의사결정을 내리고 올바른 판단을 하게 되면 좋겠다." 김서한의 머리를 복사해서 의사결정을 내리고 싶다는 생각도 나오죠. 말도 안 되는 이야기처럼 들리지만, 현재 태차장 대표님과 함께 컨설팅에 AI를 도입하고 있는데, 이게 가능합니다.

　배우는 것: 배운다는 것이 다양하고 배워야 할 모든 것이 있다면?

　시간: 내가 배우고 싶을 때 마음대로 즉시 배운다면?

　노력: 사람들은 본능적으로 아무것도 하고 싶지 않습니다. 두뇌에 칩을 넣고
　　　 싶어 하죠.

결국, 아무 노력 없이 두뇌에 칩을 넣으면 엄청난 돈을 벌 수 있을 것입니다.

결론적으로 내가 어떻게 돈을 벌 수 있는지만 생각하지 마세요. 어떻게든 사람들을 따라 해서 그들보다 더 나은 존재가 되려고 하지 마세요. 차라리 그럴 바에 사명 선언문 하나 만들고 그 어구를 어떻게 실현할지에만 집중하는 것이 좋습니다.

큰 문제를 틈새시장에서 발견하고, 사명 선언문에 따라 완벽을 추구하는 행동을 지속할 때만 비즈니스를 성공할 수 있습니다.

5 ≫

천명을 통한 사업의 지속 가능성

탄식에 기반을 둔 사업만이 10년, 20년 가는 지속 가능한 비즈니스입니다. 제가 중요하게 강의하는 책인 『세상에서 내가 꼭 해야 할 일 천명』에서도 이와 같은 내용을 다룹니다. 바로 탄식입니다. 탄식에 기반을 둔 사업만이 지속 가능하다는 것입니다. 천명이란 당신이 지긋지긋하다고 느끼면서도 계속 해온 일을 의미합니다. 사업을 시작하는 사람들은 직장이 지겨워서 이전 일은 거들떠보지도 않고 새로운 일을 찾고 싶어 합니다.

저는 약 20여 개의 사업을 벌이며 실패도 하고 성공도 했습니다. 그리고 7년 후에 살아남은 사업은 식품 제조업과 마케팅 컨설팅업입니다. 제가 처음 천명을 발견한 것은 식품회사에서 7년 경험을 기반으로 한 식품 제조업과 유통업입니다. 이를 통해 유통에서도 2억 원을 해봤고, 식품 제조업은 5~6년간 지속해서 수익을 창출하고 있습니다. 2019년에 시작한 비즈니스 컨설팅업도 매달 지속 가능한 수익을 만들어내고 있습니다.

생명공학 전공과 식품회사에서의 7년 경험이 기반이 되었으며, 7년여간의 마케팅 수업과 책, 사기 당한 경험이 탄식으로 작용해 마케팅 컨설팅업이 지속할 수 있게 되었습니다. 그러나 과거 경험에 입각하지 않은 에어비 앤비, 오프라인 카페, 필라테스 마케팅, 한의원 마케팅, 커뮤니티 업, 북클 럽, 유튜브 컨설팅, 대행, 해외 비즈니스 콘텐츠 등등 수십 개의 사업을 시 도했지만 단 한 개도 지속 가능성을 만들지 못하고 단발성 수익에서 그쳤 습니다.

그래서 다시 탄식으로 돌아가 보니, 저는 20대에 재수와 편입으로 27세 까지 보냈습니다. 이 탄식을 이용하면, 현재 의대 광풍이 불고 있어 서울 의 연고대 학생들이 자퇴할 것입니다. 학벌이라는 것은 명예욕이고, 이 명 예욕은 사업으로 바꾸면 돈으로 교환할 수 있습니다. 수능 4수, 편입 3수를 한 저는 무언가를 발견했습니다.

장교 전역 후 30세에 CJ제일제당에 취직했고, 원서 1개를 넣어서 취직했 습니다. 식품 기사 자격증도 있고, 식품 기술사 자격증도 딸 수 있습니다. 취업 시장을 보니 10년 전 강사들이 여전히 잘하고 있더군요. 그렇다면 식 품 생산 관리와 품질 관리 전문 취업 컨설팅이 가능한가? 이런 탄식들을 도출할 수 있었습니다. 당신이 지긋지긋하다고 탄식하면서 계속해온 일에 돈이 있고, 천직이 있습니다.

7년의 사업 경험상, 자신이 플레이어가 될 수 없는 사업에서는 엄청난 기 획을 하고 그 플레이어와 신뢰 관계, 원칙, 계약 관계를 제대로 형성하지 않으면 절대적으로 그 사업은 큰 위험을 안고 실패한다는 진리를 깨달았습니다. 결국, 자신이 플레이어가 될 수 있는 분야와 탄식, 그리고 그 과거 경험이 있는 분야만이 지속 가능한 수익을 창출할 수 있다는 사실을 깨달았습니다.

여러 컨설팅 사례에서, 외식업에서 다점포로 실패한 분이 다점포를 운영하는 사람들을 컨설팅하는 다점포왕 카페를 운영하며 5천만 원의 순수익을 내기도 했습니다. 회계사를 너무 싫어한 나머지 5년 동안 여러 가지 자영업, 부업, 투잡 온라인 등을 시도하다가 저에게 와서 폐쇄몰 지식 창업을 하며 물건을 팔려다가 '세무코치'라는 퍼스널 브랜딩을 하였습니다.

5년 전에 학원에서 동기로 만난 라이브 커머스 대행사 대표님은 몇 년 전부터 유튜브와 먹방 쪽으로 시도를 하다가 물건을 파는 것에 실패하고, 결국 저와 함께 천명을 찾아 라이브 커머스 대행사를 운영하게 되었습니다. 인사 쪽에 특화된 분 또한 라이브 커머스 대행사를 하며 인사 직무의 특기를 최대한 활용하고 있습니다. 1년 동안 배우기만 하다가 천명이 확 들어온 20대의 남자아이는 두 달 만에 순수익 200만 원을 찍기도 했습니다.

다른 사람이 가진 흔들림 없는 어떤 것을 꿰뚫어보고 그것에 영향을 줄 수 있다면, 서로 인생의 목표라는 소중한 것을 공유할 수 있게 됩니다. 이는 매우 소중한 동반자를 얻는 것을 의미하며, 에이그라운드에는 200여 명의 동반자가 있습니다.

이 천명을 찾기까지는 몇 년이 걸릴 수도 있습니다. 개인차가 있습니다.

우선 대표님들은 제 글을 보고 도망갈 것입니다. 도망가다가 탄식하며 불만을 터뜨릴 것이고 두려워할 것입니다. 정말 싫은 일이거든요. 그런데 이러한 결과를 얻기 위해서는 끈기와 시간이 필요합니다. 또한, 어려움이나 탄식이 동반됩니다. 그러나 이러한 자세로 관계를 지속하면 서로의 천명이나 뜻이 다름에도 불구하고 각자의 천명을 공유하게 되고, 그 과정에서 강한 유대관계가 생겨 서로 협력하게 됩니다.

천명적 재능을 발견하면 일어나는 일을 알려드리자면, 천명과 천직은 엄청난 고난과 시련을 극복하고 얻은 재능이기 때문에, 이것을 남을 위해 사용할 수 있습니다. 저희는 나와 비슷한 어려움을 겪는 대표님들을 컨설팅을 통해서 도움을 줍니다. 저는 저와 같이 일반인 이하 수준의 재능을 갖춘 일반인을 컨설팅을 통해 천명적 재능을 발견할 수 있도록 돕는 존재입니다. 여러분도 탄식에 기반을 둔 천명, 신념, 사명을 결정하시고 거기에 연관된 사업에 집중하는 것만이 이 지뢰밭 같은 사업 판에서 살아남는 비결임을 명심하시기 바랍니다.

6 》

인맥 연결의 생물학적 메커니즘

인간의 존재는 신비롭습니다. 우리의 신체, 특히 뇌는 아직도 많은 부분이 이해되지 않고 있습니다. 오늘날 컴퓨터 과학은 인공지능(AI)이라는 혁신적인 기술을 발전시켰지만, 생명과학, 특히 뇌에 관한 연구는 여전히 느린 진전을 보입니다. 우주와 인간의 본질에 대한 많은 질문이 남아 있는 것처럼, 우리는 각자 고유한 존재로서 DNA의 재조합을 통해 탄생한 확률의 산물입니다.(사실 이 부분도 과학으로 밝힐 수 없어 과학을 계속 파게 되면 종교를 인정하는 과학자들도 많습니다.)

그 속성을 가진 인간이라는 존재가 미지의 길을 나아가기 위해서는 확률을 높이는 것이 가장 좋은 방법입니다. 인간의 뇌는 신경세포인 뉴런으로 구성되어 있으며, 다양한 자극 때문에 새로운 신경세포가 생성되기도 하고, 기존의 세포가 사라지기도 합니다. 뉴런은 시냅스를 통해 서로 연결되어 신호를 주고받으며, 이는 우리가 어떻게 생각하고 느끼며 행동하는지를 결정짓는 중요한 요소입니다. 이러한 생물학적 메커니즘은 사업의 네트워크와도 매우 유사합니다. 사업은 인간이 하는 일이기 때문에, 우리의 인맥 역시 이러한 신경세포처럼 서로 연결되어 있습니다.

사업의 네트워크도 마찬가지입니다. 인간이 하는 일이고 인간은 신경세포로 이루어져 네트워킹되어 있기 때문입니다. 인맥의 연결을 했다가 사기를 당하거나 비난을 받는 예도 있습니다. 그런데도 지난 6년간 단 하루도 인맥 연결을 멈추지 않았습니다. 그 과정에서 쓸모없는 사람들은 점점 사라져서, 약간의 불화는 여전히 존재하지만, 안정적인 네트워크를 구축했다는 느낌이 듭니다.

인맥 연결에서 불화는 생물학적 면역 반응과 비슷합니다. 우리의 신체에서 수용체와 화학적 물질의 조합이 맞지 않으면 면역 반응이 일어나는 것처럼, 사람과 사람 사이에서도 유사한 반응이 발생합니다. 이러한 면역 반응은 본능적이며, 이를 무시하고 이익만 추구하다 보면 작은 문제가 큰 재앙으로 이어질 수 있습니다. 예를 들어, 감기가 심각한 질병으로 발전할 수 있는 것처럼 말입니다.

사업에서도 인맥 연결의 확률이 높은 환경이 중요합니다. 에이그라운드에 오면 인맥 연결의 확률이 다른 곳보다 월등하게 확률이 높은 건 부정할 수 없습니다. 왜냐면 6년간 매일 번호를 5명 이상씩 계속 넘겼기 때문입니다.(사업가 중에 매일 이 짓만 하는 사람은 아직 본 적이 없습니다.) 아이러니하게도, 저는 하루 평균 5명 이상의 연락처를 주고받지만, 제가 누군가에게 소개받는 경우는 드물었습니다. 이는 사람들이 소개를 꺼리는 경향이 있다는 것을 보여줍니다.

예를 들면 수학 학원 선생님에게 인맥을 소개를 시작했습니다. 초반 몇

명은 실패였습니다.(아마 나한테 약간 서운하셨을 듯합니다.) 몇 번의 실패 후 ○○ 대표가 서한 대표님으로부터 생활기록부 관련 키워드를 들었다. '그래서 누구누구 만나기로 했다.'라고 지나가는 말로 했는데 1:1 미팅 때 생활기록부 말씀 이야기를 하셨고, 그때 ○○ 대표 소개해준 거고, 그다음 주 목요일에 소개한 분을 찾아갔고, 그날 저녁에 스터디카페 회원들한테 '선착순 10명, 생활기록부 무료분석' 광고했고, 3명 결제가 됐는데 1,000만 원이 한 방에 들어왔습니다.

또 하나의 예는 5년 전 컨설팅 대표님입니다. 개발자였다가 홈페이지 개발 대행으로 연결해줘서 돈을 버셨습니다. 그러던 중 유통 강의를 연결하고 그걸로도 돈을 벌다 우연히 인스타를 잘하게 되었습니다. 그렇게 만난 인연에서 말썽이 계속 있었지만 결국 클래스유에 연결해 숏츠 강사로 1위를 달성합니다. 인스타그램과 컨설팅 내 다른 강사와 콜라보를 하는 등 실패와 성공의 지속한 신경세포같이 계속 연결하면서 신호를 여기저기 전달하면서 사업은 발전하였습니다.

요약하면 우리의 성과는 아무도 예측할 수 없습니다. 우리는 생물로서 신경세포가 하는 것처럼, 생명의 본질에 충실히 한다면 반드시 성공할 것입니다. 이러한 관점에서, 생물학과 사업은 깊은 연관성이 있다고 할 수 있습니다. 인맥 연결은 단순한 네트워킹 이상의 의미를 가지며, 이는 우리의 삶과 사업에 긍정적인 영향을 미칩니다. 인맥 연결의 생물학적 이유를 이해하고, 이를 통해 우리의 사업을 발전시킬 기회를 끊임없이 찾아 나가야 합니다.

7 》

함께 성공하는 시스템

에이그라운드에서 구축한 상호작용 효과와 서로 돕는 시스템에 관해 이야기해 보고자 합니다. 2019년에 제가 비전으로 제시한 '호구가 성공하는 사회'와 '베푸는 사람이 성공하는 사회'는 그동안 많은 변화와 성과를 만들어냈습니다. 이제는 이 비전이 행동으로 이어지고, 실제 결과를 창출하고 있습니다.

현대 사회는 경쟁이 치열해지고 있습니다. 개인이나 기업이 성공하기 위해서는 단순히 뛰어난 제품이나 서비스를 제공하는 것만으로는 부족합니다. 이제는 사람 간의 관계와 상호작용이 성공의 중요한 요소로 자리 잡고 있습니다. 그래서 상생의 개념이 더욱 주목받고 있습니다. 제가 제시한 '호구가 성공하는 사회'라는 비전은 이러한 필요성을 기반으로 하고 있습니다. 즉, 서로 돕고 베풀며 함께 성장하는 구조를 만들어가자는 것입니다.

지난 2년 동안 2주마다 정기적으로 미팅을 진행하며, 컨설팅 대표님들에게 10배 이상의 가치를 베풀어왔습니다. 이 과정에서 저의 몸값은 초기 200만 원에서 시작하여, 시간이 지날수록 더욱 성장하게 되었습니다. 저의 지속적인 지원 덕분에, 6개월에서 1년이 지난 후에는 저를 도와주던 분들이 훨씬 더 큰 사업가로 성장하게 되었습니다.

이러한 경험은 단순한 이익의 교환이 아니라, 신뢰와 유대감을 쌓아가는 과정이었습니다. 서로의 성공을 진정으로 응원하고 지원하는 관계가 형성되면서, 각자의 사업이 더 큰 시너지를 발휘하게 되었습니다.

이제 그분들은 저에게 도움을 주기 시작했습니다. 최적화 블로그를 추천해주거나, 인스타그램을 활성화하고, 심리 문제를 개선해주시는 등, 상호 지원의 선순환이 이루어지고 있습니다. 이러한 관계는 단순한 비즈니스 파트너십을 넘어, 진정한 친구이자 동료로서의 유대감을 형성하고 있습니다. 정부 지원 사업이나 브랜드 컨설팅 등 다양한 형태의 도움을 주고받으며, 서로의 성장을 도모하고 있습니다.

상호 지원의 시스템은 각자가 독립적으로 운영하는 것보다 훨씬 더 효과적입니다. 예를 들어, 한 사람이 새로운 마케팅 전략을 시도할 때, 그 결과를 다른 사람들과 공유함으로써 전체 그룹이 이익을 얻을 수 있습니다. 이러한 협력의 결과는 단순히 개인의 성공을 넘어서, 전체 생태계의 발전으로 이어집니다.

이런 관계를 통해 저는 소매 유통, 도매 유통, 지식 창업을 동시에 운영하는 트리플 시스템을 만들었습니다. 이 시스템은 서로 돕고 성장하는 구조로, 컨설팅 대표님들이 자신의 사업 시스템을 복제하며 함께 발전할 수 있도록 하고 있습니다. 각자의 전문성을 통해 서로의 약점을 보완하고, 강점을 극대화하는 구조입니다.

현재까지 저를 도와주신 분들은 지식 창업을 통해 수익을 창출하고, 그 이익을 브랜드에 투자하여 안정적인 사업 운영을 할 수 있게 되었습니다. 이 과정에서 그들은 단순한 소비자가 아닌, 브랜드의 파트너로 자리 잡게 되었습니다. 이는 곧 '베푸는 사람이 성공하는 작은 사회'가 실제로 만들어지고 있다는 증거입니다.

이런 시스템을 도입한다면, 직원들이 자발적으로 대표님을 도와주고, 사업 파트너들이 적극적으로 지원하고 싶어 하는 환경이 조성될 것입니다. 이러한 긍정적인 피드백 루프가 생긴다면, 예측하지 못한 성과를 창출할 가능성도 커질 것입니다. 제가 제시하는 비전은 단순히 개인의 성공을 위한 것이 아닙니다. 이는 모두가 함께 성장하고 발전할 수 있는 사회를 만드는 데 이바지하는 것입니다.

2024년에 200명의 컨설팅 멤버십을 만들고, 그중 100명이 순수익 1,000만 원 이상을 지속해서 창출하는 것을 목표로 하고 있습니다. 그 이후에는 안정적인 기반을 마련할 수 있을 것입니다. 이러한 목표는 단순히 숫자에 국한되지 않습니다. 이는 각자의 꿈과 비전을 실현하는 데 필요한 자원과 지원을 제공하는 것을 의미합니다.

우리가 함께 노력하고, 서로를 지원하는 이 작은 사회가 더욱 확장되기를 기대합니다. 상호작용의 힘을 믿고, 함께 성장하는 경험을 통해 우리는 더 나은 미래를 만들어갈 수 있습니다. 각자의 자리에서 최선을 다하고, 서로의 성공을 응원하는 이 과정이야말로 진정한 의미의 성공입니다.

8 》

장기적인 사고의 2차 결과와 시간 기반 결정

시간은 성공에 가장 큰 영향을 미치는 변수입니다. 회사의 성공과 모든 면에서 시간이 절대적입니다. 하지만 아무도 시간과 성공의 가장 큰 원인에 관심을 기울이지는 않습니다. 이번 시간에는 제가 시간을 어떻게 사용하는지 시간을 적으로 사용하지 않고 친구로서 어떻게 대하는지에 대해서 이야기해 보려고 합니다.

시간은 우리가 돈을 벌 때 경쟁 우위를 가지게 도와주는 친구이며, 장기적으로 지속하는 회사를 구축하는 데 도움을 주는 친구입니다. 사업가들이 가장 흔하게 저지르는 실수는 단기적 사고입니다. 단기적 사고는 즉각적입니다. 만족은 단기적인 생각이 좋다는 것을 알고 내일을 희생하여 지금 오늘 더 나은 것을 갖고 싶다는 것입니다.

우리가 하는 비즈니스와 삶은 아주 작은 의사결정의 총합입니다. 우리가 내리는 결정과 당신은 매일 수십만 가지 결정을 내립니다. 그 결정을 내릴 때마다 단기 또는 장기 사이의 선택권을 갖게 됩니다. 그리고 우리는 거의 단기적인 결정을 더 자주 내립니다.

예를 들면 우리가 인스타그램에 게시물을 올리면 도파민이 분비되고 그게 증가 되면 도파민도 증가하여 강화됩니다. 그것은 즉각적인 만족 피드백 루프이며 그것은 도박에서 슬롯머신과 유사합니다. 일단 그것에 푹 빠지면 이제 인생의 모든 곳에서 그것을 찾아야 한다는 것입니다. 패스트푸드를 원할 것이고 기본적으로 존재하지도 않는 즉각적인 비즈니스 결과를 원할 것이며, 플랫폼은 그것을 부추기겠죠, 당신들이 원하니까요!

비즈니스의 기본은 고객의 만족인데 고객들이 즉각적 만족만을 원하니 즉각적 사교육이 활개를 치는 것과 같습니다. 제가 대치동에서 사교육을 받을 때 1초 풀이라는 것이 유행했습니다. 수학 선생님이 천재적으로 어려운 문제를 1초 만에 풀어 버립니다. 그런데 시험에서 그것은 아무런 효과가 나오지 않습니다. 그리고 학원 선생은 이 도파민을 학생에게 주입하고 엄청난 부를 쌓죠.

비즈니스에서도 2주 완성, 3개월 완성 이런 것은 없습니다. 제가 장기적인 코칭을 하는 이유입니다. 이런 것에 중독되면 당신의 전체 존재의 모든 다른 측면에서 끔찍한 고통을 겪게 될 것입니다. 단기적 시각에서 탈출해서 언덕을 힘들겠지만, 습관적으로 오르면 당신은 더 건강해지고 더 행복해질 것입니다.

스스로 생각하십시오, 내가 쉬운 길을 택할 것인지 어려운길을 택할 것인지 단기적 보상을 받을 것인지 아니면 장기적인 보상을 받을 것인지 말입니다. 제가 사내기업을 키울 때 제안을 이렇게 초반에 합니다. 초저가이 거나 무료로 제안을 합니다. 그때 저는 함께 할 사람과 함께 하지 않을 사람을 가릅니다.

제안한 후 눈동자를 보면 흔들리는 사람들은 단기적 보상에 중독된 자들이며, 제안한 후 이게 기회라고 생각하는 사람들은 장기적인 관점을 가진 사람들입니다. 그리고 그 차이는 바로 극명하게 나오죠. 초반에 무료나 초저가로 도와주고 꾸준히 저와 피드백을 주고받고 성장한 사람들은 몇 달 후 수천만 원의 이득을 취하고 그것이 심지어 매달 나옵니다. 이상한 일이죠. 단순히 의사결정을 장기적으로 하는가, 단기적으로 하는가에 따라서 엄청난 차이가 벌어지는 겁니다.

다음으로 비즈니스 전략의 맥락에서 시간과 관련된 고급 항목에 대해 이야기해 보겠습니다. 사업 내에서 의사결정을 내릴 때 대부분 사업가는 장기적인 문제를 제대로 이해하지 못한다는 겁니다. 마시멜로 실험이 있습니다. 한 개의 마시멜로는 즉각적으로 먹을 수 있으니 조금 기다리면 2개를 먹을 수 있다는 실험이며 여기서 80% 이상의 아이는 1개를 선택했습니다. 더 흥미로운 것은 그 아이들의 삶의 과정을 추적했는데 10~20%의 아이들은 재정적 성공뿐 만 아니라 건강, 소득, 행복, 가족과 같은 가족생활에서 훨씬 더 행복한 삶을 살고 있다는 실험결과가 나왔습니다.

여러분은 마시멜로를 1개를 드실 건가요? 기다렸다가 2개를 드실 건가요? 2번째 의사결정 결과의 예를 들어보면 42인치 TV를 샀습니다. 그것도 카드 할부죠, 큰돈을 줬으니 소비를 할 수밖에 없죠, 볼수록 게을러집니다. 생활 방식을 이 TV가 더 강화해서 망칠 겁니다. 결국, TV를 사는 행위를 한때는 2차 결과, 3차 결과까지 상상도 못 합니다. 만약 이것을 다 고려해서 구매한다면 얼마나 현명해질까요. 한 번의 의사결정 실수가 2차 피해 3차 피해 가까지 갈 수 있다는 것을 대부분 사람은 인지하지 못하고 돈을 벌고 있습니다.

에이그라운드의 예를 들어보겠습니다. 저는 지금 돈이 안 되는 몰입 커뮤니티에 모든 에너지를 다 쏟고 있습니다. 그 에너지는 단기적 시각으로는 재무적으로 아무런 도움이 되지 않습니다. 그러나 여기에 장기적 시각을 넣으면 한 달 동안 몰입 커뮤니티의 커리큘럼을 개선하고 실행하는 도중에 사명이 강화된 문화가 형성되는 것을 보았기 때문입니다. 회식에 돈의 결핍을 초월한 사람들이 속출했고 이 커뮤니티가 너무 좋아서 있는 사람들이 생겼고, 심지어는 그 문화에 적응 못 하는 사람들이 자연도태 되는 엄청난 사실을 발견했기 때문입니다.

이렇듯 현재에 돈이 안 되는 교육 R&D에 투자하고 있는 겁니다. R&D는 초반엔 대부분이 낭비되지만 몇 년이 지나면 돌파구가 생기고 문화가 생기며, 일반적으로 혁명과 같은 새로운 것이 창출되며, 심지어 베낄 수가 없습니다. 이 문화는 교육회사가 출시할 수 있는 신제품과 같으며 장기적으로 경쟁사들을 이기고 지배까지도 가능한 것입니다. 단기적으로 R&D는 낭비처럼 보이고 장기적으로 R&D는 세상에서 가장 현명한 일입니다.

일반적으로 뒤처지는 이 모든 사람 사이에서 공통점은 시간과 2차 결과에 대한 잘못된 의사결정입니다. 비즈니스를 하게 되면 그리고 매출을 많이 내게 되면 여러 관심이 옵니다. 여기서 차이점은 이것을 부하율로 보고 차단하는가? 그것을 인지하지 못하고 그냥 받아들이는가가 결국 장기적 관점에서 차이를 발휘하게 됩니다.

마이클 조던의 이야기를 들려드리면 가장 위대한 선수, 세계 최고의 선수라는 것을 전 세계가 알자마자 부산물들이 계속 쏟아졌습니다. 스폰서십, 광고 촬영, 등등 그때 마이클 조던은 이것이 경기의 퍼포먼스를 떨어뜨린다는 것을 인지했고 모두 차단을 했습니다.

여러분은 부산물, 부하율을 차단할 수 있나요?

멍청한 일을 하게 이끄는 모든 가능성을 차단하십시오, 그게 이메일이든, 전화통화든, 원치 않는 미팅이든, TV나 SNS던 이것이 장기적 시각을 갖추는 게 첫 번째 단추입니다. 항상 작은 행동을 할 때 2차 3차로 일어날 결과를 예상하고 행동해야 합니다. 단기적 만족은 장기적 불만족으로 이어지며, 단기적 불만족은 장기적 만족으로 이어진다는 진리를 기억하시고, 행동하시기 바랍니다.

5부

미래를 대비한
전략

1 》

돈은 앞으로 어떻게 변화될까?

돈이란 외부화된 신용을 의미합니다. 신용이 있는 모체가 발행함으로써 유통 가능해진 산물입니다. 지금 변화하는 시대에는 돈은 어떤 역할을 할까요? 21세기에는 개인이 돈을 대신할 만한 신용을 만드는 시대로 넘어갔습니다. 신용주의 경제라고도 합니다.

쉬운 예를 들어보면 신용을 개인 간에 쌓으면 월세 1억에 1,000만 원인 공실도 무료로 협상을 통해서 들어 갈 수도 있습니다. 날이 갈수록 굳이 매장까지 가서 돈을 내고 물건이나 서비스를 살 필요도 없어지고 있습니다. 변화를 모르는 사람일수록 돈에 집착하는데, 그것은 구시대적인 패러다임입니다.

크라우드 펀딩이 활발해지고 신용을 현금화하는 도구가 계속 생겨나고 그것을 누구나 사용하기 쉽습니다. 결국, 신용을 쌓는 게 돈을 단기간에 보는 것보다 유리합니다. 21세기에서는 일시적인 평가나 일확천금을 쫓는 것보다 네트워크를 넓히고 그 안에 신용을 촘촘히 넣는 일에 힘써야 합니다.

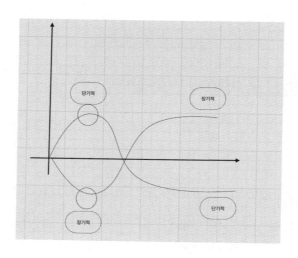

그 예로 몰입 커뮤니티를 가장 중요시하고 커뮤니티의 협력, 긴밀도, 회식, 워케이션 등에 목숨을 걸고 참석합니다. 네트워크를 넓히고 그 안에 신용을 촘촘히 짜는 일입니다. 심지어 지금 SNS의 팔로워 수와 관계 밀도는 표준편차로 환산되어 개인의 시가총액과 시간 단가의 계산에 사용됩니다.

개인의 신용이 가시화된 사회에서는 참여하는 사람 모두에게 주가가 붙습니다. 주식을 자산으로 여기는 사람은 많은데 개인의 신용은 자산으로 여기는 사람은 적습니다. 개인의 신용은 한없이 돈에 가까운 존재가 됩니다. 게다가 가치와 신용의 창조는 돈을 벌기보다 어렵습니다. 따라서 화폐화하지 않은 부분을 포함한 신용 잔고를 반드시 고려해야 합니다. 나중에는 신용카드처럼 그 사람의 본질적인 신용이 검색 결과로 나타날지도 모릅니다.

돈에 대해서 더 깊이 생각하기 위해서는 먼저 돈이 생성되기까지의 구조를 이해할 필요가 있습니다.

 돈은 크게 '돈 → 신용 → 가치 → 시간 → 건강(에너지)' 다섯 가지로 구성
됩니다.

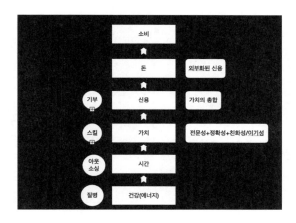

 신용주의 경제는 화폐경제와는 달리 신용을 쌓는 방법이 너무도 많습니
다. 가치를 창조하면 돈이 되고 건강이 돈이 됩니다. 많은 사람에게 사랑을
받고 공감받고 공덕을 쌓아둔 사람일수록 자금을 모으기 쉽습니다.

 예를 들면 10년 동안 신뢰를 쌓고 한방에 사기를 치는 사람도 있습니다.
결국, 돈은 신뢰를 기반이기 때문에 돈을 벌려면 먼저 신용을 쌓아야 합니
다. 욕심을 버리는 사람은 신용을 얻을 수 있으며, 신용을 돈으로 바꾸는
것은 간단하지만 돈으로 신용을 사는 것은 까다롭습니다.

신용은 가치의 축적으로 구축되며, 타인에게 얼마나 공헌해왔는지 그 누적이 신용이라는 이름의 탱크에 집적됩니다. 가장 비효율적인 1:1 코칭을 토 나올 때까지 집착해서 1년 이상, 심하면 5년 이상하면 신용은행에 계속 저축을 하는 것과 같습니다. 에이그라운드의 카페 회원의 50% 이상은 유튜브를 보고 온 것이 아닌 소개로 가입을 하고 있습니다. 타인을 위한 공헌의 축적이 신용이 되고 회원으로 전환되는 원리입니다.

『1위 사고』라는 책에서는 가치를 이렇게 정의합니다.

가치 = (전문성+정확성+친화성)/이기심

비즈니스 코칭에 전문가가 될수록 가치는 올라가고 문제의 해결을 본질을 찔러 간단하게 정확하게 할수록 가치가 올라가고 사람들의 특성에 맞게 돈을 원하는 사람들은 돈을, 연예를 원하면 연예부터, 위로와 공감을 원하면 위로 공감 위주로 친화성을 높이면 가치가 올라갑니다. 지속적 코칭을 통해 이기심을 줄이면 더 가치가 올라가고 그것은 신용으로 축적되고 최종적으로 돈으로 전환됩니다.

결론적으로 건강하고 시간을 확보하고 가치를 많이 창출해서 신용을 축적하면 그 신용을 받는 사람이 많을수록 부는 축적된다는 본질을 알고 비즈니스를 하시면 엄청난 차이를 보여옵니다.

2 »

돈을 벌기 위한 5가지 원칙

1원칙, 다양한 방법으로 돈을 버는 것을 두려워하지 말자

7년간 사업을 하면서 깨달은 돈을 벌 때 중요하게 지켜야 할 법칙 5가지를 알려드리려고 합니다. 다섯 가지라고 말씀드렸지만 제가 7년 동안 경험한 것은 돈을 버는 방법은 수백만 가지가 있습니다. 그래서 첫 번째 교훈은 다양한 방법으로 돈을 버는 것을 두려워하지 말자는 겁니다.

돈을 버는 방법은 수백만 가지라고 말씀드렸지만, 그것은 사실이지만 진실은 아닙니다. 그중 9,999,9000개는 불필요하고 실행이 어렵습니다. 어쩌면 그보다 더 어려울지도 모릅니다. 그럼 나머지 몇 가지 방법은 무엇이냐 저는 6~7개 방법을 통해 돈을 벌었고 7~8년 동안 이 분야에 종사해왔습니다.

사람들이 가장 많이 실수를 범하는 부분은 한 가지 돈 버는 방법을 강의에서나 책에서나 강요한다는 겁니다. 그렇다고 돈을 버는 데 일관성과 끈기가 있으면 안 된다는 것은 아닙니다. 때로는 모든 방법이 모든 사람에게 효과가 있는 것은 아니라는 겁니다. 1번 유형의 사업가인 사람에게 3번인 안정형 방식의 사업방식을 가르치면 자기의 성향에 맞지 않겠죠.

반대로 2번 유형의 자유형 인간에게 3번의 안정형 인간을 강요해도 안 맞겠죠. 결국, 다른 사람에게 효과가 있을 방법을 시도하려고 계속 삽질을 하는 것보다 자신이 누군지 무의식이 어떤지 그리고 내가 살아가야 하는 이유는 무엇인지 파악하고 자신에게 적합한 방법이 무엇인지 간단하게 파악하고 사업을 전개하는 것이 맞습니다. 그래서 사업 초반에 여러 가지 방법으로 돈 버는 것을 두려워하지 말고 이것저것 시도해 보라고 계속해서 강조하는 겁니다.

　트리플 시스템을 해야 하는 이유입니다. 트리플 시스템이란 3가지 이상 전략을 취해서 1~2개 전략은 실패하고 1가지 전략이 성공하면, 원씽을 하자는 방법으로 원씽을 찾아가는 시행 착오법입니다. 1가지 전략이 선택됐다면 약 7가지 마케팅 전략을 취하여서 7가지 중 가장 비용적으로 효율적인 마케팅 방식을 채택하고 일관성 있게 밀고 가는 전략입니다.

　결국, 다양한 일들을 시도하고 다양한 기술을 습득하고 결국엔 다양한 전략과 기술들을 통합하고 융합하는 사업기획의 방법입니다. 왜 제가 계속해서 반복해서 여러 사업을 벌여보라고 하는 이유는 돈을 버는 액수하고도 연관이 있습니다. 1억을 벌기 위해서 5,000만 원을 먼저 벌어야 하고, 5,000만 원 벌기 위해서는 3,000만 원 벌어야 하고, 3,000만 원을 벌기 위해서는 1,000만 원을 벌어봐야 하고, 1,000만 원을 벌기 위해서는 5백만 원…. 50만 원을 먼저 벌어봐야 합니다. 종잣돈을 모으는 것과도 일맥상통합니다. 저는 이것을 '1·3·5 법칙'이라고이라고 부릅니다.

2원칙, 실제로 절대 사업하지 않는 사람들

사업을 하는 데 관심이 있는 사람들은 유튜브 채널에. 우선 돈 버는 방법을 검색하기 시작하고. 유튜브만 보는 사람이 대부분이며 그나마 용기 있게. 무료강의를 보고. 그중 용기 있는 분들은 저렴한 강의를 몇 개 듣습니다. 그중 또 소수는 그 강의를 보고 실행 흉내를 내죠. 경력 초기에 사업을 하는 사람들은 다음 단계로 나아가기 위해 고군분투하고 어려움을 겪을 때 반드시 이유를 찾아냅니다. 안 할 이유죠. 이것은 인간의 본능입니다.

인간은 반드시 희생양을 찾아냅니다. 주로 변명을 하는 것이. 아버지가 아프세요. 아기가 아직 어려서요. 비즈니스 모델이 명확하지 않아요. 무엇이 중요한지 잘 모르겠어요. 이건 처음 하는 일이라. 이 사람이 거절할까 봐요. 틈새시장이 작동하지 않아요. 좋은 제품이 없어요. 그들이 무슨 말을 하든 문제는 사실이 아닐 가능성이 90% 이상입니다. 실제 문제는 더 큽니다. 왜냐하면, 실제 문제는 자기 자신에게 있기 때문입니다. 남 탓이나 상황에 있지 않습니다.

최근 예를 들어보면 "지식 창업 시장이 좋지 않아요.", "아무도 강의를 결재하지 않아요."를 정말 많이 들었고 저도. 실제인지 알고 남 탓할 뻔했는데. 남 탓을 중지하고. 고정비를 다 없애고. 사무실 임대료를 줄이고 그마저도 공유 오피스를 몰입 커뮤니티를 모집해서 50%로 월세를 줄이고 직원을 정리하고 직원이 월 1,000 이상을 벌어다 주고 자기도 버는 기적이 일어나고 있습니다.

유튜브를 매일 찍고 지금처럼 칼럼을 매일 올렸는데 시장이 좋았던 작년보다 획기적으로 이익률을 끌어올렸습니다. 실제 모집인원도 작년과 똑같아지고 더 많아지는 추세가 있습니다. 여러분도 환경 탓 남 탓을 하지 않고 내 책임으로 가져오려면 무의식과 사명이 분명 해져야 합니다. 그러려면 자기 자신에게 극도로 투명해야 하고 솔직해야 하고 냉정해야 합니다. 그리고 가장 중요한 것은 모든 일에 전적으로 내가 책임지겠다는 결심을 해야 하는 겁니다.

다시 한번 강조합니다. 반드시 결심해야 합니다. 내면에서 진정으로 나에게 책임을 져와야 합니다. 단 90일 전에는 타 강사들이 연락 오고 예전 컨설팅 대표님들이 연락 와서 힘드시죠. 어떻게 지내세요? 이런 연락이 많이 왔습니다. 저는 그 의도를 알고도 모른 척했죠. 아니까요 무슨 의도인지.

결론적으로 당신은 사업을 하는 척, 희생양 만드는 것, 남 탓을 중지해야 합니다. 타인의 말에 영향을 받지 않고 천재지변을 포함해 일어나는 모든 일에 책임으로 존재하겠다는 결단을 할 때만이 사업을 하는 것입니다. 그 외에 사람들은 사업하는 척을 하는 것입니다. 그저 돈만 버리고 가족이나 주변 사람에게 피해만 주며 타인을 사기꾼이라고 믿고 사시면 됩니다. 절대 사업을 하지 못하실 겁니다.

3원칙, 사업을 발전시키기 위해서는 내 생활 방식을 바꿔야 한다
이 점을 설명하기 위한 몇 가지 저의 예를 가져왔습니다. 첫 번째, 저는 휴대전화에 앱 중에 페이스북, 인스타그램, 쓰레드, 유튜브 등이 있으면 집중할 수 없다는 것을 알았습니다. 그래서 저는 콘텐츠를 생산하는 타이밍에만 앱을 깔고 생산 후 바로 삭제함으로써 저의 생산성을 올렸습니다. 저는 매일 앱을 한번 깔고 생산하고 바로 지웁니다.

두 번째, 저는 운동을 하고 나면 집중력이 더 좋아지고 기분이 좋아진다는 것을 알았습니다. 운동을 선천적으로 싫어한다는 것을 깨달았고 저 혼자 할 수 없었으나, 다행히 부인이 나와 정반대 성향이라 건강에만 관심이 있어 건강한 음식만 차려주고 부인과 주 2~3회 한강을 산책하고 뛰는 패턴을 만들었습니다. 20대나 30대에는 절대 이것을 알 수 없으나 40대가 지나고 나서야 깨달았습니다. 건강과 내가 먹는 음식은 나의 사업에 지대한 영향을 끼친다는 사실을 늦게 깨달았습니다.

세 번째, 매일매일 콘텐츠를 생산하는 습관이 돈을 벌어준다는 것을 알았습니다. 지금 현재 매일 칼럼을 쓰는 행위, 유튜브를 매일 올리는 행위 이것은 실상은 어려운 일입니다. 이것은 경력 초기 19년엔 칼럼을 쓰면 계속 보상이 들어오는 것을 깨닫고 행위를 한 것으로 작은 성공 경험을 쌓다 보면 습관화가 90일 이후에는 되고 점점 하루에 콘텐츠를 한 개 생산하지 않으면 몸이 근질거리는 현상이 일어납니다. 양치를 안 한 거나 세수를 안 한 거와 비슷한 습관화 과정입니다. 우리는 가장 하기 싫어하는 일을 할 때 돈을 산출합니다.

네 번째, 우리는 환경의 영향을 받는 동물들입니다. 여러분의 주변 5명이 여러분의 몸값하고 흡사하다는 것을 깨달았습니다. 그래서 아무리 강의를 듣고 코칭을 받아도 일상생활에 부딪히는 사람들이 바뀌지 않으면 극적인 결과를 일구어낼 수 없다는 것을 알게 됐죠. 그래서 몰입 커뮤니티를 기획하고 실행해서 18명의 신청자를 모집했습니다. 결국, 사업게임에서 최고를 유지할 수 있는 시스템을 만들어야 했습니다. 사업 초반에는 사업습관이 내 사업에 영향을 미칠 것이라는 생각조차 못 했으나 많은 게임에서 패배한 결과 이것을 깨닫는데 7년이라는 세월을 낭비했습니다.

여기에서 여러분이 배울 수 있는 교훈은 냉정하게 자신의 삶을 평가하지 않으면 저처럼 시행착오를 겪으리라는 것입니다. 자신에게 정직하십시오, 모든 나쁜 습관을 식별하십시오. 자신을 방해하는 나쁜 습관을 버리는 것은 특히 경력 초기에 가장 중요합니다. 경력 초기 단계에 돈을 버는 것은 당신이 적극적으로 하는 일과 당신이 하지 않은 일에서 결과가 갈리기 때문입니다.

4원칙, 성공을 향한 길에 절대 투자하지 않는 사람들

당신은 당신의 몸값을 올리기 전에 비트코인이나 주식을 할 수도 있습니다. 하지만 당신의 몸값이 올라간 뒤 투자를 하는 것과 몸값을 올리기 전에 투자하는 것은 하늘과 땅 차이를 보이게 됩니다. 여러분이 500만 원을 주식에 넣었다고 가정해봅시다. 안정적인 주식에 넣었을 때 수익률은 잘됐을 때 연간 평균 10%입니다. 여러분은 이것을 반드시 명심해야 합니다. 당신이 잃을 가능성이 있는 돈보다 더 많이 투자해서는 안 됩니다.

투자하신다면 상승장에 속아서는 안 된다는 것입니다. 결국, 투자하려는 게 무엇이든 반드시 잃을 수 있는 확률이 존재한다는 겁니다. 따라서우리는 제대로 알고 있는 것에만 투자해야 합니다.

돈을 잃었을 때 실제로 돈을 버는 방법을 모르고 자신의 몸값은 바닥이라면 돈을 잃었을 때 되돌리는 방법을 모르는 것입니다. 참고해보시기 바랍니다. 저는 몸값이 자유자재로 형성되어 있고 언제든지 돌연변이처럼 수익을 창출할 수 있는 능력을 갖추고 있으므로 돈을 되돌리는 방법을 알고 있는 것입니다. 2019년에는 빚 2억에서 순수익 2,000을 창출했고 그것을 번 것을 다 까먹고도 다시 좀비처럼 수익률을 한두 달 만에 극대화했습니다. 이정도 능력을 갖춘 상태에서 투자에 임하는 게 좋다는 겁니다.

자신이 5천만 원을 가지고 있다면 약 10~20%의 돈은 자신을 위해 투자를 해야 한다는 말입니다. 저는 심하게 약 4억 원을 교육비에 투자했습니다. 저처럼은 절대 하지 마시지만 저는 4억 원을 투자하고서야 번 것을 다 까먹고도 좀비처럼 수익률을 올릴 수 있는 초능력을 가지게 된 것이고, 그 능력은 제가 죽을 때까지 없어지지 않습니다.

결국, 여러분은 비즈니스 세미나에 가거나 정말 멘토로 삼을 수 있는 사람에게 돈을 지급하거나, 더 많은 돈을 벌 수 있는 기술에 투자해야 한다는 이야기입니다. 투자는 부동산이나 주식에 에만 있는 게 아니라 자신에게 투자하는 것이 가장 효율적이라는 겁니다.

『부의 인문학』이라는 책에서 본 것이 있는데 미국의 가장 부자들은 가장 많은 돈을 쓰는 것이 자녀교육이라고 합니다. 교육은 가장 효율적인 투자처입니다. 시장에서 당신을 더 가치 있게 만들어주는 코딩기술을 배웠다면 이것은 당신에게 더 많은 돈을 벌게 할 것이고 그것은 당신을 부자로 이끄는 기술인 겁니다. 사업을 할 때 멘토가 수십 억을 아껴줄 수 있는 의사결정을 초반에 대신해준다면 수십 억을 아낄 수도 있겠죠.

10억을 어디에 투자한들 당신이 10억을 다시 회복시킬 능력이 없는 인간이라면 돈은 사라져 버릴 겁니다. 순식간에 그리고 그 돈을 늘릴 능력도 없겠죠. 결국, 돈을 벌기 위한 전제조건은 능력이 있는 인간이 되기 위해 자신에게 투자할 수 있는 가입니다. 온라인에서 오프라인에서 언제든지 돈을 벌 수 있는 능력을 갖추는 데 투자를 했다면 그 능력이 사라지지 않는다면 그 이후에 사업을 매각할 수도 있고 부동산, 비트코인을 할 수도 있고, 주식을 할 수도 있겠죠.

지금 여러분이 바로 집중해야 하는 것은 자신에 대한 투자와 기술에 대한 투자입니다.

지금 당장 눈에 보이는 투자는 아니겠죠, 그러나 그것이 1년 2년 3년 축적됐을 때 발휘하는 가치는 수백 배의 가치입니다.

왜냐하면, 당신이 깨달은 것은 평생 가기 때문입니다. 시대는 예측하기 어려울 만큼 변화하고 있고 그것에 적응할 수 있는 자연 선택된 종이 되는 것에 투자하는 것이나 다름없습니다. 인간은 큰돈을 투자할 때 단기 손실을 회피하고 손실 회피 성향을 보이나 그것을 1년, 2년, 3년으로 쪼개면 아래 과정은 저의 몸값이 편의점 아르바이트보다 못한 그것으로 알게 될 겁니다. 그것을 이 글에서 설득할 이유는 없습니다. 여기는 그 본질을 알아보는 사람만 오는 곳이기 때문이죠.

5원칙, 공공연한 장소에서 모자를 던지기

사업을 시작하고 2년 뒤부터 카페에 이렇게 계속해서 글을 쓰고 유튜브를 하거나 하면서 지속해서 저의 계획을 말하고 다녔습니다. 이런 계획들을 공공연한 인터넷 공간에서 기자 회견하듯이 발표를 한다는 것은 뒤로 돌아갈 다리를 끊어 버리는 효과를 내며 모자를 던져 선언하는 순간 그 일을 할 수밖에 없는 뇌 신경세포가 집중됩니다.

매일 쓰는 것 유튜브를 매일 쓰는 것도 저는 1~5개를 찍자마자 나는 365일 계속 글을 쓰고 유튜브를 찍을 것이라고 공언을 했습니다. 이 말이 안 지켜지는 확률이 극도로 줄어들게 됩니다. 이 글은 사실 벌써 5년 전의 존재 칼럼입니다. 칼럼 이름 그대로 존재의 급을 올려왔습니다.

블로그, 카페, 유튜브 등에 자신이 하고자 하는 것하고 있는 것을 지속해서 공언하고 모자를 던지는 연습을 하면 여러분의 말이 행동이 되고 결과로 나타나는 경우가 굉장히 빈번해질 겁니다.

3 》

AI와 인구절벽이 만들어낸 확정된 미래

바뀌지 않는 교육문제에 대해서 이야기해 보려고 합니다. 아인슈타인은 "모든 사람은 천재다."라고 이야기했습니다. 하지만 근대교육제도는 수많은 학생을 로봇으로 만들어 놓고 그 문제를 인지하고서도 아직도 안 바뀌고 있습니다.

얼마나 많은 사람은 10대에는 자신이 무엇을 해야 하는지 신념도 세팅할 수가 없고 심지어 20대에는 취업 준비나 전문직 고시 공부로 시간을 낭비하죠, 교실을 헤엄쳐가며 자신의 재능이 무엇인지 발견도 못 한 채 90% 이상이 20대 심지어 30대, 40대까지 방황합니다. 30~40대가 돼서야 자신이 바보 같았다고 깨닫고 쓸모없다고 여기며 공황장애 우울증에 시달리기까지 합니다.

이제 때가 오기 직전인 거 같습니다. 학교나 사회시스템은 이미 창의성을 죽이고 개성을 죽였으며 학교는 오래 세워진 기관이며 이제 시대에 뒤떨어져 있습니다. 에이그라운드 네트워크 파티 때 이런 이야기를 들은 적이 있습니다. 학원 선생님이 학교 선생님이 잘못한 점을 지적하자 교육청

에까지 신문고에 올리며 학교 선생님은 반응을 극도로 합니다.

제가 스레드에 대학교는 이제 없어질 그거라는 이야기를 올렸을 때 신사적으로 반응한 댓글이 있었는데, 그분 스레드 프로필에 명문대 MBA가 적혀 있었습니다. 의대 광풍과 기득권의 반응도 강해진 걸 보면 무너지기 직전이라는 것이죠. 시대가 굉장히 많이 변했습니다.

오늘날 우리한테 필요한 건 로봇 같은 좀비가 아닙니다. 세상은 계속 바뀌고 있고 우리는 생각이라는 것이 가능한 사람이 필요합니다. 창의적으로, 혁신적으로, 비판적으로, 독립적으로 하지만 서로 관계를 맺는 능력과 함께 말입니다.

모든 과학자는 똑같은 두뇌는 하나도 없다고 말합니다. 그런데 교육은 똑같은 두뇌를 강요합니다. 심지어는 비즈니스 교육조차도 똑같아요. 쉬운 예로 의사가 모든 환자와 똑같은 약만 처방한다면 그 결과는 끔찍할 겁니다. 그런데 교육은 모든 학생과 똑같은 약을 처방하고 있어요.

선생님 한 명이 20명의 학생 앞에 서 있습니다. 사람들은 각자 다른 장점과 다른 욕구 다른 재능과 다른 꿈들을 가졌는데도 학교는 똑같은 것을 똑같은 방식으로 가르칩니다. 정말 끔찍한 일입니다. 교육은 학생들뿐만이 아니라 선생님에게도 끔찍한 것을 주고 있습니다. 현재 초등학교 교사들은 박봉에 시달리고 현재 개발자, 창업자, 의대, 약대를 가기 위해 초등학교를 떠나고 있습니다.

의사가 심장 수술을 통해 한 아이의 삶을 구할 수 있다고 한다면 선생님은 한 아이의 심장에 다가가서 인생을 변화시킬 수 있는데도 말이죠. 에이그라운드도 한 사람의 인생을 송두리째 바꿨는데도 의사가 사람의 생명을 살린 거랑 동등한 취급을 받는 게 아니라 돈 받고 그냥 할 일을 한 것이죠. 그러니 저에게 보상을 크게 해서 컨설팅비가 센 것입니다.

선생님들은 욕만 먹는 영웅들 같은 존재입니다. 사지선다형 문제에 취해서 그것으로 성공을 규정하는데 어이가 없는 일입니다. 우리는 학교에 대한 신뢰를 버리더라도 인간에 대한 신뢰를 버려서는 안 됩니다. 학생들은 인구의 현재 인구의 20%라도 미래엔 인구의 100%입니다. 그러니 그들의 꿈에 관심을 가져야 합니다.

모든 사업구조가 개인에게 맞춰서 카카오 택시, 페이스북 페이지, 우버, 에어비앤비 등이 변화하는 데 교육은 그렇게 개인에게 맞춰지지 않습니다. 계속 업그레이드를 해야 하며 계속 바꿔야 해요. 에이그라운드에서는 매 기수 교육과정을 업그레이드하고 바꿉니다. 이번 기수에서는 단체 수단과 방법을 가리지 않고 만원 가지고 수익을 창출해 보는 게임인 스탠퍼드 챌린지를 넣고, 서로 가르치는 피어 러닝 시스템도 넣었습니다. 효과적이지 않으면 수정하거나 삭제합니다. 이게 밥 먹듯이 일어납니다.

4 ≫

큰 변화는 어떻게 일어나는가?

'큰 변화는 어떻게 일어나는가?'에 대한 답은 일이 정체되었을 때, 질서적일 때 의도적으로 무질서와 혼란을 불러와야 한다는 겁니다. 개념적으로 질서는 효율적이고 루틴적입니다. 무질서는 비효율적이고 예측 불가 방황하고, 미지영역을 통과, 새로운 것을 시도합니다.

질서 상태에서 정체되었다면 의도적으로 무질서를 불러와야 하는데 사진에서 보시면 결국 성공을 해서 시스템화하며 조직화하고 성문화할수록 다시 곡선은 꺾이므로 자동으로 무질서를 불러와서 질서와 무질서가 조화롭게 변화에 적응하는 사람만 살아남습니다.

우선 큰 기업의 예를 들어봅시다.

아베크롬비는 미국에서 가장 배타적인 브랜드였습니다. 백인 우월사상을 기반으로 아베크롬비는 고전적이고 유물론적이고 백인 남녀, 잘생기고 근육질에 섹시하고 쿨한 미국의 사람들만을 직원으로 채용했습니다. 그 배타성 덕분에 동경의 대상으로 아베크롬비를 입는다는 것은 쿨하고 멋진 사람이 되는 것이 되어 엄청난 성공을 거두었습니다.

하지만 세계가 변화하고 다양성이라는 가치가 엄청나게 대두되면서 흑인 소수민족, 다양한 민족이 공존하는 미국에서 분노하여서 한순간에 한물간 브랜드로 전락하고 말았습니다. 결국, 변화를 인지하고 CEO를 교체하면서 요즘에는 다양성을 기반으로 다시 부흥이 일어나고 있습니다.

예를 들어보겠습니다. 에이그라운드 코칭 시스템에 관해서 이야기하겠습니다. 제가 최고가를 만들고 컨설팅이 정점에 달한 것이 2023년입니다. 저는 진단을 하느라 정신없었고 그냥 아무런 홍보를 하지 않아도 계속 사람들이 소개를 받고 들어오기 시작했습니다.

구조적으로 효율적이었고 유튜브도 찍지 않았고 너무 질서가 뛰어났습니다. 가만 있으면 10~12명씩 매달 들어왔습니다. 그런데 여기에서 위험이 닥쳤습니다. 그사이 제가 알지도 못하는 신규 지식업자는 미친 듯이 많아졌고, 그것이 고객의 미움을 사서 강의 시장이 확 죽기 시작했습니다.

이때 리드 콘텐츠에서는 유튜브 전략을 여러 전략으로 계속 변화를 시도했습니다. 무질서를 의도적으로 만들어 편집 없이 매일 찍기도 하고, 편집을 강화해 보기도 했습니다. 지금 이 글을 쓰는 것도 외국 콘텐츠와 내 콘텐츠를 결합해 보기도 하고, 수요일 스터디를 다시 올려 보기도 했습니다. 인스타 릴스에 외국 콘텐츠를 가져와서 해보며 다양한 시도를 한 끝에 두 달 만에 다시 컨설팅을 정상화했습니다.

몰입 커뮤니티를 강화해서 내부 팬층들이 어떻게 하면 사명을 찾고 유지하고 발전시킬지에 고민을 하고 있으며, 컨설팅 대표님과 사내 기업가 형태로 코딩을 해서 교육 자체를 커뮤니티를 먼저 세팅하고 온·오프라인 시스템을 변화시키기도 하고 있습니다.

몰입 커뮤니티는 현재 초기 조건을 세팅 중입니다. 모든 사람은 면접을 볼 예정이며, 아무나 들여보내지 않습니다. 마스터 마인드 대표님이어야 하지만 그중에서도 사명과 신념이 이 커뮤니티와 완벽하게 공명하며, 공감하는 분들만 들여보내서 10명이 지원하면 1명이 들어올까 말까, 나중엔 100명이 지원하게 만들어서 100명 중 1명이 들어오게 배타성을 띨 예정입니다.

마스터 마인드에서는 교육의 지출을 억제하기 위해 서로 가르치고 행동하게 합니다. 브랜딩 AI 시스템을 도입하여 무의식 사명 신념을 챗GPT와 코칭의 조화를 시킵니다. 고객이 진짜 원하는 것이 내 뇌에 칩을 심어달라는 것에 근접하도록 말입니다. 시스템을 변화시키고 의도적으로 무질서를 창조하고 있습니다. 결론은 가장 최고치인 거 같을 때 가장 안정적이고 질서적일 때 무질서를 창조해야 합니다.

1인 기업가를 만드는 성공 법칙

5 》

비즈니스 커넥팅 시스템

욕을 먹으면서 소개를 멈추지 않은 이유는 9명의 실패에서 어느 1명은 한 사람을 만나서 인생이 변했기 때문입니다. 연결자로서 소개를 해주는 행위에 대한 원인이 되고자 부작용을 막기 위해 비즈니스 시스템을 고안했습니다. 이 시스템은 기업들이 협력하여 시너지를 낼 수 있도록 돕는 플랫폼으로 자리 잡고 있습니다. 비즈니스 커넥팅 시스템은 아래와 같은 원칙과 신념을 가지고 운영되고 있습니다.

비즈니스 커넥팅 시스템 원칙

1. 최소 2번 이상 최대 5번 이상은 만나야 신뢰 관계가 형성된다.

2. 2회 이상 미팅으로 사명/신념의 공명이 안 일어나면 관계 맺지 않는 게 좋다.

3. 고액의 계약관계는 최소 2회 이상 미팅하고 에이그라운드와 크로스 체크 후 계약한다.

4. 인맥 연결 중 3회 이상 클레임 발생 시 절대 연결 단절한다.

5. 서로 소액으로 금전을 걸고 존중 하에 미팅에 충실히 임한다.

6. 인맥 연결 시 남 탓하는 사람은 절대 추가 연결하지 않는다.

비즈니스 커넥팅 시스템 신념

1. 정직과 투명성: 모든 당사자는 상호 간에 정직하고 투명하게 소통하며, 계약의 모든 과정에서 신뢰를 기반으로 합니다.
2. 상호 존중: 각 당사자는 서로의 전문성과 업무수행 방식을 존중하며, 모든 의견과 결정에 대해 상호 배려와 존중을 바탕으로 협력합니다.
3. 지속 가능한 관계: 본 계약은 일회성 거래가 아닌, 장기적이고 지속 가능한 비즈니스 관계를 형성하기 위한 것을 목표로 합니다.
4. 상생의 가치: 상호 이익을 도모하며 함께 성장하고 발전할 수 있는 협력 방안을 모색합니다.
5. 책임 의식: 각 당사자는 자신의 역할과 의무를 성실히 이행하며, 발생하는 문제에 대한 책임을 지고, 해결하려는 자세를 유지합니다.

비즈니스 커넥팅 시스템은 단순한 네트워킹을 넘어, 신뢰를 기반으로 한 지속 가능한 관계를 구축하는 데 중점을 두고 있습니다. 이 시스템은 1인 기업들이 서로 협력하여 시너지를 창출할 수 있도록 돕고 있으며, 각 원칙과 신념은 성공적인 연결을 위한 지침이 됩니다.

우리는 서로의 전문성을 존중하고, 정직하고 투명한 소통을 통해 신뢰를 쌓아가야 합니다. 이러한 관계를 통해 각 기업은 상생의 가치를 실현하고, 장기적인 파트너십을 통해 성장할 수 있습니다. 비즈니스 커넥팅 시스템은 단순한 거래를 넘어, 서로의 성공에 이바지할 수 있는 기반이 될 것입니다.

마지막으로, 이 시스템의 운영 원칙과 신념을 바탕으로 우리는 더욱 건강하고 지속 가능한 비즈니스 생태계를 만들어나가야 합니다. 앞으로도 많은 1인 기업들이 이 시스템을 통해 긍정적인 변화를 경험하고, 함께 성장할 수 있기를 기대합니다.

사업을 시작할 때 정말 막연한 생각으로 아무런 계획 없이 저질렀던 것이 여기까지 오게 된 계기가 됐습니다. 초창기 1년 동안 수많은 실패를 경험했고 그 실패 경험이 자산이 되어 내 주위에 다른 사람들에게는 절대 나의 실패 경험을 물려주지 않겠다는 의지, 설령 실패하더라도 실패 비용을 현격히 낮춰서 다시 일어날 수 있는 방어막을 만들어 주고 싶었습니다.

천성이 착한 성격이라 남을 도와주는 것을 좋아합니다. 하지만 남을 도와주기만 하는 사람은 한국에서는 자기를 못 챙기는 호구라고 취급받더군요. 내가 남을 도울 내공을 쌓을 때까지 돈을 주고 배웠으며, 내공이 쌓이면서 조건을 돈으로 받기로 하고 컨설팅을 시작합니다.

그렇게 내공이 쌓이고 실력이 있으니 호구 취급을 당할 수가 없었습니다. 저는 결심했습니다. 한국에서 타인을 이용해서 이득을 취하는 사람들이 힘을 못 쓰게 만들고 호구라고 취급받는 베푸는 사람이 성공하는 사회를 만들기 위해 사업을 하겠다고….

식품 대기업 엔지니어

저는 사회시스템에 철저하게 적응된 겉으로는 아주 괜찮은 스펙에 대학교, 장교, 대기업까지 입사했지만, 안에서는 아웃사이더 성향으로 뭔가 기존사회시스템에 적응하지 못하는 경향을 보여왔습니다. 누군가가 정해놓은 시스템에 내가 맞추고 있다는 것 자체가 견디기 힘들었습니다.

그러나 무엇을 해야 할지 전혀 몰랐을 때는 대기업이 목표였습니다. 대기업에 들어가서는 임원 다는 것이 목표였으나 머지않아 임원을 달아도 예측 가능한 인생이라는 생각이 들었을 무렵 대기업에서 일한다는 사회 인식의 프레임에서 벗어나 내가 만든 시스템으로 사업을 한다는 것에 매력을 느끼고 사업에 빠져들게 됩니다.

티핑파인더

중학교 친구 중 한 명이 저에게 돈을 주고 컨설팅을 받으며 성장하고 있습니다. 이 친구는 제가 대학교가 마음에 안 든다며 의약대학 편입을 해야겠다고 편입준비를 하던 시절부터 저를 따라서 무언가를 함께 해온 친구입니다.

저의 성향은 미지의 세계를 내가 혼자 시행착오를 겪으면 길을 찾아놓으면 이 친구는 편하게 와서 내가 알려준 길로 빠른 성장을 하여 결국엔 저보다 좋은 결과를 냅니다. 사업을 하는 것에서도 1년도 안 돼서 스타벅스 코리아와 계약을 맺는 등 저보다 훨씬 좋은 결과를 내고 있습니다. 이 친구뿐만 아니라 컨설팅하시는 분들 50% 이상이 저보다 잘난 분들입니다.

맞습니다. 항상 저의 성향은 길을 찾아다니는 선구자적인 성향이 강했습니다. 항상 최초로 하고 경쟁을 싫어하고 독점을 좋아합니다.

for

환경의 영향인지는 모르겠지만 이타적인 성향이 강한 편입니다. 그래서 호구라는 소리를 많이 들었습니다. 하지만 내공이 쌓이고 원칙과 시스템을 구축해놓으니 무언가가를 뺏어가려는 사람, 이용하려는 사람들을 원천봉쇄하고 역으로 그들을 이용하기까지 합니다.

저희는 베푸는 사람들이 대접받는 사회를 원합니다. 누군가의 것을 뺏어서 아니면 독점으로 자기만 알아서 이기적으로 성장하는 사람들이 한국에서는 너무도 많습니다. 그들이 두려워할 수 있도록 하는 것이 우리의 목표입니다. 우리는 먼저 공격하지 않지만, 필요시에는 강력히 대응할 수 있습니다.

저희는 신념은 사명이 있고 베풀고 감사함을 아는 사람들이 세상을 이롭게 변화시킨다고 믿는 것이며, 저희의 사명은 비즈니스 창조를 통해 사명을 찾아주고 유지해주고 발전시켜주는 존재입니다.

이 책을 통해 1인 기업을 시작하는 사람들이 사명을 찾고 유지하고 발전시켜서 세상이 좀 더 좋아졌으면 좋겠습니다.